MADRID, TEATRO DEL MUNDO

FEDERICO CARLOS SAINZ DE ROBLES

MADRID, TEATRO DEL MUNDO

emiliano escolar editor

© Emiliano Escolar Editor.
Juan de Mena, 19 y 21.
Madrid-14.
Teléfono: 446 07 00.
ISBN: 84-7393-135-1
Depósito Legal: M-16096-81
Imprime: Artes Gráficas Encinas
Fotografías: María Arribas, Antonio Valderrama
y Museo y Biblioteca de Madrid.
Cubierta: Adolfo Ruíz.

*A Florentino Hernández Girbal,
gran biógrafo, gran periodista
y gran amigo.*

ADVERTENCIA MUY IMPORTANTE
CUYA LECTURA RECOMIENDA EL AUTOR

Después de escribir —y publicar— yo tantos libros acerca de la historia externa e interna de Madrid: usos y costumbres, fábulas y leyendas, biografías de sus hijos ilustres (en santidad, ciencias y artes), magias y cosméticos para no parecerse a nadie, y hechizos para enredar a todos, gracias de situación y ambiente, y primores en el modo de estar y en la manera de ser, causas y efectos de su capitalidad, ajilimójili para hacerse amar locamente, parecíame que nada me quedaba por descubrir y comentar (haciéndome lenguas panegíricas) de mi Villa natal, cuando una madrileña Editorial me encomendó —honrándome, y muy a mi gusto con la encomienda— la composición, escritura y función de una nueva historia de Madrid que comprendiese y compendiase cuanto de él estudié y sé, poniendo en la empresa tanto la erudición como la amenidad (dos calidades que no acostumbran a ir del brazo), y la emoción como el rigor verbal.

Y, naturalmente, acepté la oferta. Y es que por mucho que se piropee al ser amado, y se cuenten y recuenten sus encantos y méritos, jamás nos parece llegado el momento de que el incensario se apague y se cierre el libro jaculatorio. Pero mi perplejidad nació enseguida. ¿Qué iba a escribir acerca de Madrid que, recolando lo ya colado, pareciera novedad primera a los ojos o en los oídos de los apasionados madrileñistas, que los hay a porrillo, de corazón y de mente, que *ya se las saben todas* (todas cuantas a Madrid atañen, por supuesto)?

Luego de varios días de manosearme las entendederas y de poner en ebullición los sesos, en expresión vulgar, pero gráfica como pocas, papé algo que me pareció rebozado en cierta originalidad. ¿No nació Madrid, capital de España, precisamente en los años en que el glorioso teatro español pisaba y tocaba (tierra y cielo) sus glorias y apoteósis, y se coronaba a la par del griego y de un único genial dramaturgo occidental: Shakespeare? ¿No fue Madrid la Villa que prestó a ese teatro español —al menos, a lo más y a lo mejor de ese teatro— la cantidad precisada y adecuada de escenarios para las representaciones? ¿Hay nada que despierte y avive tanto el interés de las masas espectadoras y lectores como el buen teatro representado o impreso? ¿No es igualmente cierto que entre 1580 y 1680, Madrid consiguió que los españoles todos acabaran por no saber el esclarecimiento de si el TEATRO era VIDA o la VIDA era TEATRO?

Pues bien, tales conjeturas me empujaron, muy animosas, a escribir este libro, historia interna y externa de Madrid, como si Madrid fuera —y lo fue— GRAN TEATRO DEL MUNDO. Sí, y lo escribí no ya como sucesión eslabonada-cronológica de los acontecimientos, sino ofrecida a mis lectores *sin eslabonamiento alguno*, refiriéndome por separado a cuantos elementos y motivos han de intervenir decisivamente en la gran representación o historia novelada ya completa y en rigurosa armonía.

Ello quiere decir que voy a presentar a mis lectores *las piezas separadas* de ese TEATRO-VIDA o de esa VIDA-TEATRO. Y así las presentaré por este orden: *las escenografías esenciales* (ámbitos, ambientes y climax) para las esenciales representaciones; los *actores protagonistas* por orden de su aparición sobre la escena; los más ilustres *directores de escena,* igualmente por orden de su acción coor-

ESCUDO DE ESPAÑA (Plaza Mayor)

Sobre el balcón-palco regio, en la Casa Panadería de la Plaza Mayor, el espléndido blasón de la España inmortal. El blasón más definitivo de aquella Dinastía Austria que dominó más de medio mundo con la cultura y con sus armas. El blasón arquetipo, troquel para las máximas glorias posibles —y que parecían imposibles— de conseguir.

(Fotografía: María Arribas)

dinadora; los *argumentos* de las principales obras de los
siglos del XI al XX «montadas» para gozo, recreo, emoción y
ejemplaridad, en cada una de las escenografías; y, por
último, como esos *objetos preciosos y significativos* que con-
tribuyen decisivamente a que los decorados tomen su color y
su calor de época.

Creo que mi intención ha quedado bien clara: me dirijo a
ustedes, lectores míos, y les digo: «Yo les entrego todos los
elementos y motivos imprescindibles para que el TEATRO
MUNDIAL adquiera vitalidad permanente, imborrable recuerdo. Son como las *piezas* de un rompecabezas desordenado por mí. A ustedes corresponde *casarlas* de suerte que
el todo resulte el espectáculo pleno en armonía y humanidad
palpitante». En efecto, una nueva historia (que no historia
nueva) de Madrid la que yo les ofrezco *en piezas* para que
ustedes, si gustan de ello se conviertan en directores de
escena de la suma de las representaciones. Seguro estoy de la
pericia de quienes lo intenten.

Mi presunta originalidad puede tener *una pega:* que
como he de ir presentándoles escenografías, actores, directores de escena, argumentos y materiales de importancia
decorativa, ustedes adviertan que hay *noticias y retratos*
históricos que parecen *repetirse.* Y se repiten, sí; pero...

Pero si ustedes los examinan con atención, entenderán
pronto que en tales reiteraciones-réplicas, como se dice en
arte, de retratos y decorados— no existe exactitud fotográ-
fica, sino que en ellas cada noticia se amplía, concreta y
termina *por ser ella misma en su todo histórico y teatral;* y
cada retrato acentúa su parecido y acrece sus valores de
dibujo y color. Aclarando más: también les entrego en *piezas
sueltas* las imágenes y las noticias que han de quedar ensam-
bladas para que el arte y la vida triunfen.

Particularmente creo que *mi juego* es divertido y tiene
aliguí. Lo que hace falta es que a ustedes se lo parezca y se
presten a conjugarlo.

ACLARACION
PARA ANTES DE EMPEZAR LA FUNCION

Inútilmente, durante siglos, solícitos y eruditos investigadores han buscado el documento, la referencia que probara siquiera la intención de don Felipe II de hacer de Madrid la capitalidad de su enorme monarquía. Tan importante y esencial búsqueda no ha dado hasta hoy el menor resultado satisfactorio. Hace ya bastantes años, yo, que ni soy erudito ni siquiera investigador, pero, eso sí, ni corto ni perezoso, escribí y publiqué un ensayo: *Por qué es Madrid capital de España* (1931, premiado por el Excemo. Ayuntamiento de mi Villa natal) en el que audazmente, con esa audacia sin límites de quien tirando con los ojos vendados cree que va a dar en el blanco, intentaba probar que jamás pensó el gran monarca tan sensacional empresa; que jamás fue para él Madrid la capital de sus Reinos; que nunca aparecería un documento, una referencia, probatorios de lo que él no intentó probar jamás; que fue el Monasterio de San Lorenzo de El Escorial la *capital ideal* elegida por el hijo del emperador Carlos I; que Madrid, como grande poblachón, el más próximo a El Escorial de los poblachones en el contorno, fue el designado para recoger —para pechar— con el gran *aparato espectacular* que toda Corte lleva aparejado (pues que la Corte de España fue, hasta 1561, como carro de la farándula trashumante, hoy aquí, mañana allá, lentamente rodada a lo largo de los caminos) para sus representaciones. Ignoro si logré convencer a alguien con tantas y tan peregrinas afirmaciones. Pero mientras esa referencia, ese documento categórico no se descubran a la estupenda sorpresa del más afortunado de los Colones de la investigación (aún cuando como en el caso de Colón genovés sea como consecuencia de *un colón* de aupa, ir por las Indias y encontrarse con las Américas), sí, hasta ese día del gran descubrimiento, nadie me desposeerá del orgullo de pensar que he sido yo (*el menda* de la chulería madrileña de ley) quien ha dado en el clavo por esta vez... y sin que sirva de precedente para hacerme sucesivas ilusiones.

Toda Corte —de cualquier tiempo y en cualquier país— es el resultado de dos sumandos: una realidad transcendente centrípeta, que va de la periferia de la necesidad al punto central de la espiritualidad operante, y *una espectacularidad* centrífuga, aparatosa y detonante, cuya misión es representar las apariencias; apariencias cuya importancia está en relación con la del punto central que las irradia. Don Felipe II fue el quicio por el que giró de fuera a dentro y de dentro a fuera la más vasta y espléndida monarquía del orbe. Su espiritualidad-eje enraizó en El Escorial. Su espectacularidad decisiva se proyectó desde Madrid. Fue, pues, designio de don Felipe II que Madrid no fuera sino el *escenario;* un enorme escenario hábil para las más complicadas y deslumbrantes representaciones. De lo que quiso manumitirse el reconcentrado y reconcomido monarca fue de la inevitable apoteósis teatral de su monarquía. Pues no debe perderse de la cuenta que —aún cuando no haya sido dicho por Maquia-

EL BUEN RETIRO

Los jardines, el palacio, el teatro, las estatuas, los laberintos y estufas de flores, las galerías y espléndidos pabellones, etc., etc... fueron regalados a don Felipe IV por su omnipotente valido el Conde-Duque de Olivares con un «precio astronómico» que pagaron todos los españoles... exceptuados el monarca y su valido, por supuesto. Pero el artista francés autor de este grabado, víctima de una repajolera envidia convirtió lo que fue «paraíso recobrado» en una aburrida «planificación».

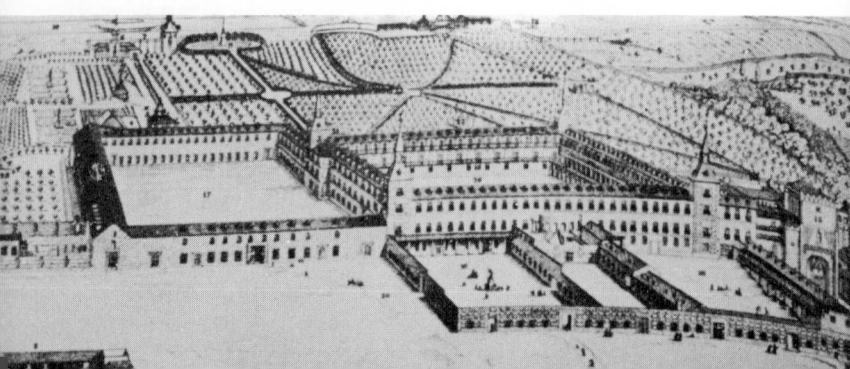

velo, gran proveedor de frases políticas para la publicidad—
el esplendor de un príncipe, y aún más el de un rey, se mide,
se ha medido y se medirá tanto o más que por sus habilidades
y éxitos de gobernante, por su pericia siempre actuante, y
actual siempre, de director de escena. Recordemos a Cosme
de Médicis. Recordemos a Francisco I de Francia. A los dos
les hubieran contratado como espléndidos y fulgurantes
directores de escena los mejores teatros europeos; de esos
teatros que ponen *el mingo* en lo original y exorbitante de
cada momento, adelantándose a la imaginación de los más
exigentes espectadores. La verdad, humana y real, de don
Felipe II medraría y fecundaría en El Escorial; la *expresivi-
dad aparatosa* de su poder y de su magnificencia tendría
exteriorización plena en Madrid.

Los muy amantes de Madrid debemos resignarnos a estas
dos verdades: la primera, que nuestra capitalidad se la
debemos a nuestra proximidad a El Escorial; y, segunda,
que nuestro Madrid, en 1561, sólo fue elegido como *teatro;*
como un teatro colosal con escenarios capaces para ser
montadas en ellos las escenografías más variadas y rimbom-
bantes de las obras —en verso o en prosa— de los sueños, de
las fantasías, de las rememoraciones, de las realidades ac-
tuantes más sorprendentes o dignas de convertirse en *claves
históricas.* Si a nadie le extraña cuando entra a deshora en un
teatro contemplar «grandes vacíos», «oscuros vacíos», «fríos
vacíos», en los que, por arte de birlebirloque, ha desaparecido la tramoya, es porque sabe que estos vacíos, a la hora
puntual de la función, se llenarán de maravillosas apariencias de vida. Por lo mismo, a nadie le puede sorprender que
el Madrid histórico carezca de las sólidas, de las magníficas
arquitecturas que embellecen otras capitales del mundo.
Inevitablemente debía estar Madrid siempre preparado (y
creo yo que lo sigue estando) para las escenografías de pon y
quita, sorprendentes y cambiantes en días, en horas... Por su
destino de glorioso teatro, nada firme ni decisivo podía

contener. Era, y es, la ciudad de la sorpresa cotidiana «montada» sobre escenografías con bastidores, bambalinas y telones de fondo. Madrid, como tal escenografía, como un sueño, nacía y desaparecía a capricho del ingenio, de los gestos y ademanes de cualquier director de escena, cada veinticuatro horas. Su razón de ser y su razón de estar estaban, y están, supeditadas a la fatalidad o al capricho.

¡Teatro!... ¡Teatro!... Cuanto ha sucedido en Madrid durante siglos no ha sido sino teatro: más fantasía que carne, más sueño que realidad visible y palpable. El pueblo madrileño aceptó complacidísimo su papel de espectador a la caza de sobresaltos, intrigas, simbolismos, emociones, risas, repeluznos; y hasta atemperó sus costumbres a la imperiosa necesidad de tener siempre tiempo libre para acudir a las funciones que se le brindaran, pagando, por supuesto, precios de taquilla y, aún en ocasiones, de reventa.

¡Teatro!... ¡Teatro!... Cualquier suceso extraordinario de tantos como los madrileños presenciaron —bodas reales, bautizos reales, coronaciones reales, fiestas de poesía, autos de fe, juegos de toros y cañas, luchas de fieras, mojigangas, bailes en comandita artística, ejecuciones llevadas a cumplimiento... con muchísimo respeto para el reo— pudo perfectamente quedar anunciado por las esquinas con la debida antelación y en los convenientes caracteres tipográficos. Tomemos un ejemplo: la ejecución, en la *Plaza Mayor* de Madrid, de don Rodrigo Calderón, marqués de Siete Iglesias. ¡Qué gran representación fue aquella! Los actores, y sobre todo el protagonista estuvieron inimitables en sus respectivos «papeles». El público jamás se conmovió tanto ni lloró tan abundantemente y a gusto. Tuvo la función letra y música patética muy del caso. Y como la tragedia estuvo decidida desde muchos días antes de ser puesta en escena, ni que decir tiene que la hubieran podido anunciar así:

GRAN TEATRO DE LA PLAZA MAYOR
Compañía oficial del Estado

E! ᵤ ieves día 21 de octubre de 1621, a las doce de la mañan , se verificará, Dios mediante, la primera y única represcntación de la tragedia, en varios cuadros y en prosa, con fcndos musicales, titulada:

Desde el cadalso al cielo

Que será representada, entre otros, por los siguientes actores:

Don Rodrigo Calderón, marqués de Siete Iglesias: Reo.
Fray Juan de la Madre de Dios: Confesor del reo.
Fray Gabriel del Espíritu Santo: Ayudante en el bien morir.
Bartolomé de Tripana, leguleyo: Defensor del Marqués.
Don Pedro de Mansilla: Alcalde de Corte.
P. Pedro Pedrosa: Asistente religioso en el cadalso.
Felipe Lina: Verdugo.

Desde horas antes de empezar la función el público —suma aproximada de veinticinco mil almas con sus cuerpos— abarrotó las localidades del teatro: palcos-balcones, galerías, terradillos, «gallineros», sillas de patio, por las que se llegaron a pagar abusivos precios en la reventa. El éxito de la tragedia, como era de esperar, fue memorable. Hubo grandes soponcios, corrieron ríos de lágrimas, se levantaron bandadas plagas de ayes, se enderezaron los histerismos, se corrieron —entre los varones— pesías y augurios. Lo dicho: jamás el público lo pasó tan ricamente. Los intérpretes dieron pruebas inequívocas de su talento interpretativo, viviendo con la más auténtica naturalidad sus «papeles». Y, sobre todos, el protagonista, don Rodrigo Calderón, alcanzó la cumbre de su carrera de farsante con un patetismo espeluznante; imposible mejorar su dicción altisonante, y rota por la angustia, sus ademanes de escalofriante nervio-

sismo, su expresión, sugeridoras de aquellas criaturas casti-
gadas brutalmente por el Hado en las tragedias de Sófocles y
Eurípides.

Otro prodigioso acierto de naturalidad fue la escenografía. Cuando el telón de la noche (equivalente al telón de
boca) cayó entre escenario y patio, inició su desfile la
muchedumbre estremecida, comentando la grandeza de la
obra (de los excelsos autores del argumento: don Felipe IV y
el señor Conde-Duque de Olivares), y lamentando sólo que
no hubiera sido posible *bisar* la escena final: aquella en la
que el verdugo, dando absoluta impresión de realismo,
elevado a jerarquía artística, degolló al desventurado, sim-
patiquísimo, y arrepentido a gritos, protagonista.

Pues bien: funciones tan absolutamente teatrales podría
describir yo, a centenares, todas ellas estrenadas con fortuna
en el gran teatro Madrid. Este gran teatro, lógicamente, tuvo
varios escenarios que pudiéramos calificar de *predestinados*
para las diversas obras de las máximas calidades literaria y
artística. En la plaza (Losas) del Palacio se estrenaron
proclamaciones, bautizos, honras fúnebres, reales torneos,
justas caballerescas y justas poéticas. En la Plaza Mayor se
estrenaron juegos de cañas y divisas, procesiones religiosas,
autos sacramentales, autos de fe, corridas de toros, danzas y
serenatas, grandes incendios tan a lo real que consumían casi
la totalidad del escenario desde los telares hasta los sótanos.
En las *Gradas de San Felipe,* deliciosas comedias de intriga y
enredo; farsas de figurón, pasos y entremeses picarescos en el
Arenal de San Ginés y en la *Puerta del Sol;* y jornadas de
moriscos, judíos, tapadas, endriagos y hechizos en la *Morería;* y dramas de santos y de penitentes, leyendas tradicionales, sensacionales milagros (de uno de ellos, en el convento
de San Plácido, tuvo primera fila de butacas S.M. don Felipe
IV) ante las Trinitarias, Nuestra Señora de la Novena, la
Encarnación y las Descalzas Reales...

Ninguna ciudad como Madrid se preparó tan morosa-

mente sus escenarios. Será verdad o será simple presunción que la etimología *de persona* equivale a la de *máscara*. Será mentira o será verdad que en Atenas, desde el arconte hasta el correveidile olímpico, todos pretendían asumir inspiraciones y aspiraciones délficas, las más augustas y competentes enhebradoras de vida escénica. Pero es indudable que en Madrid, esencialmente durante casi dos siglos, ninguna persona sintió *su realidad* como necesidad cotidiana, como norma de permanencia; pero todos presintieron y consintieron su máscara, puerta abierta a una existencia más codiciada. Durante el siglo largo comprendido entre 1550 y 1680, el portentoso teatro español venció en efectividades y en efectos a la misma Vida, a fuerza de avivar su humanización hasta límites no tolerados —*en la realidad*— por las leyes ni por «el qué dirán». Lo que en verdad pretendieron los grandes dramaturgos españoles, fue que el realismo vital cotidiano, que ya se le estaba poniendo difícil y feo a España, quedara escenificado en el apogeo de su grandeza y con el aparato de una apoteosis. Imponiendo una vez más su real gana, don Felipe IV se proclamó *director de escena.* Y, ¡pardiez!, que no lo hizo mal del todo, sino todo lo contrario. Lo que él gritó. Lo que él se enrabietó. Lo que él rebulló y se estrujó el magían de las magias. Lo que él se enfadó con autores y actores. Eligió bien las obras. Repartió bien sus «papeles», aunque abusando de reservarse los *galanes* para su propio lucimiento, siempre Periquito entre ellas y ellas las más hermosas y dadivosas comediantas. Pero, sobre todo, designó y preparó los escenarios más adecuados a la acción. Por su voluntad, ninguna ciudad más que Madrid supeditó todas sus pretensiones y emociones a todo su teatro. El teatro —mejor aún: lo teatral— derramó por Madrid altisonancias, énfasis y prosopopeya. El teatro enseñó a los madrileños la carcajada *sardónica,* la interjección entre ripios o saliendo del cogollito de los madrigales, la airada repulsa de las insinuaciones líricas... para espantarse las moscas en los *por si acaso,* la calobiótica —ciencia de vivir bien en apariencia— y el latiguillo oratorio que precede a los mutis con los que se espera arrancar ovaciones *en particular* y para que *se chinchen* los compañeros de obra.

Repito que Madrid se sintió encantado por su teatro y por ser él materia protéica teatral. Por ello prefirió permanecer *desnudo* y pobre (esto es: sin grandes monumentos, sin espléndidas calles, sin encantadores jardines), como un *auténtico escenario* del que se ha desmontado la obra en cartel y antes de saberse cuál obra la seguirá; sí, desnudo, apto para transformarse rápidamente en muy distintos lugares gracias a la magia de los decoradores y del director de escena de turno. Madrid aceptó el lujo y la magnificencia, pero sólo relativos a cosas fácilmente transportables, como los muebles y demás objetos decorativos que se arraciman al fondo de la chacena, en los sótanos, en los grandes almacenes que tienen alquilados los grandes teatros para conservar el *atrezzo:* tapices, lámparas, columnillas, chimeneas, barqueños, artesonados de estuco y cañizo, cuadros, cortinajes, alfombras, relojes, porcelanas, vitrinas con objetos preciosos de... pega... ¿Que sus calles carecían de anchura y de rectitud, de obeliscos, fuentes, arcos, pavimentos, luminosidad...? En dos o tres días eran colocadas todas esas cosas, de tramoya, por supuesto, pero que le daban *el pego* a unos espectadores más atentos al escenario del teatro que al escenario de la Vida. ¿Que los monasterios, casones, edificios oficiales, presentaban sus fachadas tristes y viejas? ¡Bah! En pocos días se aplicaban sobre los paramentos que daban grima a la diaria realidad, como se aplican las máscaras hermosas a los rostros feos, móviles arquitecturas —de madera, de yeso y tela pintados y lustrados— «ofusca-

PASEO DE LA VIRGEN DEL PUERTO

Naturalmente, del puerto sobre... el aún casi caudaloso Manzanares. Río con orillas propicias a los paseos sosegados de los madrileños. Río cuyas aguas *rumorosas* dejaban limpias las ropas «menores» de los habitantes de la Villa y Corte, en colaboración aquéllas con los restregones de las sufridas lavanderas «de oficio» pero ni el río, ni sus lavanderas, se ven en este bello grabado romántico.

doramente maravillosas». Arquitecturas fáciles de desmontar, cuyos elementos, combinados distintamente, podrían en lo sucesivo componer otras escenografías absolutamente distintas. Ningunos mejores arquitectos en aquel Madrid que los escenógrafos magos de trucos.

La *postura escénica* de Madrid para la función titulada: *Entrada en Madrid de S.M. don Carlos III, al que Dios guarde,* o *Reinar por la gracia de Dios,* le costó a la Villa la friolera de una cantidad equivalente hoy a los cuatro millones de pesetas. Con tal cantidad gastada en tramoya, ¿cuántos inmuebles definitivos y bellos hubiesen podido ser construidos? Pero esta propensión teatral de Madrid tiene curiosas pruebas en algunas de sus más antiguas plazas: *Antón Martín, de Moros, de Santo Domingo, de la Provincia, Puerta del Sol...* En ellas, todo un lado —el escenario— es como la base de una media circunferencia, pues tienden a abrirse en circunferencia-hemiciclo, con patio de butacas, palcos y *gallinero*— los restantes lados curvos. Ordenación esta similar a la planta del antiguo teatro griego y romano. Imposibilitados para construir en Madrid nobles y firmes edificios, los más insignes arquitectos de los siglos XVII y XVIII —los Mora, Gómez de Mora, fray Lorenzo de San Nicolás, Churriguera y sus hijos, Ribera, Teodoro Moreno, Ardemáns, Juan Román— tuvieron que convertirse en auténticos *escenógrafos,* demostrando su talento en obras de pon y quita y... guarda para otra ocasión: fachadas falsas para superponerlas a las permanentes tan feuchas y desnudas, portadas, decoraciones murales, arcos de triunfo, cenotafios, monumentos para la Semana Santa, galerías con arcadas «que se perdían en un fondo... simulado».

El escaso gusto que don Carlos III tuvo por el teatro, su ausencia permanente de los Corrales y de la *Plaza Mayor* en días de funciones que prometían ser admirables, fue la causa decisiva de que la Villa fuera dejándose de teatralerías y de pensando en ir monumentalizándose con presencia permanente de escenografías inmutables. Mármol, mármol. Piedra, piedra. Madera, madera. Ladrillo, ladrillo. Arquitectos, arquitectos. Menos teatro de pon y quita, y más ciudad de bellezas a los ojos y a la emoción perdurables. Como Roma. Como París. Sí, fue don Carlos III quien se encaró con su Villa natal, a la que quiso tanto, para cantarle las verdades del barquero. Que se dejase de fantasías. Que cortara las alas a sus ensueños. Que no se obsesionara con sucesos poco probables cuando no imposibles. Que dejara de embabiarse mirando las nubes y que pusiera sus pies firmes en el suelo, en la realidad, en la necesidad cotidiana de existir sin complicarse con una vida imaginada. Los éxtasis estaban bien para los santos que nada le pedían a su vida sino ser tránsito para la inmortalidad, y tránsito cuanto más breve, mejor. Pero Madrid no era, ni podía ser, santo.

Por lo tanto, menos énfasis verbal y más palabras corrientes y molientes encaminadas a pedir y a ofrecer cosas perfectamente materiales y perecederas. Menos contemplar boquiabierto las magias de los autores inmortales, y más desarrollar un personal esfuerzo en empresa, negocio, comercio o burocracia necesarios para la existencia y vitalidad de la sociedad de uso y consumo. Menos papar las moscas de la fantasía y más preocuparse de que en cada hogar no haya moscas. Menos imaginación creadora de encantamientos, y más limpieza en las calles. Según enseñó a Madrid su mejor alcalde, don Carlos III, y uno de sus mejores hijos, había que convencerse de que había algo más que el TEATRO-VIDA y que la VIDA-TEATRO, sí, algo más y más necesario para el buen orden y la mejora creciente y ejemplar de la Monarquía; y ese algo era la VIDA-VIDA, no complicada ni con imposibles ni con desistimientos. VIDA nada más que VIDA, para ganarla o para perderla, pero en modo alguno para disfrazarla, para desperdiciarla sin noción alguna de la realidad. Sí, gracias a don Carlos III, Madrid empezó a preocuparse por tener una hermosura y una monumentali-

MADRID ROMANTICO: LA FUENTE DE SANTA ANA

Adivina adivinanza: ¿dónde estaba —la Fuente de Santa Ana?
Sabemos que fue trazada por don Silvestre Pérez (¡muy Señor nuestro!);
que al principio estuvo rematada por una estatua de bronce de
Carlos I; a lo que sustituyó una aguja de piedra rematada por
una estrella metálica; a la que sustituyó —1809— un surtidor... casi
nunca funcional... Pero... ¿dónde esta bella fuente, con canalillos
para donar su agua ferruginosa a la sed de los madrileños?
No todo lo tiene que averiguar Vargas...

dad real y *de pon,* pero no de *quita,* como este quita no se
debiera a destrucción bélica o a cataclismos de la Naturaleza.

Bien sé yo que don Carlos III tuvo razón, pero... Particularmente siempre he llevado clavado en el alma que mi
Madrid (tan mío como pudo serlo de don Carlos III, ¡pues no
faltaba más!) haya ido renunciando a esas ambiciones tan
bellas de hacer de la Vida teatro, o del Teatro vida. Don
Felipe IV pudo ser un sinvergüenza —que lo fue—, pero
¡cuántas cosas bonitas y seductoras regaló a Madrid!...
Entre ellas enseñarle a que el ensueño ayuda a vivir más
emotiva y alegremente que la realidad.

I. LOS ESCENARIOS

1. Un río llamado Manzanares

El más antiguo escenario de Madrid, en el que se representaron —en sus márgenes, sobre sus puentes— las primeras funciones teatrales, ahí le tienen ustedes, lectores míos: es un río llamado Manzanares, río de vida muy corta, enjuto ahora casi siempre, pero que vivió mejores tiempos y aún puede presumir de hondos y anchos caudales, de marginados bosques prietos a diestra y a zurda en los árboles que crecían árboles altivos de variadísimas especies y por donde pastaban o cazaban bestias y bestezuelas de una zoología hoy desconocida casi en su totalidad. Nació, y sigue naciendo, cada momento de cada día, cerca del pueblo de su nombre: Manzanares el Real, tierra hidalga, entre las villas de Navacerrada y Becerril de la Sierra; río, pues, carpetano y a mucha honra. Y en el curso o discurso de su vida breve atraviesa los bosques de El Pardo y de La Zarzuela —ya muy raleados—, la Casa de Campo, los antiguos sotos de Luzón, Peralejos, La Torrecilla, para ir a entregar su caduca existencia, también cada momento de cada día, pues para nacer y morir como las criaturas existen los ríos, en la orilla derecha del Jarama, río ya con más pretensiones.

Desde el siglo XVI, poetas y dramaturgos, filósofos en ciernes, políticos vigentes o cesantes, gentes de «todo pelaje social» que se las echan de *vivos* ilustres, ¡cómo se han choteado, en prosa y versos, de este Manzanares tan humilde y plácido, tan modosito dentro de su cauce, sin levantar la voz ni derramar su corriente, que se deja a la capital a su izquierda, muy empinada y pretenciosa sobre él, y a la que presta a diario esenciales servicios, sin darse por aludido de los dicharachos, puyas, chanzas y desdenes! Y, sin embargo...

Lo crean o no lo crean ustedes, hace diez, veinte, treinta mil años, este Manzanares —que, por supuesto, aún no había sido bautizado con tan bello nombre, posiblemente más moro que cristiano, fue río, dicho queda, ancho y hondo y turbulento, en cuyas linfas, limpias y fresquitas coleaban los peces más extraños y casi mágicos en colores y giros, y en cuyas orillas, repito, salidos de los bosques milenarios, pastaban, luchaban entre sí y los más poderosos devoraban a los más débiles, sino de cuantos nacen, bestias atroces: bóvidos salvajes, uros, bisontes enmarañados, hipopótamos, efefantes —de pronunciada elefantosis—, mamutes, jabalíes, rinocerontes..., todos ellos como aumentados a la vista por una lupa gigantesca, en relación con sus semejantes de hoy.

En ambas márgenes del Manzanares, particularmente en el trozo comprendido entre el hoy Puente de los Franceses y La Torrecilla, donde pico o azadón caven y ahonden a más de veinte metros, se hallan restos abundantes y sorprendentes del paleolítico, tanto inferior como superior, y del neolítico; irrefutables testimonios —según asevera la ciencia mundial— de su importancia prehistórica, acaso la más nutrida y variada y definitiva de la Europa occidental: hachas chelenses y achelenses con mangos de palo o de hueso; buriles de punta arqueada, raspadores cónicos o aquillados, punzones, discos, lascas, puntas de hoja de laurel, azagayas, arpones, propulsores de pata de ciervo, amuletos —que hacen pensar en hechicerías y magias contra los espíritus malignos—; collares de huesos, vasijas trabajadas en cráneos de animales, utensilios de barro para uso hogareño: orzas, tinajillas, calabazas de madera, cerámica burda en cántaros y tazones...

En este espléndido primer escenario matritense —cuando aún el nombre de Madrid era pura adivinanza... si clave fácil—, hombres melenudos y barbudos, mujeres con tatuajes y pringadas con ungüentos misteriosos, poco más vestidos que Adán y Eva, cazaban aquéllos y condimentaban éstas las carnes cazadas, en chozas de ramajes y barro compacto, rodeadas de hogueras durante las noches para ahuyentar a las bestias merodeadoras... Y mientras los Adanes ejercían sus ritos con amuletos y talismanes, las Evas cosían la vestimenta sucinta —creamos que *a la medida*— con cerdas de caballo o nervios de bisontes enhebrados en agujas de asta o hueso.

No me atrevo a jurar que los madrileños prehistóricos de la piedra tallada, de la piedra pulimentada, se divirtiesen *a rabiar*. Pero sí que «vivieron a sus anchas», sin legisladores pelmazos ni leyes engorrosas, sin acogotamientos religiosos ni planes de consumo y desarrollo. Sí, ¡gran placer poder y saber vivir «a lo grande» sin otros móviles que los de su real gana, cuando aún la realeza era entelequia! Según estadísticas muy dignas de crédito, en aquel pre-Madrid paleolítico y neolítico, vivían más de un millón de criaturas «a su aire», más veces helador que caluroso, sin problemas de circulación ni de contaminaciones atmosféricas. Si aquello no era un paraíso..., que me lo aten a un dedo.

Y cuando el Manzanares y sus orillas y aledaños en dos leguas a la redonda penetraron en la Historia, el río de origen serrano ya muy venido a menos en sus caudales, y no por habérselos jugado a la suerte, sino perdido en esa Bolsa implacable en la que sólo talla la Vida, en sus márgenes permanecieron otros escenarios, como cuadros panorámicos diversos, todos ellos seductores: la Casa de Campo, los campos ubérrimos que labraría Isidro santo —con convenio laboral angélico—, los Sotos de Luzón y de Migas Calientes,

La Florida, los hoy Reales Sitios de La Zarzuela y El Pardo, el Campo de la Tela —algo así como la primera plaza de toros que tuvo Madrid, donde lanceros y rejoneadores, ya a caballo, ya a cuerpo limpio, estaban abocetando el toreo de reses bravas—, el Sotillo de Santiago el Verde, el Sotillo de la Arganzuela... Lugares todos ellos bien munidos de arbolado en parques, jardines, retiros, dehesas... «cuya amenidad y lozanía» en nada desmerecían de los muy pastoriles barrocos de Aranjuez y, por supuesto, mucho menos artificiales que éstos.

Hoy, ya modesto río, bien encauzado en un buen trecho, bien educado, que jamás ha pretendido subirse *a la parra* (a la Villa), sino rodearla a tercias, con un conato de afectuoso abrazo. Y si le preguntáis por sus afluentes —¡que sí los tiene!—, se sonrojará un tanto antes de balbucir sus nombres, porque no son sino arroyuelos, casi meadillas de nubes, de secano durante ocho meses: el Mediano, de la Parra, el Grajal, el Mediano chico —¿en qué quedamos, leñe?— el Miraflores, el Engorrillo, el Cantarranas, el Meaques, el Batán, el de la Huerta de Liche, el Abroñigal...

2. Un vallejo llamado de San Pedro

El segundo escenario madrileño, por orden del desarrollo de la función, fue el Vallejo de San Pedro, hoy rebautizado como calle de Segovia. Valle calle encajonado entre dos colinas de corte muy pronunciado, descolgado con cierta avidez, que nace —estrecho y serpentino— en Puerta Cerrada, que forma meandros a derecha y a izquierda: el de la Cruz Verde, el de la iglesia de San Pedro, que se ensancha apenas pasa bajo el actual Viaducto... Se ensancha y se aplana. El Vallejo de San Pedro fue arroyo fuerte, tonitroso, precipitado, al cual se arrojaban «de cabeza» otros derrumbaderos denominados «la Ventilla», «Ramón», Caños Viejos, Poza-

EL MEDIEVAL ALCAZAR DE MADRID

Tenemos la sospecha de que en este bello grabado es más importante la fantasía que la realidad. Cierto: lo que en este grabado hay de arte es... arte ensoñado. Muy al contrario, lo que hay en este grabado «de Naturaleza» nos parece disminuido. Por que en aquellos tiempos —los que evoca el grabado— Madrid era un poblado abrazado, de norte a sur, de este a oeste, por nutridísimos bosques poblados de fieras heráldicas.

cho. Entre todos ellos llevaban al Manzanares un caudal jornalero, pero que recibía el río como un balón de oxígeno para recobrar el ánimo y seguir su curso de circunvalación fracasada al tercio. El Vallejo de San Pedro se ahondaba, y se sigue ahondando, y mucho, entre dos eminencias no purpuradas, sino pedernales: a la izquierda, conforme baja, la llamada de La Morería; y a la derecha, la del Alcázar moro y hoy Real Palacio. Por cierto: algo curioso aconteció en estas dos eminencias. Hasta principios del siglo IX, en cada una de ellas había un pequeño poblado de gentes que fueron sucesivamente íberas, celtíberas, latinas, visigodas. No muchos habitantes entre los dos poblados: un centenar de familias que vivían en paz, que se comunicaban a gritos sobre el hondón, dedicadas a la caza y a la agricultura, y sin otros mandamientos que el no matarás, no robarás, no le quitarás la mujer a tu prójimo, te ocultarás para evacuar tu vientre y para preñar a tu compañera, no apalearás a tus hijos sin causa justificada.

Pues bien, apenas llegaron a Madrid los invasores árabes, desalojaron a las familias indígenas del altozano de la
derecha, y las enviaron —ya convertidas en mozárabes— al
altozano de la izquierda, para los vencedores levantar en el
desalojado su Almudena (ciudadela, más modestamente:
torre vigía) y su Medina (ciudad liliput) separada de aquélla
por una muralla gorda y un campillo ralo.

Pues bien, cuando los castellanos (leoneses) conquistaron
Madrid, para no soltarlo —1083—, cambiaron el domicilio
con los moros vencidos que quisieran convertirse en mudéjares, enviándoles a la eminencia zurda y quedándose ellos en
la diestra para aprovechar así Almudena y Medina, pero...
quitándolas el tipo, esto es: disfrazándolas pobretonamente
de cristianas. Por su parte, los mudéjares, creyendo, y no les
faltaban razones, que su nuevo domicilio era para *in aeter-
num,* fundaron La Morería, barrio zoco lleno de encanto y de
frecuentes rebajas en el precio de sus mercancías y prendas
por ellos confeccionadas, adelantándose así, en siglos, a las
de los grandes almacenes de hoy. El Vallejo de San Pedro,
bautizado cristianamente como calle de Segovia —lo cual
hace raro, ¿verdad?, sustituir el nombre de un santo apóstol
por el de una ciudad castellana no muy boyante—, tuvo a su
vez otros pequeños escenarios propios para episodios «de
relleno» en las grandes funciones de la Villa, primero, y Villa
y Corte, después, y Villa y exCorte más tarde, y vuelta, hoy,
a Corte y Villa. Casones señores como los de los duques de
Gandía y marqués de la Romana; casi debajo del Viaducto,
la primera Casa de la Moneda, y su primera «sucursal» en la
acera de enfrente, donde nació uno de los predilectísimos
hijos de Madrid: Mariano José de Larra «Fígaro», pues su
padre fue director de la apetitosa industria; y la llamada
Casa del Pastor, esquina al derrumbadero «de los Ciegos»,
donde tuvo estudio abigarrado el abigarrado arquitecto
don Jerónimo de Churriguera.

3. La Atalaya que se hizo Alcázar, y el Alcázar que se hizo Real Palacio

El tercer gran escenario que tuvo Madrid, y uno de los más duraderos y propicios a todo linaje de teatralerías (dramas, farsas, esperpentos, comedias de enredo, sainetes de respingo) fue su Atalaya, luego Alcázar —que se pasó de moro a cristiano sin decir pío— y hoy Palacio Real; levantados, por el lado de occidente sobre una peana cortada a tajo sobre el Manzanares y Campo del Moro. La Atalaya vigía, alerta en muchas leguas a la redonda, y comunicativa con otras, las de Torrelodones y Talamanca, por medio de humos diurnos y hogueras nocturnas, la mandó levantar el verdadero fundador del Madrid histórico, Mohamed I, quinto emir independiente de Córdoba, hijo de Abderramán II, entre los años 852 y 886, más cerca de éste que de aquél; y la mandó erigir porque Madrid era punto confortablemente estratégico para observar las maniobras de las huestes cristianas que llegaran a traspasar algunos de los pasos naturales del Guadarrama: Somosierra, La Fuenfría, Tablada, los Leones...

Como cualquier criatura de carne y hueso, la Atalaya fue creciendo en Alcázar, hoy te añado aquí, mañana te afilo allá, y fue ganando con los años y merced a sus propietarios sucesivos interiores confortables dentro de exteriores cada vez ásperos y seguros. Don Alfonso VI, conquistador definitivo de Madrid, restauró y amplió el Alcázar; y lo mismo hicieron los monarcas sucesivos —no todos—: don Alfonso XI, don Pedro I, don Enrique III, don Juan II, don Enrique IV, doña Isabel la Católica y su consorte don Fernando V, que yo no apeo de su don a monarca alguno, tanto al sobresaliente como al suspenso. Hasta que don Carlos I lo convirtió en monumento sensacional al rellenarlo de grandes riquezas: relojes, tapices, alfombras, pinturas y esculturas, muebles de maderas preciosas, porcenalas exquisitas llegadas de Flandes y de Alemania, lámparas, espejos, candelabros de oro al peso; pues que deseaba habitar en él cuanto tiempo le dejaran libre, que nunca fue mucho, sus campañas bélicas y sus compromisos político-religiosos. Alcázar con grandes patios y hermosas galerías, y cuyas torres angulares tenían nombres poéticos: La Dorada, La de los Cierzos, La del Sol Naciente...

4. Las murallas y las cercas

El cuarto escenario matritense lo formaron sus dos murallas y sus dos cercas; y, claro está, el Madrid, cada vez más amplio, del que ellas eran ajorcas pesadas y pulserines de oropel. Las dos murallas fueron levantadas por los árabes. Una, la más breve, cerrada en torno de la Almudena. Otra, la más larga, ceñida como un chotis a la Medina. Murallas ciclópeas, chatas y gordas, con torres albarranas redondas o cuadradas. Murallas mejor cadenas que collares de puertas y compuestas pesadísimas —madera salvaje traspasada de gruesos clavos—. Las torres tenían nombres tan propios como apropiados: *Narigués del Pozacho, Gaona*. Y también lo tuvieron sus puertas: *de la Vega, de Santa María de Moros, Cerrada, Valnadú, de la Culebra, de Guadalaxara...* Estas dos murallas árabes fueron poco a poco demolidas para con sus materiales levantar casas necesitadas por una población en crecimiento desmedido e irracional. Todavía hoy existen restos importantes de estas murallas bajo edificios muy posteriores y feos: en la calle Mayor, debajo del Viaducto, en el esquinazo de la Cuesta de la Vega, en las calles de la Escalinata (antes *de los Tintes*), de Mesón de Paños, del Espejo, Costanilla de Santiago.

Muy luego, contando por siglos, durante los reinados de don Felipe II y de don Felipe IV, fue cerrado Madrid con dos sencillas y pobretonas cercas; se comprende que la de don

Felipe II abarcaba un caserío casi duplicado del que cercó su abuelo. Estas cercas no tenían otra misión que detener en sus numerosos portillos —cerrados de sol a sol— a posibles matuteros que llegaran de fuera y a posibles ladrones que pretendieran salir desde dentro aprovechando las noches bocas de lobo, que eran todas en las que la luna faltaba a su contrato con la administración municipal. Cercas que, como cinturones en panza de felices cristianos, necesitaban correr y ampliar sus ojetes con rapidez sobresaltadora. Sí, ¡cómo fue engordando Madrid entre 1561, fecha de su tácita capitalidad, y 1700, fecha en que los Borbones tomaron «a traspaso» muy cicatero el ya amplísimo conglomerado de la Villa y Corte! Y para celebrar el traspaso ventajoso, se

MAQUETA DEL QUE FUE ALCAZAR DE MADRID
Primera obra de arte evocativo que se conserva en el Museo Municipal de la Villa y Corte. Naturalmente este Alcázar nada tenía ya que ver con la primitiva Almudena árabe del siglo IX, ni con la Almudena cristianizada de los siglos XI y XII. Este Alcázar que contemplamos —entreverado de real palacio: cubos y blasones— ya ofrece reformas sorprendentes, ordenadas por Enrique II, por Carlos I, por Felipe II.

dedicaron los Borbones a modificar no sólo el urbanismo y las costumbres austrias, sino por igual declarando a Madrid ciudad abierta, y para confirmarlo mandando derribar las cercas y dejando la capital en régimen de puertas abiertas, símbolo de sus brazos acogedores para cuantos, españoles o extranjeros, quisieran entrar de visita o en busca de cunquibus; plural éste que, valga la paradoja, resultaba singular, tanto por lo raro como por lo difícil, en aquellos años convalecientes de guerras intestinas. Pero las cercas, como las puertas de las murallas, dieron nombre a sus portillos: *de la Latina, de Antón Martín, del Sol, de San Martín, de Santo Domingo...* Y así como los nombres de las torres y puertas de las murallas sólo son referencias de tiempos de la Nanita, aún persisten en el callejero matritense los nombres de los portillos de las cercas.

5. De un quinto escenario madrileño partido por gala en dos

El quinto escenario de Madrid quedó dividido en dos, como para que sobre ellos se desarrollasen acciones simultáneas. A la izquierda del espectador que panoramice la capital de izquierda a derecha, con ojos linces y buscones de la sorpresa, la Torre de San Pedro; y a la derecha, la Torre de San Nicolás. Las dos de estilo mudéjar, un poquito aguadas de cristiano, como de agua los vinos expendidos a granel o la leche que nos dan. Las dos los testimonios más veteranos que le quedan a Madrid de su medievalismo. La de San Pedro el Viejo, entre las calles de Segovia, del Nuncio, y la Costanilla de San Pedro, ya como parroquia en el siglo XII, según cuenta el Apéndice II al Fuero de Madrid de 1202, presenta sospecha de haber sido al menos restaurada dos siglos después. Esta torre tuvo una campana amaestrada y muy chillona, que se sobresaltaba hasta el paroxismo previniendo a los madrileños de que «olfateaba» muy próximo algún mal: tormentas, temblorcillos de tierra, epidemias de peste, muertes de personas principales, desafueros reales o concejiles.

Fue también San Nicolás una de las diez primeras parroquias madrileñas. El edificio mudéjar —sería antes mezquita— también está bastante *aguado* con las reminiscencias góticas, y ultrajado a lo bárbaro por un estilo desestilizado de tiempo muy posterior. Pero su tesoro en su torre mudéjar —morisca— posiblemente más vieja que la de San Pedro el Viejo. Torre barbiana, con un atisbo de alminar sobre el cual han sido colocadas las campanas en sus alcándaras renegadas, muy a ojos vistas, de su destino morisco. Tiene tres franjas por lado de arquerías ciegas de cuatro, tres y cuatro arcos respectivamente, de herradura las altas y lobuladas las restantes. Y el conjunto de ladrillo, al que el sol de Madrid, dorador en oro puro de cuanto acaricia, el mejor dorador de España, ha dado un tono que jamás vieron los califas de las Mil y una noches. En su interior, el templo de San Nicolás conserva muy deteriorada una cobertura mudéjar en cuyos extremos esquineros se entreveran los lazos árabes y los canes labrados renacentistas.

6. De los diez primeros escenarios parroquiales

Sí, en efecto, vamos a referirnos a diez escenarios matritenses, distintos en la apariencia, pero igualitos en el destino. Cada uno de ellos sirvió de escaparate público, a lo largo de doce siglos, a sucesos todos ellos nutridos de auténtico verismo y de ciertas presunciones de fantasía o alucinaciones. Los diez escenarios parroquiales son estos: Santa María, San Martín, San Ginés, El Salvador, Santa Cruz, San Pedro, San Andrés, San Nicolás, San Miguel y Santiago.

(Con otra parroquia *suplente,* San Sebastián, para el caso de que se nos traspapelase alguna de aquéllas.)

Y de los diez escenarios, ya he dicho que fue el más antiguo el de Santa María de la Almudena, levantado al inicio de la calle Mayor y esquinero con el callejón hoy denominado *de la Almudena.* Nada de particular tiene que hubiera sido antes mezquita de las huestes conquistadoras de Mohamed I. Ocupado Madrid por los cristianos de don Alfonso VI —1083—, este mandó purificar y —¡ay!— restaurar la mezquita, y la consagró a aquella imágen de Nuestra Señora que había aparecido en el hueco de la Almudena, milagrosamente según se hacían lenguas los pobladores bautizados. En 1778 fue modificada su estructura, en parte, por el famoso arquitecto don Ventura Rodríguez. Y bárbaramente demolida en 1870.

San Martín (se le llamó Portaceli, acaso por estar alejada del cogollito matritense primitivo) ya existía en tiempos de don Alfonso VI. Primero sirvió de monasterio benedictino, y luego de convento para los clérigos menores llamados «los carracciolos» por haber sido fundada su orden por San Francisco Carracciolo; pero tanto estos clérigos como aquellos monjes sometidos a los deberes parroquiales. En 1719 quedó destruido el templo, siendo reedificado el actual en 1725. Se alzaba, sin nombres concretos de calles adyacentes, entre las actuales *del Desengaño, de la Luna* y *Corredera Baja,* frente al callejón infecto y tenebroso *del Horno de la Mata,* en el que hasta hace bien pocos años se alienaban las cochambrosas mancebías aptas para las manadas domingueras —desmandadas por la libídine urgentísima— de los reclutas aún con el pelo de la dehesa. Hoy, la parroquia de San Martín, no tiene otro respiro callejero que el orea su cara, en la calle del Desengaño, sesgada por una nueva plazuela de ciertas pretensiones ajardinadas y edificadas «a lo funcional».

Algunos eruditos creen que la Parroquia de San Ginés,

en la calle *del Arenal* con vuelta a la *de Bordadores*, fue primero mezquita y luego parroquia mozárabe. Ya como parroquia netamente cristiana existía en 1358. En 1462 se derrumbó su Capilla Mayor. En 1642 se derrumbó, o se incendió, todo el templo, siendo reedificado y terminado el 25 de julio de 1645. El 1 de agosto de 1824, nuevo incendio... parcial. En una Capilla lateral, y autónoma, se venera el admirable Santo Cristo de Alonso Giraldo Vergaz, y están colgados en sus muros cuadros de increíble valor: Cristo arrojando a los mercaderes del templo, del Greco; y otras pinturas de artistas de la talla de Cabezalero, Alonso del Arco, Alonso Cano, Giacomo Colombo, Niccola Fumo. En una moderna lápida, centrada en el muro enfrentado a la escalinata de entrada, se nos hace saber que en esta parroquia fue bautizado don Francisco de Quevedo —26 de septiembre de 1580—, y contrajo su segundo matrimonio con doña Juana de Guardo Lope de Vega, el 10 de mayo de 1588; y falleció, el 27 de agosto de 1611, el famoso clérigo y músico Tomás Luis de Victoria. Lo que no se dice es que en San Ginés fue bautizado, el 9 de abril de 1618, el glorioso dramaturgo Agustín Moreto.

La Parroquia del Salvador y San Nicolás —reunidas estas advocaciones en 1805— estuvo situada en la *calle Mayor,* frente a la hoy *Plaza de la Villa,* y tuvo sorprendentes particularidades. En su corillo se reunió durante mucho años, a campana repicada, el Consejo de hombres buenos que regía la Villa; inclusive también en él se reunieron las Cortes del Reino alguna vez, en tiempos de don Alfonso XI, don Pedro I, don Enrique II... En ella fue bautizado el primer y más glorioso poeta épico de España: Alonso de Ercilla, y enterrado uno de los más gloriosos arquitectos españoles: Juan de Herrera, autor del Monasterio de El Escorial y del puente de Segovia, muerto el 15 de enero de 1597.

La de Santa Cruz se levantó, casi donde hoy la vemos, en

la calle de Atocha, en el trozo de esta calle que iba de la plazuela de la Leña a la plazuela de la Cruz. En un principio fue posiblemente mezquita, se convirtió luego en ermita arrabalera, con segura data de la dominación musulmana en Madrid. En 1620 y en 1762 fue devorada por sendos incendios. Y entre uno y otro, 1632, hubo que derribarla por amenaza de ruina, y reedificada en 1680 y en 1767. La primitiva torre de esta parroquia —llamada *Atalaya de la Corte*— tuvo, como la del Salvador, un reloj costeado por el Concejo y un permanente torrero, también pagado por el Concejo, con la misión única de alocar las campanas apenas distinguiese en el panorama urbano tendido a sus pies la señal menos sospechosa de humo incendiario. En esta parroquia estuvieron establecidas tres Congregaciones de mucha historia: la de la Paz y Caridad —1421—, la de San Antonio «el Guindero», y la de los esclavos del Ave María —1611—. La primera de las cuales tenía en su debe inexcusable la misión más dramática que cabe imaginar: asistir, acompañar y dar sepultura a cuantos eran ajusticiados *por mano del verdugo,* e igualmente a cuantos infelices enfermaban de muerte en la vía pública. Item más: sus cofrades recogían las cabezas y los cuerpos de los ajusticiados —o en *su total,* si no lo habían sido por la cuchilla— para exponerlos durante dos días en una de las salas subterráneas, en espera de que llegasen familiares o amigos de los muertos para hacerse cargo de los despojos. Fue, en efecto, el primer depósito de cadáveres que tuvo la Villa, y como los tiempos eran de *mucho movimiento dramático,* puede afirmarse que aquel muestrario macabro era abundante, y que había gentes que lo pasaban «la mar de bien» curioseando por allí, para averiguar nombres y motivos de las muertes, y luego comentarlos en mentideros y gacetillas clandestinas.

La parroquia de San Andrés siempre se alzó donde hoy la vemos: en la plazuela de San Andrés, ladera a la plazuela de los Carros y a la plazuela de la Paja. También existió antes del siglo XI, acaso como mezquita de la Medina del sur. En el primer Apéndice del Fuero de Madrid —1202— ya está declarada como una de las diez primeras parroquias de la Villa. En su camposanto, alapado a sus muros, por la parte de la plazuela de la Paja, fue enterrado el futuro San Isidro sin ningún miramiento, pues que lo de la santidad llegó siglos después a lo de su vida de labrador y criado era recientísimo. Su primitiva traza cristiana presentaba detalles mudéjares y reminiscencias góticas. Durante algún tiempo sirvió de Capilla Real de los Reyes Católicos ya que ellos, estando en Madrid, se hospedaban en la Casa de los Lasso, medianera con la parroquia, estando ésta y aquella unidas por un pasadizo subterráneo para exclusivo uso de SS.AA. reales y nobles que les acompañaran a cumplir sus pías ceremonias. Pero advirtiendo que SS.AA. disfrutaron de una elevada tribuna en el lado de la Epístola.

El primitivo templo debió de ser muy modesto y enjuto, y quedaba en ridículo entre dos suntuosas Capillas: la dedicada a San Isidro y la dedicada al obispo don Gutierre de Vargas, a cual de las dos más bella y recargada de adornos y postizos en materiales ricos y en arte largo. La del Santo Patrón de la Villa —barroca, estofada en buen oro, casi delirante de tracerías y follajes—, edificada a expensas de los reyes don Felipe IV y don Carlos II y del Concejo (uno *supone*, porque es cosa corriente de todos los tiempos, que aquellos sólo contribuyeron con sus nombres, dejando la *contribución real* precisamente al pueblo). La del señor obispo de Plasencia don Gutierre de Carvajal y Vargas, hijo del famoso consejero de los Reyes Católicos, don Francisco de Vargas, quien se mereció por su mucha sabiduría, sagacidad y paciencia, la frase popularísima de «¡Averigüelo, Vargas!», sésamo casi siempre infalible para descifrar lo indescifrable, sobre todo cuando a don Francisco le había puesto en movimiento un mandato de SS.AA. La Capilla tenía presencia autónoma sobre la Plaza de la Paja y fue comenzada en 1520. La actual parroquia, incendiada en julio de 1936, así como la hermosa capilla de San Isidro, empezó a ser construida el 12 de abril de 1657 y quedó terminada el 17 de abril de 1669. Había supuesto un gasto de once millones novecientos sesenta mil reales, que pagaron entre don Felipe IV y el Concejo, aun cuando este hubo de suplir «los muchos olvidos monetarios» de aquel.

La parroquia de San Justo está —y estuvo— situada en la calle del mismo nombre, y ya existía en el siglo XII, y está mencionada —como dentro de la muralla árabe del segundo y más extenso recinto— en el Apéndice I del Fuero de Madrid —1202— con el nombre de los Santos Niños mártires de Alcalá de Henares Justo y Pastor. Al ser destruida por un incendio —1790— la de San Miguel de los Otoes, aquella parroquia se anexionó la desaparecida tomando el nombre de San Justo y San Miguel. La de esta advocación santoral estuvo situada donde hoy se levanta el Mercado de San Miguel, y en la que fue bautizado Lope de Vega. A mediados del siglos XVIII, de 1734 a 1754, fue reconstruída la parroquia a expensas del Cardenal-Infante don Luis, hermano de Carlos III. En 1892 al ser donado este templo a la Nunciatura Pontificia, tomó el nombre de Iglesia Pontificia de San Miguel, quedando así eliminado de evocación el único niño, Justo, de los dos mártires de Alcalá. El otro había sido dado de lado, sin miramiento alguno, años antes, acaso por ser Pastor menos eufónico que Justo y, por supuesto, menos simbólico tanto para la justicia como para la Santidad.

Las primitivas parroquias de Santos Justo y Pastor y de San Miguel de los Octoes tuvieron pequeñas, pero muy bellas, torres románicas. Y ornaban sus techumbres armas reales. La primera de ellas, contigua a la mansión fastuosa del fastuoso secretario de don Felipe II, Antonio Pérez, sirvió para que éste, preso por orden del monarca, saltando por un balcón de su mansión penetrara en el templo y desde él, con los primeros rubores matutinos, se largara a Zaragoza sobre un corcel de ligereza pegasiana, donde quedó protegido y «de ocultis» por don Juan de Lanuza, Justicia Mayor de Aragón, a quien tal amparo le costó mucho más que un ojo de la cara, pues que le costó los dos y el resto de su persona, con la cabeza separada del tronco. En San Justo tuvieron sepulcros propios los Luxanes y los Lagos, familias de alcurnia matritense encopetada. El «arreglo» ordenado por el Cardenal-Infante don Luis, no fue muy feliz; aparte de su original portada convexa y su decoración de cierto gusto y de cierto lujo. En San Justo quedó fundada —1619— la Venerable Congregación de los Sacerdotes Hijos Naturales de Madrid.

La parroquia de San Sebastián fue erigida «extramuros», entre las hoy calles de Atocha, San Sebastián y las Huertas. La segunda de éstas llevó antes, y sucesivamente, dos nombres realmente bonitos: *del Beso* y *del Viento.* Por la parte de las Huertas tuvo la parroquia su cementerio, que se «especializó», como ya puntualizaré, en bautismos y enterramientos de mucha gala escénica. Nació —1550— esta parroquia como anexo arrabalero de la parroquia de Santa Cruz. Tuvo a su vez, como anexos, dos Capillas celebérrimas: la de Nuestra Señora de la Novena, o de los Cómicos, costeada íntegramente por estos entre los años 1662 y 1671, y la de los Arquitectos, cuyos planos dibujó desinteresadamente don Ventura Rodríguez, luego con derecho a nicho de fundador. El libro de óbitos de la parroquia de San Sebastián es el más importante para la historia literaria de España, ya que estando enhiesta casi en el centro del llamado «barrio de los cómicos», a quinientos metros del Mentidero de los Representantes, en ella fueron enterrados —o expedidas sus partidas de defunción— Lope de Vega, Rojas Zorrilla, Vélez de Guevara, Valdivielso, Céspedes y Meneses, Antonio de Zamora, Matos Fragoso, José de Cañizares, Antonio de León Pinelo, Nasarre, María Ladvenant «La Tirana», el pintor Pereda, el pintor Patrico Caxes, Montero de Rojas, Sebastián Muñoz y otros muchos autores y actores. Y también en esta parroquia fueron extendidas las partidas de nacimiento de don Ramón de la Cruz, Leandro Fernández de Moratín, el compositor don Francisco Asenjo Barbieri, la actriz Matilde Díez, el dramaturgo y «Premio Nobel 1922» don Jacinto Benavente. Esta parroquia fue incendiada por los marxistas en julio de 1936, y restaurada años después por el arquitecto don Francisco Iñiguez Almech, quien cambió la orientación del templo. Del incendio sólo se salvaron parte de la torre y la Capilla de Belén, o de los Arquitectos, en la que también está enterrado otro arquitecto insigne: don Juan de Villanueva.

Las parroquias de Santiago y San Juan, reunidas hoy, fueron de las primeras parroquias madrileñas «intra muros», sí, entre los dos encintados amurallados de la Almudena y de la Medina. La de Santiago, en la hoy plazuela de su nombre. La de San Juan, en la hoy plazuela de Ramales. Curiosa noticia: a la de Santiago acudían a los oficios los sectarios de Arrio. Está mencionada en el Apéndice I del Fuero de Madrid —1202—, y mención idéntica de la de San Juan. En aquella fueron bautizados la beata Mariana de Jesús y el venerable mártir Pedro de Miranda Torres. Durante la dominación francesa, la de Santiago fue incendiada y la de San Juan demolida. En esta —¡ay, Dios, cuántos restos gloriosos se han «traspapelado» en Madrid!— fue enterrado don Diego Velázquez. Sólo se reconstruyó —1811— la de Santiago, siguiendo los planos de don Juan Antonio Cuervo. En el centro de la plazuela de Ramales, donde se alzó la de San Juan, ha sido levantado un hito coronado de cruz que recuerda a los españoles de hoy que «por allí» estuvo desencarnando sus huesos y pulverizando éstos, uno de los mejores pintores del mundo.

7. De una plaza y de un barrio con solera inagotable

Nueva escenografía matritense: una plaza breve y casi cuadrada, llamada de *la Villa,* y limitada por las calles *Mayor, del Codo, del Cordón, del Rollo.* Estas tres últimas como afluentes menesterosos de la plaza de la Villa; la Mayor, como río importante que la limita, dándola de lado, para irse a la Puerta del Sol. En esta plaza, entre risueña y melancólica, según le pinten las luces, están el Ayuntamiento de Madrid (austria ilustre con retoques neoclásicos). Al fondo, mirando desde la calle *Mayor*, la llamada Casa de Cisneros, que no fue construída, ni habitó en ella, por el famoso Cardenal, pues que, bastantes años después de muerto éste, en 1537, la mandó construir don Benito Jiménez de Cisneros, sobrino del Cardenal, y que sí habitaron don Bernardo de Sandoval y de Rojas, en tiempo de don Felipe III, los condes de Oñate, el enciclopedista conde de Campomanes, don Ramón Narváez. La casa tiene un heterodoxo estilo renacentista con sarpullidos barrocos y alucinaciones moriscas.

A la izquierda, el momumento civil que ahora nos importa: la Casa y Torre de los Lujanes, hoy restauradas con indudable acierto. Fue construída entre los años 1510 y 1520 en un estilo gótico decadente, también con recuelos moris-

TORRE DE LOS LUXANES

Se levanta en la Plaza de la Villa y queda abrazada a medias
por el Callejón del Codo. Fue edificada a principios del siglo XVI
—se ignora su arquitecto— para uno de los linajes más ilustres
de Madrid: el de los Luxanes. Encanta a la vista su estilo dubitativo
—entre amoriscado y cristiano, pero ya renaciente— ¡Ah!
Y juramos que en ella, contra lo que se ha hecho topicazo,
no estuvo preso ni horas el petulante y enfático Francisco I de Francia.
(Fotografía: María Arribas)

cos. Es de ladrillo y mampostería. Perteneció a una de las
familias de mayor prosapia matritense: los Luxanes (la *x*,
¡vive Dios!, es letra que rezuma exquisitez nobiliaria). Por la
parte de la calle *del Codo* tiene una puertecilla —de las de
«escapatoria» fraudulenta— con arco de herradura apuntado
y herrajes muy bellos. La portada, cara a la plaza de la Villa,
presenta un hueco con arco mixtilíneo y un gran arrabá
baquetonado, con tres escudos de armas. La Torre queda
rebozada en atisbos moriscos.

Aviso importante para que nadie se llame a engaño: en
esta torre no estuvo preso el rey francés don Francisco I,
feloncillo en la política y fascinado en los amoríos, capturado
en Pavía como un pardillo caído en la liga. Una leyenda
justamente asesinada por la implacable erudición (que es la
única *hembra* que se entrega con más gusto a los vejetes que
a los buenos mozos). Hoy, en la Casa y en la Torre de los
Lujanes se hallan instaladas la Real Academia de Ciencias
Morales y Políticas —creada el 30 de septiembre de 1857 por
Real Decreto de doña Isabel II— y la Sociedad Económica
Matritense fundada el 17 de junio de 1775 por una condes-
cendencia cuasi senil de don Carlos III.

Y no debo terminar la descripción de esta admirable
escenografía madrileña, en la que se desarrollaron, y se
siguen desarrollando, curiosísimas peripecias —algunas de
ellas con trascendencia universal— de Madrid, sin mención
de la estatua en bronce del gran marino almirante don
Alvaro de Bazán, marqués de Santa Cruz. La estatua, a
tamaño natural, sobre un pedestal de mármol, es obra noble
de don Mariano Benlliure. En la parte trasera (¡con perdón!)
de la peana marmórea, como en lápida con recuadro, se leen
unas redondillas atribuidas a Lope de Vega:

> *El fiero turco en Lepanto,*
> *en la Tercera, el francés,*
> *y en todo el mar el inglés,*

tuvieron de verme espanto.
Rey servido y patria honrada
dirán mejor quien he sido,
por la cruz de mi apellido
y por la cruz de mi espada.

Dando la cara, en el mismo pedestal, una sencilla inscripción: *A don Alvaro de Bazán.*

8. El Monasterio de los días felices

Encumbrado y bello escenario: San Jerónimo el Real, que fue templo y monasterio. Hoy nos queda el templo, gallardo y lleno de armonía. Del monasterio, las ruinas del claustro. Los franceses invasores demolieron el monasterio e incendiaron el templo, luego de sacar de él cuanto había de provecho... en su provecho. Y el templo se salvó, siendo restaurado merced al tesón del esposo *nominal* de doña Isabel II, el rey consorte y sin suerte don Francisquito de Asís, a quien ayudaron *arrimando el hombro económico,* el Cardenal Moreno, arzobispo de la Diócesis (todavía Madrid pertenecía, sin obispo propio, a la de Toledo) y algunas asociaciones pías. El rey consorte encargó de la restauración al arquitecto mismo que levantó el Congreso de los Diputados don Narciso Pascual Colomer, con quien colaboró años después el arquitecto don Enrique Repullés. Se intentó, como era lógico, que el templo remedara al anterior, cuyo exterior era de gran sencillez: los muros como de albañilería mudéjar, y sólo el pórtico y la portada de labrada sillería. Pero el templo restaurado en la segunda mitad del pasado siglo, con una vaga imitación del de San Juan de los Reyes toledano, tiene torres nuevas, crestería y pináculos y en la portada unas esculturas de Ponciano Pozano, autor de las del Congreso.

Afiligranado y afilado, estilizado, el templo de hoy, con el monasterio de ayer, tuvieron su origen en un trance mezcla de caballería leal y de confuso lirismo amatorio: el paso honroso sostenido en el camino de El Pardo por don Beltrán de la Cueva, en defensa del buen nombre de una infanta herida por la malignidad y... las chapuzas políticas de conveniencia. El rey don Enrique IV, agradecido a don Beltrán, ordenó que en aquel mismo sitio fuera elevado un monasterio de jerónimos. Cierto, don Beltrán, con su gesto netamente de romance medieval, había lavado el honor del monarca y de su esposa doña Juana, dejando en claro que legítima hija suya (de los Reyes, por supuesto) era la infortunada princesa doña Juana, vilipendiada como «la Beltraneja». Los Reyes Católicos, que con el lance de don Beltrán no habían quedado en *postura cómoda*, apenas empezaron a reinar ordenaron que este monasterio de El Pardo fuera trasladado al Prado... de San Jerónimo, y colocado sobre una altiva pena. Como así fue hecho. El traslado —la construcción, hablando en claro— quedó terminada en 1505, cuando ya doña Isabel había pasado a mejor vida, pía suposición que conforta a todos los mortales creyentes. Este escenario suntuoso y sencillo a la vez ha servido, desde entonces, para muy interesantes efemérides. En él eran jurados los herederos al trono. En él eran celebradas bodas reales; la última, en mayo de 1906, la de don Alfonso XIII con doña Victoria Eugenia Battemberg. ¡Ah! No quiero olvidarme de decirles a ustedes que los primitivos templo y monasterio quedaron dentro del enorme recinto de *El Buen Retiro*, ni que desde don Felipe II hasta don Carlos II, en el convento tenían reservado aposento especial SS.MM. para cuando les viniera en gana *retirarse* a meditar en verdades eternas, a compungirse por pecados mortales, a reflexionar sobre empresas peliagudas y necesarias de ser llevadas a su último límite.

9. Otra escenografía religiosa de importancia «capital»

¡Y tan *capital*! Como que sigue siendo, luego de muchos años, la catedral de la capital de España. Catedral, por cierto, que no desdice de la sencillez sensacional que Madrid quiere para sus hijos y para sus cosas. San Isidro el Real está situado dando cara a la calle de Toledo y laterales una, a la calle de la Colegiata —antes, del Burro—, y las restantes paredañas al hoy Instituto de San Isidro, con lo que se hacen invisibles. En principio, el templo antecesor del actual, más chico, según se cuenta en letra de molde erudita, perteneció al Convento de PP. Jesuítas y fue construído entre los años 1560 y 1567. Pero a principios del siglo XVII fue demolido este templo, e inmediatamente iniciada la construcción del actual conforme a los planos y dirección del arquitecto y coadjutor de la Compañía de Jesús, Hermano Francisco Bautista. Y quedó abierta a los fieles e infieles el 31 de agosto de 1661. En la capilla mayor metió su baza, siempre afortunada, don Ventura Rodríguez. Y en ella, en un gran nicho de medio punto con archivolta, sobre un pedestal, está la doble arca que contiene el cuerpo incorrupto de San Isidro, patrón de la Villa y «labrador más honrado», una de las cuales arcas, la exterior, barroca en plata maciza, le fue ofrecida al Santo por los cofrades plateros de la Corte.

La fachada de San Isidro es sencillamente grandiosa. Está labrada en granito y, de abajo arriba, un cuerpo con cuatro columnas adosadas al centro y pilastras a los lados; sobre este cuerpo, el coronamiento con dos torres de poca altura y dos estatuas de los Santos Isidro y Santa María de la Cabeza. Al interior, un templo con planta de cruz latina.

En verdad el templo actual es... como el heredero del planeado por el insigne escultor jesuíta, ya que *su padre* se achicharró durante el nefasto verano de 1936, en que triunfaron, en el triste Madrid de aquel tiempo, los pirómanos energúmenos de iglesias y conventos. Y, tras más de una docena de años de espera, *fue parido* el actual, de una modestia que da grima. En templo y convento primitivos tuvieron vara alta los PP. Jesuítas hasta el año 1767, en que fueron expulsados de España los hijos de San Ignacio.

No puedo dejar de consignar que el actual Instituto de San Isidro no es sino el heredero del Colegio Imperial de la Compañía de Jesús, también denominados Estudios Reales, creado por los mismos jesuítas en 1545. Su título pomposo «de Imperial» le fue concedido por la emperatriz doña María de Austria, ya viuda y recluída con su hija Margarita en las Descalzas Reales. Ya fuera de España los jesuítas, los Estudios fueron restablecidos por el rey don Carlos III —1770—, estableciendo en ellos cátedras de lenguas griega y latina, hebrea y árabe, retórica y poética, filosofía y derecho natural y derecho canónico. Y aquí llega el «ven y vete»: en 1815 volvieron a ellos los jesuítas; en 1834, «cuando la divertida matanza de los frailes», según frase de los masoncetes, salieron aquellos de estampía nuevamente. Por fin, en 1845 los Estudios se convirtieron en Instituto de San Isidro. Por su parte, al ser creada la Diócesis de Madrid-Alcalá, el templo quedó dedicado a catedral de la Villa. Y su primer obispo, don Narciso Martínez Izquierdo, fue asesinado en su atrio, durante la mañana del Domingo de Ramos —18 de abril de 1886— por un cura de misa y olla llamado Galeote, apellido sumamente significativo. En el templo de San Isidro —me refiero a sus primera y segunda *ediciones* (y no a la actual, que es la tercera)— recibieron sepultura famosos personajes: los jesuítas PP. Diego Láinez, Pedro de Ribadeneyra, Juan Eusebio de Nieremberg, el poeta y virrey del Perú don Francisco de Borja y Aragón, el príncipe Muley Xegue, hijo del rey de Marruecos, que llegado en comisión a Madrid, decidió convertirse en cristiano, bautizarse y abrir casa suntuosa con el nombre de don Felipe de Africa (nombre que nos parece un poco exagerado); don Diego de Saavedra Fajardo, diplomático y tratadista político de altura. También estuvieron en San Isidro, durante algún tiempo, los restos —*pulvis, cinis, nihil*— del sacerdote constitucionalista de Cádiz, Muñoz Torrero, de don Leandro Fernández de Moratín, de don Juan Meléndez Valdés, de don Juan Donoso Cortés, hasta su traslado al Panteón de hombres ilustres en la Sacramental de San Isidro.

10. El primer escenario madrileño para teatro al aire libre; sí, tanto para el teatro-teatro, como para la vida-teatro, como para el teatro-vida

Juro que no existió en Madrid, durante los siglos XVII, XVIII y XIX otra escenografía «que más entrara por los ojos», y más adecuada para los más diversos espectáculos, que la *Plaza Mayor*, emplazada donde estuvo otra plaza, *la del Arrabal,* harto cochambrosa y mezquina, mercado y lonja de los alimentos y utensilios de hogar más sospechosos de cólicos y chascos respectivamente; a todas horas hirviente de vendedores muy al por menor: fruteros, carniceros, hueveros, bodegoneros, aguadores a domicilio, verduleros, gallinejeros, alojeros, pescaderos, cascajeros, merceros, zapateros de nuevo y viejo, sastres «al ojo», ropavejeros revestidos de pringue, esparteros, cacharreros, corredores de alhajas de investigable procedencia, ciegos canturreadores con vihuelas y manubrios, sombrereros, merodeadores del fraude, del truco y de la trapisonda. En la hermosa, muy señora, casi cuadrada y casi cerrada *Plaza Mayor* confluyen esos como pequeños arroyos de tránsito humano que son las calles *Botoneras* (antes *del Arco Imperial* o *del Arco de Botoneras*), Toledo, *Escalerilla* (antes *Escalerilla de piedra,* por la que baja hasta el Arco de Cuchilleros), *Ciudad Rodrigo* (antes *Calle Nueva*), *Siete de Julio* (antes *de la Amargura*), *Arco del Triunfo* (antes *del Peso Real* y más

antes *del Infierno*), *Sal* (antes *del Real de la Sal*), *Zaragoza* (antes *de las Viñas,* y también *de San Jacinto* y *de las Zapaterías de viejo*) y *Gerona* (antes *de las Vidrieras*). Estas calles cortitas, y no contoneadoras, pues que van a confluir en una plaza seria, lo hacen a través de sendos arcos magníficos, altos de talle.

Fue don Felipe III, el primer monarca que le nació a Madrid, quien avergonzado de la plaza del Arrabal, hedionda entre polvos, lodos y basuras, siempre a punto de putrefacción, mandó arrasarla y sobre su amplio solar construir otra noble y austera, espejo de la realeza española. Llevó a feliz término el deseo feliz del monarca, entre los años 1617 y 1619, el gran arquitecto don Juan Gómez de Mora, aventajado discípulo de don Juan de Herrera. Su coste fue de doscientos mil ducados. Con cara al Mediodía está la Casa de la Pandería (y segunda Casa Consistorial), llamada así porque en ella se vendía el de cada día, alimento elemental y muy grato a los ojos del Señor, sirviendo sus bellísimos balcones del primer piso como palcos de lujo para presenciar desde ellos (las reales personas y sus encopetados acompañantes) los frecuentes y variadísimos espectáculos celebrados en el enorme escenario de la Plaza: fiestas de toros y cañas, torneos embates con divisas historiadas de los más altos linajes, autos de fe, ajusticiamientos, degollinas de personajes importantes, auténticas representaciones teatrales (Autos Sacramentales y tragedias «de aupa»), combates de toro contra jauría de perros feroces... Con cara al Norte está la Casa (tercera Consistorial) de la Carnicería, por venderse en su piso bajo las carnes de vacas, corderos, terneros, carneros, cabritos y la volatería aún sin desplumar. Por cierto, dos caras bien distintas: la de la Panadería, graciosa, doradita por el sol, con sus jueguecillos barrocos, sus corridos balcones con relieves sobre sus dinteles, su enorme escudo y su reloj. La de la Carnicería, menos guapa y paliducha, sin ringorrangos, amustiada de expresión, jamás contagiada de la suave sonrisa que mira en la casa de enfrente. Eso sí, las dos Casas con sus dos torres laterales, esbeltas y con chapiteles que delatan su traza pura matritense. Las cuatro fachadas de la Plaza montadas a gusto sobre amplios soportales con arcos y farolones.

Esta Plaza Mayor, por aquello de que sirviendo de escenario a frecuentes representaciones, de muy diversos argumentos, desde el trágico hasta el esperpéntico, era en Madrid un *teatro más,* el más firme y con cabida ¡para 50.000 espectadores! Y, naturalmente, compartió con los restantes teatros su sino teatral, que es el de los incendios. Tres sufrió, y tan «de órdago a la grande», que la dejaron, además de chamuscada y con grandísimas mellas, para muy poquitas bromas representativas. El primero de los tres, el 7 de julio de 1631, iniciado en unos sótanos de la Casa de la Carnicería. Tres días duraron las luminarias fantásticas

FIESTA DE TOROS EN LA PLAZA MAYOR

Estamos —en el grabado, por supuesto— a mediados del siglo XVII y en pleno desarrollo de una espectacular corrida de toros. El autor del grabado, italiano él, se conformó para su fantasía taurina con las referencias que le dieron algunos amigos turistas de su misma nacionalidad. Consecuencia lógica: un ameno disparate.

coreadas por los ayes de los damnificados y las preces cantadas de Cofradías y Asociaciones Pías, muy interesadas en que el Cielo enviase pronto a su eficacísimo bombero: la lluvia. Se abrasaron medio centenar de casas —de la Plaza y de sus aledaños—, una docena de personas y un millón trescientos mil ducados. Para reconstruirla (pues que los suplicados recursos a los mortales dieron un resultado de ruindad escalofriante) hubo que recurrir a un *empréstito celestial,* clamado por clérigos, frailes y monjas en septenarios y novenas y procesiones, que resultó pingüe, y no debido a milagrito alguno, sino a que los ricachones de entonces sólo aflojaban sus bolsas cuando aflojándolas creían pagar una grata estancia en el Paraíso teológico.

El segundo incendio acaeció en la noche del 2 de agosto de 1672, que, para variar, se inició en la Real Casa de la Panadería. Pérdidas: medio millón de ducados, siete criaturas y una treintena de viviendas. Para reconstruirla, nuevo *empréstito celestial,* otorgado, yo creo que por cansancio de Nuestro Señor ante tantos trisagios, septenarios, novenarios, procesiones atronadoras de rezos y motetes, y mesas petitorias «a los pies» de cada templo madrileño. El tercer incendio se produjo el 16 de agosto de 1790. (Habrán caído en la cuenta, mis queridos lectores, que el verano calidísimo de Madrid tuvo cierto signo nefasto llameante en los tres casos, dos de ellos caniculares.) Se churruscó hasta los sótanos el lienzo de la parte del poniente, el ángulo suroeste y parte menor del lienzo sur, desde la calle hoy *de Ciudad Rodrigo* hasta el Arco entrada y salida de la calle de Toledo. Se reconstruyó con muchos apuros financieros, pues tanto SS.MM. como Consejos, Secretarías del Estado, Ayuntamiento, clases denominadas «pudientes», andaban «a la cuarta pregunta» y a todos les pareció abusivo un tercer empréstito celestial. Dirigió la reconstrucción el arquitecto don Juan de Villanueva, quien mantuvo un absoluto respeto por las trazas ya canónicas de la Plaza. Debió, además, parecerle casi sacrilegio enmendar la plana al glorioso Gómez de Mora.

Entre los años 1850 y 1925, la Plaza Mayor «vino muy a menos», con sus cuatro caras desaseadas y descostradas (o costrosas), con sus jardincillos raquíticos y con escasísima salud floreal y verdeante, por lo cual quedó como escenario sólo hábil para representaciones muy populacheras: idilios parcheantes de chachas y militares sin graduación, juegos infantiles entreverados de llantos, gritos estridentes, pises y de lo otro más sólido, contoneo y publicidad cantarina de barquilleros y buhoneros y churreros y castañeras y patateros de las exquisitas, calentitas y saladitas «chuletas de huerta», asadas en una especie de locomotora fuera de servicio por su enanez. Por la Plaza Mayor, bordeando sus jardincillos, iban y venían los amarillos y bamboleantes tranvías con finales en los Carabancheles y Leganés, los coches de punto, las tartanas con destino a los barrios bajos, los primeros autos presumiendo «lo suyo». También se convirtió la Plaza Mayor en tales años en punto de cita de chulánganos peritos en el toque de organillos manubrios y más peritos aún en el parcheo a las buenas mozas; las daifas de tapadillo y al disimulo de sus intenciones; expendedores de frutos secos, de gomas para los paraguas (y de otras gomas guardadas y vendidas a lo secreto), de baratijas en juguetes y utensilios de «tente mientras cobro». Y presidiendo la gran Plaza, la estatua ecuestre del rey don Felipe III, su fundador, obra en bronce y al alimón de Juan de Bolonia y Pedro Tacca. Estatua que se alzó primero a la entrada de la Real Casa de Campo y que cambió de domicilio, para mejorar, por orden de doña Isabel II, en 1848. Datos curiosos y complementarios: en 1873, los republicanos en el poder, luego de cambiar de nombre a la Plaza, denominándola *de la Constitución*, apearon la estatua y la arrumbaron. Vista y no vista, casi evaporada la primera República, la estatua regresó a su centro placero. Y digo *que regresó,* porque tengo la impre-

sión de que fue el propio don Felipe III el que aflojó las
riendas a su corcel, para que este tomase un camino ya
sabido, apenas llegaron a los oídos del monarca austria las
noticias «del grito de Sagunto» emitido por el general Martínez Campos y de la imperiosa voz de ordeno y... gobierno, en
Madrid, salida de la boca de don Antonio Cánovas del
Castillo. El reloj del tiempo marcaba de nuevo la hora de la
Monarquía.

Algunos años después, en 1936, la revolución tomó una
de sus primeras medidas: derribar violentamente la estatua,
por lo cual quedó desmontado el jinete y con mucho daño el
caballo. Repuestos de ellos, nuevamente erguidos, al triunfar
el Moviento Nacional (creo recordar que hizo de médico para
el rey y de veterinario para el caballo el gran escultor
granadino Juan Cristóbal), aún no hace muchos años de
nuevo fue arrumbada la estatua en un vertedero de hojas
secas y de flores mustias del Retiro, so pretexto de construir-
se bajo el suelo de toda la Plaza un colosal aparcamiento
para autos), simbolismo puro de nuestro tiempo. Sino que
los franceses hicieron otro aparcamiento en la Plaza Vendô-
me, y no se les ocurrió desmontar y arrumbar la colosal
columna conmemorativa de las glorias napoleónicas que,
dicho sea como apostilla, debe pesar bastantes más tonela-
das que nuestro ecuestre don Felipe quien, a caballo, estuvo
en el dicho exilio vertedero hasta 1970, año en que fue
repuesto —como cualquier funcionario absuelto de su presunto delito—... creo yo que por auténtico milagro, pues que
fueron muchas las autoridades estatales y municipales a las
que «por lo visto» la estatua «les caía gorda» (la gordura, al
menos la del caballo, a la vista está), y pensaban darla
alojamiento cuasi misterioso. Lo cual hubiese sido pecado
mortal, y de los gordísimos, pues la estatua ecuestre de don
Felipe III es de las más bellas entre las que se exhiben por el
mundo.

(*Aviso importante:* a cuantos teatro-vida, vida-teatro,

teatro-teatro, y a quienes los protagonizaron y acomparsaron, ya me referiré por lo menudo, pero también por lo concreto, en los siguientes capítulos, dedicados precisamente: a los actores por orden de su aparición sobre la escena y a los argumentos, con cantables o sin ellos, de las obras montadas por muy notables directores de escena, a quienes igualmente pondremos en solfa, o con término actual: en órbita.)

11. De una calle que se pirró por las teatralerías

Antigua, sensacional, vivísima en briba y estruendo, liosísima en la historia de Madrid fue la calle *Mayor*, como vena aorta en el cuerpo de la Villa y Corte durante varios siglos. En un principio era muy chica, pero graciosilla y pizpireta, pues que no crecía sino entre el hoy Ayuntamiento y la calle *de la Caza* (hoy *del Comandante Las Morenas*) que iba de la *Mayor* a la plazuela de Herradores), con una infancia sanota y una niñez muy nerviosa, fue creciendo, creciendo «a dos bandas», por abajo y por arriba, hasta que llegó a tener su actual longitud: desde la Cuesta de la Vega —incluido el Camarín con la escultura de la Virgen de la Almudena— hasta la Puerta del Sol —incluídas la ya centenaria pastelería *La Mallorquina,* esa simpatiquísima y madrileñísima expendedora por lo gratis de olor a ensaimada calentita y, en la acera opuesta, la casa grandota y en su tiempo suntuosa levantada por la fortuna del maragato don Santiago Alonso Cordero—.

Pero en el trozo primero ya se sucedieron escenografías del mayor interés. Nada más nacer, como para servirla de pila bautismal, la parroquia del Salvador. Y en su parte más empinada, que lo sigue siendo, donde estuvieron Las Platerías y en las entradas a las calles de los Milaneses y de San Miguel, y a la Cava del mismo santo arcángel, se levantó la famosa —literariamente, que no arquitectónicamente—

CONSTRUCCION DEL AYUNTAMIENTO DE MADRID
Como puede verse la construcción está «a medias» por haberse agotado
el presupuesto. La obra fue iniciada —1640— por Juan Gómez
de Mora. Muerto el cual lo continuó José de Villarreal —1648—.
Muerto el cual la terminó —1693— Teodoro Ardemans.
Este bello documento pictórico que contemplamos, de autor
anónimo, pero, indudablemente artista de la llamada «Escuela
de Madrid» data de hacia 1660. Todo en este documento es seductor:
el estado de la obra, la fuentecilla de la plazuela, los grupos de personas,
uno de los cuales socorre a un herido.

Puerta de Guadalaxara, y la casa en que nació Lope de Vega,
y la casa en que falleció don Pedro Calderón de la Barca. Hoy
no existen ninguna de las tres. ¡Grande, implacable verdugo
el tiempo y las necesidades del urbanismo pretensioso y
desangelado! La casa nativa de Lope de Vega y la obitual de
don Pedro, las pulverizó la piqueta jornalera.

La Puerta de Guadalaxara fue pequeña y bastante birria,
a juzgar por los grabados y las referencias que de ella nos
quedan. Presentaba unos adornajos entre barrocos y de tarta
disanta, con figuras de santos y de guerreros, y unos escudos
historiados a lo simbólico. Esta Puerta era adornada con
banderas, gallardetes, artificiales floripondios, guirnaldas
floreales cuando bajo su arco iba a entrar o salir algún
personajazo de mucha cuenta, español o extranjero. Las
Platerías tomaron este nombre, jamás otro tan congruente,
de los muchos plateros y orfebreros cuyas tiendas estaban

contiguas y «a partir un piñón», sin el menor resquemor de competencia. Los plateros colocaron —1640— a su santo patrón San Eloy —en bellísima imagen obra de Juan Pascual de Mena— sobre un altar del templo parroquial del Salvador. La casa natal de Lope de Vega y obitual de Calderón de la Barca no tuvieron sino tal particularidad de honra, porque cono inmuebles fueron de una sencillez excesiva, y enseguida se les puso cara de quien padece de hígado y apariencia material —corporal— de quien es víctima de la artritis. Hoy no existe la casa que sucedió a la casa, que a su vez, sucedió a la casa nativa de Lope; por la cual la lápida conmemorativa que conmemoraba la efemérides gloriosa en la tercera de las sucesiones, y que es la que yo conocí, ha desaparecido, posiblemente muerta «por lapidación». Más suerte ha tenido don Pedro que don Lope, pues que en la casa que sucedió a la casa donde él falleció a lo muy contrito hay una modesta lápida que conmemora su vivencia y su óbito allí mismo.

Si consideramos el escenario total, actual de la calle *Mayor* nos cumple señalar algunos detalles muy interesantes para él, y que lo agracian y avaloran. Caminando a contrapelo de la calle, es decir, de la Cuesta de la Vega a la Puerta del Sol, ya que hoy, es la proximidad a ésta la que marca el inicio de la numeración del callejero matritense, encontramos en la calle *Mayor,* esquina a la Cuesta de la Vega, a la derecha, unos vestigios de la primera muralla árabe, la correspondiente a la Almudena, ciclópea y bastota. A la izquierda, la entrada a la cripta de la que será Catedral de Madrid... cuando Dios lo estime oportuno (y no parece que en estos próximos años LE preocupe tal oportunidad) y que es cripta y muy notable, pero no atractiva, obra del arquitecto don Francisco de Cubas, marqués de idem, abierta al culto público a principios de este siglo. Sigamos caminando y apenas cruzada la calle *de Bailén*, a la derecha, el magnífico casón llamado de Consejos —hoy sólo lo usufructuan el Consejo de Estado y la Capitanía General de la Primera

Región—. Lo mandó erigir el poderoso don Cristóbal Gómez de Sandoval, duque de Uceda, hijo del no menos poderoso valido de don Felipe III el duque de Lerma y, como éste, sucesor en el valimiento real a escala ya un poco reducida. Y a la izquierda, muy retocado, pero aún con buen plante, el palacio del duque de Abrantes, esquina a la pequeña y acodada calle *de la Almudena,* antiguamente *del Camarín de Santa María,* y donde estuvo la mansión de la famosa, hermosísima, intrigantísima (y con sólo un ojo vivo, pues a tener los dos deslumbrara al mismísimo Sol) princesa de Eboli. Más arriba, a la izquierda, el Gobierno Civil, que fue palacio de los marqueses de Camarasa, y el Ayuntamiento, construído sobre el solar donde tuvo mansión el gran duque de Osuna. Ya próximos a la Puerta del Sol, a la derecha, ocupando una enorme manzana (dentro de la cual había trozos de las calles *de Esparteros, Pontejos, Postas y Correos,* estuvo el celebérrimo Convento de San Felipe el Real, rodeado por sus lados norte y oriente de una alta lonja convertida en el Mentidero de las Gradas de San Felipe, el más temido de la Villa, porque sus lenguas *sueltas* —lo eran de los ingenios más mordaces y audaces— se ensañaban de rey abajo... con todos, y en no pocas ocasiones ni el rey salía ileso. Debajo de esta lonja se abrían las covachuelas a las que ya me he referido, en las que se expendían cuantos objetos, caros y baratos, puede enumerar la memoria más privilegiada: desde un diamante hasta una escoba, desde un vestido de general hasta ungüentos y vinagrillos para las damas con melindres, desde los elixires de larga vida hasta los remedios más expeditivos para los abortos.

Enfrente de San Felipe el Real, esquina a la Puerta del Sol, existió la muy acreditada mancebía de «las Soleras», recordada en romance por don Francisco de Quevedo; y pasado el callejón *de la Duda*, el espléndido palacio de Oñate —con posterior primorosa portada con balcones barrocos, de Pedro de Ribera—, en el que vivió el famoso poeta y amoroso caballero conde de Villamediana, asesinado en la noche del domingo 21 de agosto de 1622, al saltar de su carroza. Muerte, como la de un toro bravo, de una sola estocada en todo lo alto del pecho. En este mismo palacio quedó instalado el primer buzón para echar la correspondencia que hubo en Madrid, ya que el de Oñate poseyó el título de Correo Mayor de Castilla. Entre los años 1561 y 1700 fue la calle Mayor, con el Prado, los dos paseos más codiciados por cuantos vivían en Madrid y de Madrid, y a quienes urgía enterarse de cuanto acontecía bajo los techos madrileños tanto del rey como de Roque. Con cierta diferencia entre los dos paseos pues, mientras en el *del Prado* el amor —a derechas o a zurdas— se sobreponía a la maledicencia, en la calle Mayor la maledicencia vencía al amor y, no pocas veces, profanándolo a lo pícaro.

12. La Puerta del Sol, ombligo de España

Y ya estamos ante otra gran escenografía matritense, de seguro la que tiene fama mundial más permanente: la *Puerta del Sol*, algo así como el ombligo de España y el quilómetro cero del que parten todos los caminos radios de la península hacia la aventura, punto neurálgico de la idiosincrasia matritense, termómetro de la fiebre social y barómetro de los pronósticos temporales políticos. Y, total, dirán no pocos extranjeros y españoles: ¡una plaza de nada, sin algo de particular! Ni grande ni bien trazada. Ni hermosa. Ni opulenta. Ni con edificios deslumbrantes. Ni... ¡Basta *de peros*, puñeta! En resumidas cuentas no son indispensables la grandeza, la belleza, la opulencia, para que tanto las personas como las cosas tengan ese *ajilimójili* mágico que seduce mucho más que aquellas. El garbo. La simpatía. La gracia natural. La luz inefable. El misterioso efluvio que emborracha a gusto. La sencillez expresiva que sugiere las melodías más entrañables e inolvidables. Pues bien, todas ellas y todos ellos forman el patrimonio inagotable de la *Puerta del Sol*. Total, que basta decir el nombre mágico *Puerta del Sol* para que todos sepamos que se trata de algo «fuera de serie», irrepetible, inimitable en el universo mundo. Sí, la Puerta del Sol es la demostración visible y palpable de cómo lo irregular geométricamente, lo pequeño dimensionablemente, lo amable a dosis tranquilizadoras, lo modesto a economía hogareña burguesa, pueden sumar, en su perfecta armonía, un neto predominio sobre lo sensacional.

En el principio —y aquí algo tiene que ver el verbo— la *Puerta del Sol* era sólo una puerta; una puerta en una cerca casi corralera. Hablando a las claras: una puerta más, un poquitín más agraciada que los restantes portillos abiertos en el cinturón con que Madrid se ceñía durante el reinado de don Felipe II. Situada a oriente, parecía ser, lo era, esa puerta que el Sol apenas apunta aupado sobre el horizonte visual, busca para colarse aquí y allá. Se alzó en una jorobilla, a la altura de las hoy calles *de la Montera* y *de Carretas*. El maestro López de Hoyos, que lo fue personalmente de Cervantes, y lo es nuestro en la lejanía del recuerdo, asegura que esta *Puerta del Sol* fue derribada hacia 1570 para permitir que la Villa se enganchara a sus anchas. El cinturón se había roto. Ya antes de la rotura, fuera de la *Puerta del Sol*, para dar a Dios gracias por haber librado a Madrid de una epidemia «de diarreas mortales», a finales del reinado de don Enrique II, se alzó un hospital denominado del Buen Suceso, colocado entre las hoy calles *de Alcalá* y *Carrera de San Jerónimo,* y que subsistió terne y útil hasta el año 1854, en que la piqueta lo demolió para que se cumplieran los planes de ampliación y adecentamiento del lugar, dándole las dimensiones que hoy conserva. Pero volviendo a lo de la rotura del cinturón, precisamente por la *Puerta del Sol,* que era la hebilla de la prenda, añadiré que enseguida Madrid pegó un estirón enorme hacia oriente, puntualizando, antes en las imaginaciones que en los planos, la que sería calle *de Alcalá*, en su tramo hasta el *Prado de Recoletos* y *el Prado de San Jerónimo* hasta el final que hoy tiene en la gran rotonda que preside Neptuno. En la entrada de la *Carrera* fueron enseguida apareciendo conventos; el primero, el de la Victoria, esquina a la hoy calle *de Espoz y Mina,* fundado por fray Juan de la Victoria, quien predicaba, dice, tan excelentemente, que por la predicación consiguió el predicamento que tuvo con don Felipe II y su tercera esposa doña Isabel de Valois. Y en este convento grandote se acogieron los mínimos de San Francisco de Paula. Al de la Victoria, en la misma Carrera, aún a medio urbanizar, fueron alzándose otros conventos: el de la Concepción de monjas bernardas, el anexo al Hospital de San Pedro de los Italianos... Algo semejante aconteció en el trozo primero de la calle *de Alcalá* (que este nombre, recuérdenlo todos, no es el de su bautizo, pues que en este recibió el de la calle *de los Olivares,* sino el de su confirmación, en el cual se alzaron con rapidez que boquiabría a los madrileños: el Humilladero de San Hermenegildo, el de los carmelitas descalzos, el de las monjas vallecas, el de la Concepción Real de las Comendadoras de Calatrava, el de los Cartujos de San Bruno, el de las Baronesas (carmelitas recoletas)... Pero regresando a la Puerta del Sol y reanudando su descripción escenográfica, diré que ya en tiempos de Felipe IV quedó tan bello nombre no a una puerta ya inexistente, sino a una plazuela dedicada al comercio al por menor en tenderetes de quita y pon, o a la inversa, en los que se expandían artículos de uso y consumo y que, para ampararlos de la lluvia o del sol, estaban cubiertos con unos toldos cochambrosísimos y cuyos colorines había descolorido el rubicundo Febo.

Pero a la Puerta del Sol le llegó la hora de su adecentamiento y prestancia física entre los años 1854 y 1860, para lo cual fue preciso que se tomaran drásticas medidas de urbanización: demoler los conventos del Buen Suceso (anexo

al Hospital) y de la Victoria; hacer que desaparecieran los callejones *de la Duda, de Cofreros, de la Zarza,* y trocitos de las hoy calles *del Arenal, Preciados* y *Mayor.*

Antes de meterme con las reformas *de la Puerta del Sol,* debí referirme a que en la pequeñita Puerta del Sol, anterior a la actual, hubo algunas cosas en verdad entrañables: una estatua más castiza que bella: *la Mariblanca,* posible imagen de Venus o de Diana, colocada allí a mediados del siglo XVII, luego obligada *a mudarse* a la plaza *de las Descalzas,* durante muchos años encerrada en unos almacenes municipales, desde 1926 de cuerpo presente en el portalón del Museo Municipal, y desde hace cinco o seis años con una *colocación* muy conveniente en el antiguo Paseo de Recoletos, como puesta en un altarcillo y rodeada de estanquillos y de césped florido siempre. Esto se llama, teatralmente: *mudarse para mejorar.* También hubo en la *Puerta del Sol,* aún sin reformarse, una fuente colocada entre la calle *de*

Carretas y la *de Espoz y Mina* (cuando aún esta calle no existía, sino en su lugar el convento de la Victoria), fuente con hermoso pilón y varios caños por los que fluía una sanísima agua ferruginosa. En aquél bebían las bestias y, de éstos, tomaban líquido los aguadores a domicilio, quienes, mientras llegaban los pedidos, dedicábanse al cotilleo y rememoración de sus lejanas tierras nativas, aparte el tanteo a las menegildas que se prestasen a él. Desahuciada la *Mariblanca*, desmontada la fuente de los aguadores, en el centro de la *Puerta del Sol* quedó una nueva y monumental fuente con surtidor saltarín que llegó a alcanzar —por disposición del señor Bravo Murillo, el ministro que trajo a la Villa las aguas del Lozoya— una altura de entre quince o veinte metros, según la presión que trajera «el líquido elemento» serrano. La *Puerta del Sol* gamba entre *el Arenal* y *Alcalá,* y recta entre *Mayor* y *Espoz y Mina.* Acaso tuvo la culpa de su fracasada redondez la llamada Casa del Correo, luego Ministerio de la Gobernación y hoy Dirección General de Seguridad, obra del arquitecto francés —1768— Jacques Marquet. Palacete petulantillo y mocho, al que se hizo crecer añadiéndole el templete con copete y tres caras de reloj en 1867. La gran reforma de la *Puerta del Sol*, el sacarla, como a cualquier hembra de postín, el mejor partido posible a favor de su presunción, en lo que cabe, fue iniciativa del alcalde señor Duque de Sesto, y obra acordada —1853— por el que había sido regidor y gobernador de Madrid, don Francisco Javier de Quinto.

Desde entonces hasta hoy, poco ha cambiado en lo físico lugar de tanto y tan patente madrileñismo; único lugar precisamente donde se expenden las patentes que han de llevar quienes cotizen su lugar nativo o su lugar de muy voluntaria y aún voluntariosa adopción. Escenografía de tan decisiva en la historia de la capital de España, como luego comprobaremos al enumerar los argumentos de las obras que en ella fueron representadas. Se le quitó la monumental fuente centrada para levantar un horrendo templete —1918— por dentro del cual se descendería al ferrocarril metropolitano inaugurado al año siguiente. Poco después, el horrendo templete fue demolido porque sólo servía de estorbo y para que sus muros sirvieran, en las altas horas de la noche o primeras de la madrugada, de disimulado mingitorio de trasnochadores casi siempre ebrios y dispuestos a la camorra con el cliente inmediato. Se abrieron, ahondándolos convenientemente, los dos mingitorios y cagódromos que aún persisten. Se colocaron, hace pocos años, distanciadas, dos fuentecicas gemelas muy modestas y circundadas de jardincillos igualmente gemelos y modestos. La *Puerta del Sol* estuvo iluminada sucesivamente por mecheros de gas afarolados o acodados en las fachadas de los inmuebles; por arcos voltaicos, coronas de grandes y altas farolas; con faroles de luz eléctrica. Y muy entrado nuestro siglo, sobre sus tejados aparecieron enormes anuncios luminosos, cambiantes de colores y aún de juegos coloreados... con mayoría de publicidad vinícola.

En la *Puerta del Sol*, desde que desaparecieron sus covachuelas centrales y entoldados tenderetes, sobre sus aceras se vendieron los objetos más diversos: anillos de goma para los paraguas, tacones y medias suelas de goma, tabaco y cerillas y mechas para eslabón, romancillos y aleluyas con temas de bandidos y poetas desesperados y políticos caciques, billetes de lotería, Guías de la Villa y pronósticos del tiempo, calendarios zaragozanos, palillos para los dientes, juguetillos ingeniosos: don Nicanor tocando el tambor, el ratón y el gato, Juanito el meoncillo, Toribio saca la lengua, el mono que sube y baja; autos y trenes de hojalata con cuerda para un respiro, diarios y revistas... Y se vendieron en un guirigay constante ensordecedor.

A la *Puerta del Sol* le nacieron enseguida diez hijas tan alegres y castizas como ella: *Alcalá, Carrera de San Jerónimo, Espoz y Mina, Carretas, Correos, Mayor, Arenal,*

Preciados, Carmen y *Montera*. Diez calles, diez escenarios igualmente habilitados, con realismo y arte particulares, para cuantos sucesos se les han ido presentando. Como los diez hijos de unos mismos padres, que cada uno tiene su idiosincrasia y su gusto, estas diez calles se diferencian entre sí lo suficiente para que ninguna de ellas tenga su personalidad calcada.

13. El teatro-teatro, el teatro-vida, la vida-teatro, al aire libre

Madrid tuvo durante sus siglos XVI y XVII —finales de aquél y los dos primeros tercios de éste— tres famosas tertulias «al aire libre», sin subida ni bajada de telón, abiertas a la continuidad del suceso, a los comentarios, cotilleos, murmuraciones, insidiejas mal veladas, a los «se dice», «se sospecha», «se teme», durante las veinticuatro horas del día. Mentideros en su íntegra e inequívoca significación. Aun cuando, en ocasiones, por someterse a la regla general, con las mentiras tartarinescas se entreveraron *de tapadillo* —¡«por si las moscas»!—, verdades de a puño, seguridades del tamaño del monasterio escurialense.

El más acreditado mentidero tuvo sede peripatética sobre una lonja a media altura adosada por los lados norte y este al Monasterio agustino de San Felipe el Real, fundado por don Carlos I —1547—, con un bellísimo claustro que trazó Andrés de Nantes y construyó —1600— Francisco Antonio de Mora. Sobre esta lonja con barandilla, de relativa anchura, se agrupaban a pie firme, se paseaban, se acodaba en la baranda, los más ilustres ingenios de la Villa, los caballeros más complicados con el chisme, los militares en espera de soldada y reenganche, los malandrines disfrazados de comerciantes, los frailes calzados y sin calzar, las busconas con alta tarifa, las celestinas disimuladas de tías, actrices y actores en dique seco, las damas descarriadas, algunas despistadas pero discretas enamoradas en pos de sus galanes, funcionarios jubilados, paseantes en Corte, provincianos como pardillos en liga, daifas del soplillo, encubiertas inventoras de «los incentivos eróticos» que repartían con la prodigalidad e impudicia con que se reparten los prospectos de productos alimenticios o de remedios contra los males del amor cultivado en caldo de gonococos. En este Mentidero, que hervía a fuego lento, presumieron y cotillearon «lo suyo y lo de los demás», Lope y «Tirso», Quevedo y Rojas Zorrilla, Vélez de Guevara y Montalbán, y otros muchos ingenios buenos bordadores en honras descosidas, maestros a pleno rendimiento de sátiras y letrillas difamatorias. Y se decía que don Felipe IV, tan aficionado a tales escándalos, tenía en este Mentidero sus espías de fino oído y retentiva admirable.

Bajo esta amplia lonja del Mentidero de San Felipe, que abría en jaleo de la calle *Mayor* en su frontera con la *Puerta del Sol*, se alienaban las famosas covachuelas, treinta y cuatro tiendecillas de m..., pues de lóbregas y desaseadas pringaban el olfato a distancia y las ropas peripuestas al contacto. En las cuales Covachuelas se vendían juguetillos y armas, comestibles y bebestibles, retales y cachivaches, disciplinas y cilicios, bacinillas y pisteros, pasamanerías reñidas con el buen gusto, cosméticos y betunes, cacharros de cocina, libros de lance, objetos religiosos robados de algunas iglesias de pueblo, polvos de la Madre Celestina para ayudar a los abortos —los amarillos— o para asegurar el embarazo —los rojos—, falsificaciones desvergonzadas de arte pictórico o escultórico, ediciones piratas de comedias y relaciones ascéticas, calendarios con los pronósticos del tiempo y con los augurios de los signos zodiacales...

Otro Mentidero acreditado igualmente fue el que funcionaba casi teatral en las Losas del Alcázar. En él se dejaban ver con frecuencia los pintores de Cámara Real, los enanos y sabandijas de los grandes señores y los de SS.MM., los letrados de Leyes y Fueros, los médicos de las sangrías y purgantes recetados a voleo y cobrados en maravedises contantes y sonantes, los curanderos licenciados en mejunjes del abracadabra, los cobradores de impuestos poco menos que incobrables, los sopladores de bolsillos ajenos, los pobres profiados en busca de la tajada, los mílites coleccionadores de bubas y de cicatrices, las damiselas llamadas «de alero» por sus equilibrios para obtener algo más nutritivo que el

LA PUERTA DEL SOL EMPIEZA A REFORMARSE

Estas reformas —necesarias, notables, cirugía plástica magnífica— se desarrollaron entre los años 1856 y 1859. Estamos contemplando (en primer término) los «restos» de la famosa iglesia del Buen Suceso; y a la izquierda, los demolidos casones cochambrosos entre las calles de Espoz y Mina y de Carretas. Las piquetas «reformistas» ya se han «cargado» dos inmuebles entre Arenal y Preciados. Y se preparan a la función principal: demoler las dos casas que ahogan la entrada al Arenal. (Museo Municipal de Madrid)

pan nuestro de cada día, las damas de cierta edad insinuadoras a los oídos machos de ciertas virginidades en oreo, los viejos horóscopos a voz en grito de las fluctuaciones políticas para corto y largo plazo...

El tercer Mentidero madrileño fue el de los Representantes, situado en un descampado con lindes a las calles *del Prado* y *del León* y a la —hoy *de San Agustín.* En este campillo abundaban más los pedruscos que los árboles entecos, que eran acacias y encinas. Este Mentidero era como una casa de contratación de autores, actrices y actores en paro. De él salían formadas, o reformadas, las Compañías que actuarían en Madrid o harían «bolos» por provincias, e inclusive, en el extranjero próximo: Francia o Portugal. Es fácil suponer que en este Mentidero se descomponían las Compañías ya esquilmadas de numerario; y se multiplicaban los «líos» amorosos entre las gentes que vivían del teatro o alrededor de él. Y no era raro, sino muy frecuente, que acudieran a este Mentidero de los Cómicos nobles muy notables y pudientes, bien ungüentados y pavones en busca de manceba guapetona que se hubiese hecho famosa sobre los tablados de Talía. La situación urbana en este Mentidero era asombrosamente estratégica, ya que en su barrio vivían el sesenta por ciento de quienes escribían y representaban para el teatro, y se abrían las puertas de los más acreditados Corrales de Comedias: el de Cristóbal de la Puente, en la calle *del Lobo* (hoy de Echegaray); el de la Pacheca y el de Burguillos, en la calle *del Príncipe;* el de la Cruz, en los aledaños de la plazuela del Angel. Inmediatas estaban las casas de Cervantes y de Lope. Y a no más de trescientos metros, en la calle *del León*, esquina a la de Santa María, se veneraba un retablo con una imagen de la llamada Nuestra Señora de la Novena, de la cual fueron muy devotos los cómicos, hasta el punto de proclamarla su Santa Patrona y elevarla, años después, Capilla propia en un lateral de la parroquia de San Sebastián.

14. Para una escenografía singular, tres escenógrafos singulares

Tres muy acreditados escenógrafos colaboraron en una escenografía única: el Real Monasterio de las Descalzas. Voy a presentárselos a ustedes. Este es el arquitecto don Antonio Sillero, que a partir de 1559 planeó y construyó la parte mayor del monasterio. Este otro es el arquitecto don Juan Bautista de Toledo, muy querido por nuestro señor don Felipe II, autor y constructor de la fachada y del templo. Y este tercero, es el arquitecto don Diego de Villanueva, quien en 1756 enmendó la plana del templo complicándolo con el arte dórico, con pilastras y triglifos. Sabiendo yo cómo se las gastaba en su arte don Juan Bautista de Toledo, primer «planeante» de San Lorenzo de El Escorial, me imagino que don Diego no hizo sino *desmejorarlo*. Por supuesto, estos tres arquitectos tuvieron auxiliares admirables y hasta esenciales como decoradores. Así, Gaspar Becerra talló y labró —1565— el maravilloso retablo mayor que, a mediados del pasado siglo, fue consumido por el fuego, y sustituido por el retablo que había en el que fue Noviciado de los Jesuítas de la calle *Ancha de San Bernardo*, obra en mármol del jesuíta Francisco Regis. Al lado de la Epístola, una pequeña capilla con abundancia de mármoles y bronces fue obra del marqués Juan Bautista Crescenti, quien igualmente planeó el sepulcro de la emperatríz doña María.

Pintaron las bóvedas, con cierto retraso, Antonio y Luis González Velázquez. También estas bóvedas, para empeorarlas, fueron repintadas —1862— don Antonio García S. de Miranda. En la capilla de Crescenti puede ser admirado el sepulcro —con estatua orante— de la fundadora del Monasterio la reina doña Juana de Portugal, madre del infortunado rey luso e iluso don Sebastián. El sepulcro con su estatua es obra prodigiosa salida de las manos de Pompeyo Leoni. En este Monasterio también metió su baza, y baza de mucha monta, el arquitecto don Juan Gómez de Mora, a quien le son atribuidas las gradas del altar mayor, partes del coro y de la sacristía y otras suplementarias.

Desde su fundación, se convirtieron las Descalzas Reales en refugio sentimental o auténticamente devoto de reinas, princesas, infantas y nobilísimas damas de esas que lo son «por los cuatro costados»; las sentimentales, para desposarse con Cristo en olvido de otro muy amado pretendiente de carne y hueso desdeñador de ellas o no conveniente para ellas; las devotas para desposarse con Cristo sin tener que someterse a una pobreza absoluta, ya que el Monasterio no fue tan abundante de penitencias como sobrado de lujos y exquisiteces. Recordemos los nombres de algunas de tan ilustres huéspedes: la Infanta doña Dorotea de Austria, hija del emperador Rodolfo; la Infanta doña María —de la Cruz, en el claustro—, también de Austria; la Infanta doña Catalina Ester, hija del Príncipe de Módena, a la que pudiéramos calificar de *la turista en Cristo,* pues que conventos no habían de faltarla en Italia; Sor Margarita de la Cruz, hija del segundo, y bastardo por igual que el primero, don Juan de Austria, hijo este natural de don Felipe IV y de la hermosa comedianta Juana —y no María— Calderón, «la también Calderona»; la dicha emperatríz de Austria —como la fundadora, hijas de don Carlos I—, doña María, con su hija dilecta la angelical archiduquesa doña Margarita... Y como una lista completa sería grande, quédese la mía en incompleta y breve.

De la escalera del Monasterio yo he dicho incontables veces que es tan hermosa que, si ascendiese hasta el Paraíso teológico, yo la subiría muy a gusto, peldaño a peldaño, desdeñando para subida tan anhelada las mismísimas alas de los ángeles.

15. Otro escenario sacroprofano: el Monasterio de la Encarnación

(Que nadie se escandalice de mi precedente afirmación: *sacroprofano*. Y añado que la afirmación sólo es válida para los primeros años de su dedicación a una *espectacular* propaganda con la consiguiente guirnalda poética a cargo de los poetas cortesanos y de otros que hacían méritos para serlo.)

Para empezar mi referencia a este escenario madrileño, me importa copiar dos párrafos sabrosísimos escritos por el gran erudito y crítico de arte don Elías Tormo —que fue mi maestro en la Universidad y en mis aficiones al madrileñismo de garantizada solera—; párrafos que dice así: «La pareja más devota de monarcas de las Españas, don Felipe III y doña Margarita de Austria-Stiria, crearon el convento (de la Encarnación), y el rey lo construyó a todo empeño en recuerdo de su amadísima esposa, muerta poco después de puesta la primera piedra en ceremonia solemnísima del año 1611. Las fiestas finales, en 1616, fueron acaso lo más solemne de la vida madrileña de aquellos siglos. (En esta afirmación... se le fue un poquito la mano a don Elías.) Fue y es convento de agustinas descalzas, alma de cuya reforma de descalcez, nacida también en Castilla la Vieja (como antes la carmelítica), era Sor Jesús María Ana de San José (nacida en Alba, 1568-1628), la aquí también fundadora y priora, una «Santa Teresa de Jesús» en esta Orden, que tuvo a su vez en el Beato Orozco "su San Juan de la Cruz". Yace en la casa en olor de santidad.»

Y recogiendo yo el hilo de la historia, añadiré que los escenógrafos admirables de este Monasterio fueron don Juan Gómez de Mora (el de la *Plaza Mayor*) quien lo terminó en 1616, y don Ventura Rodríguez, que lo retocó muy a su gusto, y al nuestro, en 1767. Como los arquitectos de las Descalzas, los de la Encarnación tuvieron colaboradores muy

TEMPLO DE LA ENCARNACION

Por deseo de la reina doña Margarita de Austria, esposa de don Felipe III,
y para donárselo a las monjas agustinas, lo construyó —entre
renacentista y abarrocado— el admirable arquitecto Juan Gómez
de Unva, quedando inaugurado en 1616, seis años después
de haber fallecido la soberana.
(Fotografía: María Arribas).

notables: Carducho, Pedro de Mena, Miguel Angel Leoni —hijo de León y nieto de Pompeyo—, el Greco, Pantoja de la Cruz, Bayeu, José Castillo, los hermanos González Velázquez, Juan Pascual de Mena, Francisco Gutiérrez, Ginés Aguirre... Como el de las Descalzas, el de la Encarnación se puso de moda, y en él entraban, o amenazaban meterse —si se les torcían sus apetitos mundanos—, infantas, marquesas, condesas... ¡Ah! Como en el de las Descalzas, en la Encarnación abundaron las bodas, bautizos y funerales muy espectaculares y que constituyeron uno de los escasos motivos de distracción gratuita para el pueblo convertido en coro coreador.

No me atrevo a sumarme a cuantos creen que este Monasterio debe su existencia a la alegría que produjo en la piadosísima doña Margarita la expulsión de Madrid de más de cien familias judías decretada por su real e igualmente piadosísimo esposo don Felipe III. Este teatro sacroprofano fue inaugurado —declarado día de fiesta el que no lo era— el sábado 2 de julio de 1616. Y estuvo, y sigue estando, puesto bajo la advocación mariana de la Visitación de Nuestra Señora.

16. Donde se inicia la moda de los escenarios divididos

Al levantarse el telón con la solemne lentitud que conviene para que se afile la espectación de los espectadores, aparecen, sobre un mismo escenario, el Madrid de los Austria, tres distintas pero muy parecidas escenografías. A la derecha, según mira el espectador, como si mirase el plano de Madrid dando la cara al Mediodía, el hoy Ayuntamiento de Madrid y primera Casa Consistorial, situado en la parte baja de la calle *Mayor* con vueltas a la *Plaza de Villa,* al espacio de aparcamiento de autos que fueron calles de Madrid y parte primera de la *del Rollo*, y a la *del duque de*

Nájera. Los planos los trazó —1640— don Juan Gómez de Mora, y él mismo inició las obras. Muerto el cual, las prosiguió el arquitecto don José de Villarreal, desde 1648. Muerto el cual, dejándolas a dos tercios, las terminó el también arquitecto don Teodoro Ardemans, que fue quien dejó puestas las tres torres y este acertijo aún en el aire y sin resolver: ¿por qué tres torres y no cuatro, siendo el edificio casi un cuadrado? ¿Por qué de estas tres torres son dos gemelas y la tercera, la del fondo y menos visible, distinta, aún cuando conservando su indiscutible aire de familia? Pues todavía en 1789, el arquitecto don Juan de Villanueva añadió la bellísima galería, balcón corrido con columnas, que presenta a la calle *Mayor*. En conjunto es un monumento gran señor, hermoso señor, severo señor. No muy alto de estatura, aparte de las torres, con más prosapia a lo ancho, y puertas y escudos barrocos en unas líneas de balcones clásicos. Sin que estos dos estilos, tan distintos, dejen de llevarse como buenos hermanos, afines en el mismo gusto mezclilla.

Dentro del Ayuntamiento, dos joyas de arte sensacionales: el gran cuadro de Goya con el tema del escudo de Madrid exhibido por una matrona, y la Custodia, obra del platero don Francisco Alvarez, terminada en 1568, y gran presidenta acatadísima de las tradicionales procesiones del Corpus Christi. También con aire de familia muy próxima, como de primos hermanos, el hoy Ministerio de Asuntos Extranjeros, dando la cara a la plazuela de la Provincia y los costados a las calles del Salvador y del duque de Rivas, y las espaldas —hoy unas espaldas postizas, añadidura de hace bien pocos años— a la calle de la Concepción Jerónima. Fue construído con piedra sillería y ladrillo enmarcado, entre los años 1629 y 1634, según los planos del arquitecto italiano señor marqués Juan Bautista Crescenti. Es lo que se dice un monumento inmueble guapo. Severas las líneas. Severos los balcones de estilo clásico con cartelas almohadilladas y escudo grande de

España en el frontón (obra de Antonio de Herrera) de claro estilo barroco. Coronando el frontón un ángel gracioso, cuyo alto destino no era éste, sino coronar una fuente que se proyectó para la Plaza de la Villa, en su centro, ante la portada del Ayuntamiento. Y tiene dos torres esquineras, rematadas con chapiteles terminados en flecha que son dos grandes damas que se atraen las simpatías de cuantos las contemplan. Cuando el Ministerio fue Audiencia por delante y Cárcel de la Corte por detrás, ésta tenía salidas por la calle de Santo Tomás, llamada también *del Verdugo,* porque en ella tenía domicilio sórdido el ejecutor de la justicia. Y por estas puertas traseras eran sacados los condenados a la última pena, entre los más famosos el general don Rafael de Riego y romántico bandido Luis Candelas. En la cárcel de Corte estuvieron alojados gratuitamente Lope de Vega y el duque de Híjar, promotor este de una ridícula conspiración para hacer volar al rey don Felipe IV, al estallar un barril de pólvora colocado debajo del salón del trono en el Palacio de El Buen Retiro.

En el interior de este monumento se abren dos asombrosos patios gemelos, con dos pisos, porticados los bajos y con grandes arcos balconados los altos, más áticos adornados con carátulas. Cuando la Audiencia dejó de serlo para ceder su sede al Ministerio de Ultramar —luego, de Estado, y más luego, como ya está dicho, de Asuntos Exteriores— fue reconstruida la torre que hacía esquina a la calle de Santo Tomás.

También conserva el aire de familia de los dos anteriores monumentos, el hoy Museo del Ejército, uno de los dos únicos inmuebles que restan de tanto como se alzaron en El Buen Retiro; el otro es el denominado *Casón.* Se alza entre las calles de *Méndez Núñez* y *Felipe IV, Alfonso XI.* Torres angulares con chapiteles empizarrados. Fachadas —la del lado Norte sobre una amplia terraza— de piedra sillería y ladrillo. Sobre la terraza, varios cañones de las guerras del pasado, no *muy pasado,* y unas gigantescas estatuas de las que fueron esculpidas para —en tiempo de don Carlos III— ocuparan las peanas altas del nuevo Real Palacio, en su remate abalconado: la don Felipe IV, en cuyo reinado fue creado *El Buen Retiro,* y la don Luis I, que precisamente nació en el palacio de este Real Sitio. Su construcción data entre los años 1631 y 1640, más cerca de éste que de aquél. En su interior se conserva prodigiosamente el llamado *Salón de los Reinos,* muy largo y relativamente ancho, con su opulento techo recamado de oro en el que se alinean los blasones de los dilatados y numerosos reinos agrupados bajo la Corona de España: Castilla, León, Aragón, Toledo, Córdoba, Granada, Vizcaya, Cataluña, Nápoles, Milán, Austria, Perú, Brabante, Cerdeña, Méjico, Borgoña, Flandes, Sevilla, Sicilia, Valencia, Jaén, Murcia, Galicia, Portugal y Navarra. Para este inmenso y sensacional Salón pintaron los admirables artistas Velázquez —*La rendición de Breda,* o *Las lanzas*—, José Leonardo Carducho, Caxes, Pereda, Castelló... En este Salón se reunieron las Cortes Españolas hasta 1789. En su última sesión quedó abolida la francesa Ley Sálica que prohibía el reinado de las mujeres, como reinas en propiedad. Entre las calles de *Alfonso XII* y *Felipe IV*, se alza *El Casón,* resto glorioso de *El Buen Retiro* y, ¡ay!, muchas veces retocado y no siempre ni con buen gusto ni con prudencia. Su autor fue Juan Bautista Crescensi. Durante los reinados de don Felipe IV, don Carlos II y don Felipe V estuvo destinado a escenario de bailes organizados por la Corona. Su techo lo pintó Lucas Jordán, con un alegoría de la Orden del Toisón de Oro. Tiene dos fachadas: una a la calle de Alfonso XII, con escalinata, pórtico y ático columnado. La que da a la calle *de Felipe IV*, sin escalinata, presenta otro bello pórtico con columnas y frontón. En 1834 se instaló en el Casón el llamado Estamento de Próceres. Desde principios de siglo hasta 1936 estuvo dedicado a

Museo de Reproducciones Artísticas. Hoy presta escenario
admirable a toda suerte de exposiciones artísticas patrocina-
das por el Estado.

17. Donde hacen acto de presencia los primeros Corrales de Comedias

De los varios Corrales de Comedias que tuvo Madrid en
la época de oro de su teatro (el «de Burguillos», el «del
Limosnero», el «del Sol», el «de la viuda de Valdivielso», el
«de la Cruz», el «de la Pacheca»), sólo nos queda un
testimonio «tente tieso», aún cuando con alifafes medicina-
dos a tiempo: *Teatro del Príncipe* y hoy *Teatro Español*.
Precisando más: primero, desde el 21 de septiembre de 1583

en el llamado «Corral de la Pacheca», y en su tablado ganó vida imperecedera y gloriosa el Gran Teatro de España; sí, aquel teatro que le ganó la partida a la vida española... ya teatral suya. Pocos años después, al lado del de la Pacheca se levantó el *Teatro del Príncipe,* siendo derribado aquél. En 1849 el *del Príncipe* decidió confirmarse con el nombre que hoy lleva, de oro de la mejor ley: *Teatro Español.* Se incendió varias veces. De cada restauración salió más suntuoso, más entrañablemente unido a su destino universal. Porque los fuegos, consumiendo lo material y perecedero, se dejaron «vivitos y... coleando» a los miles de fantasmas, plenipotenciarios en el género escénico, que dieron el espíritu a la carne mortal entre 1583 y 1680. Hasta 1820 en este teatro madrileño, gran pontífice del mundo onírico encarnándose y desencarnándose, a turnos de glorias pasadas, presentes y futuras, los actores sólo actuaron sobre el escenario, de tan cambiantes escenografías como le exigen a la Vida el tiempo, la geografía y la historia. Pero desde esta fecha el público —selectísimo, eso sí— quiso convertirse en actor de vez en cuando para representar muy a lo vivo la *vida teatralizada* en el patio de butacas, en los palcos, en los anfiteatros, en los pasillos, en el vestíbulo y hasta en el gran escenario despojado de la fantasía y ofrecido desnudo a todas las posibilidades de cada ensoñación personal. Bajo sus disfraces carnavalescos, los circunstanciales actores sentíanse seguros de sus *papeles.* Durante el reinado granguiñolesco de doña Isabel II, los bailes de carnestolendas en el *Teatro Español* nutrieron el *mejor teatro* de la época. Porque las piezas a representar, unas veces en sucesión ordenada, otras en zarabanda enloquecida, en el transcurso de pocas horas, respondían a los diversos géneros teatrales, cuando cada uno de estos era un implacable espejo de la vida desteatralizada: tragedia amorosa, comedia amorosa de enredo y cuernos, farsa política, gatuperio financiero, cuarteladas con resonantes chinchines, sainetes burocráticos y jocundos, melodramas con chasco, revistas de erotismo encandilado hasta la desvergüenza... Y jamás actores profesionales actuaron con tan impresionante realismo como aquellos disfrazados duques, marqueses, ministros, banqueros, negociantes, militares de alta graduación, políticos de gobierno o de la oposición, intermediarios de empresas postizas y de chasco... Aquella Vida convertida en teatro «del bueno», del «sobrecogedor» para el mero espectador, es la que hizo exclamar a Mariano José de Larra, «Fígaro»: «El mundo es todo máscaras; todo el año es Carnaval».

Se atribuyeron sus planos de restauración, cuando aún se llamaba *Teatro del Príncipe,* a Juan Francisco Sachetti, en 1745. Parece ser que la primera representación teatral que se puso en escena en la capital tuvo como local un teatrillo denominado *del Limosnero,* patio interior de un inmueble grandote situado en la *Plaza del Angel,* con cabida para 600 espectadores; y fue dirigida por el notable actor Alonso Velázquez, el miércoles 5 de mayo de 1568.

Incendiado el *Teatro Español* el 11 de junio de 1802 fue restaurado por don Juan de Villanueva, quedando terminada la obra en 1807. Y nuevas restauraciones en 1849, 1887, 1895, 1969... Y ¡a vivir entreverando verdades como catedrales con fantasías como pirámides! Desde su fundación como *Teatro del Príncipe,* el Teatro Español de Madrid ha sido el representante máximo, el más plenipotenciario en todas partes, de uno de los géneros literarios en los que España ha significado culminación, modelo insuperable, hito decisivo en el concierto escénico universal. Sobre su escenario, cambiante inagotable de las escenografías más diversas, alcanzaron sus mejores triunfos cuantos ingenios han escrito buen teatro: desde Lope hasta Galdós —por no referirme sino a los muertos en «olor de gloria inmarcesible»—, pasando por «Tirso», Ruíz Alarcón, Calderón, Rojas Zorrilla, Moreto, Vélez de Guevara, Pérez Montalbán, Solís, Bances Candamo, don Ramón de la Cruz, Leandro Fernández de Moratín,

Bretón de los Herreros, el duque de Rivas, Harzenbusch, García Gutiérrez, Ayala, Tamayo y Baus, Echegaray... Y, lógicamente, siendo intérpretes de tan admirables autores, actrices y actores igualmente memorables: Juan Rana y Alonso de Olmedo, Sebastián del Prado, Jerónima de Burgos, Manuela Escamilla, «la Calderona» (María, que no Juana), «la Bezona», Jusepa Vava, María Riquelme, María de Córdoba, María Ladvenant «la Tirana», «La Caramba», Rita Luna, Lorenza Correa, Isidoro Maiquez, Julián Romea, Antonio Guzmán, José Valero, Antonio Vico, Rafael Calvo, Matilde Díez, Bárbara y Teodora Lamadrid, María Guerrero...

18. En el que la Vida se prepara para hacer teatro «a lo vivo»

Del primitivo *Real Sitio de El Buen Retiro*, pelotilla descomunal de muchos miles de ducados que mandó hacer (1631-1640) el poderoso Conde-Duque de Olivares al rey don Felipe IV, para ofrecérsela como palacio y parque encantado y que este donativo —que había pagado el pueblo... pagano siempre, por más cristianismo que le echen encima— le sirviera para convalidar su casi omnipotente valimiento, apenas queda poco menos que algo. Y negar que lo que aún nos queda es uno de los más bellos parques del mundo, antaño en las afueras de la Villa, hoy florón de su cogollo, sería imbecilidad insigne que no entra en mis cálculos para aplicármela. Sin embargo... ¡qué y cómo sería aquel primitivo *Real Sitio de El Buen Retiro*, que el Retiro de hoy, al que se le han mermado muchos miles de metros cuadrados, miles de árboles asombrosos, todos sus palacios —menos dos: El Casón y el Museo del Ejército—, sus grutas mitológicas, sus laberintos amorosos, sus prados pastoriles, sus ermitas velazqueñas y, por supuesto, arrancada de raíz su jerarquía de

Real Sitio, nos sigue pareciendo, porque lo es, ¡caramba!, encantador, impar.

Pues bien, luego de leer los más serios testimonios de las mentes agudas de aquellos años, me atrevo a jurar que aquel *Real Sitio de El Buen Retiro* no fue otra cosa sino colosal teatro, dispuesto por los mejores escenógrafos españoles y extranjeros, para que en sus cien escenarios pudieran ser representados —a placer general, a todo honor y con la mayor propiedad— los distintos géneros escénicos: alta comedia, comedia a fantasía, dramón «a lo calderoniano», travesura moretiana, discreto «tirso», enredo alarconiano, burla «velez», galanteo enamoricado «lope», autos sacramentales,

TEATRO ESPAÑOL

Primitivamente —fines del siglo XVI— fue llamado «Teatro del Príncipe». En 1849 se confirmó como «Teatro Español». En 1802 quedó destruido por un «voraz incendio»; y lo reconstruyó el gran arquitecto madrileño Juan de Villanueva. En 1975 volvió a destruirlo —se salvó la bellísima fachada— otro «voraz incendio». Y volvió a quedar reconstruido en 1979. Pero desde siempre ha sido el primer escenario de España, y en él se han representado las más gloriosas obras de los más admirables autores españoles.
(Fotografía: María Arribas)

zarzuelas almíbares de bucólica, naumaquias mágicas, juegos del honor ofendido y de la aventura con dos puertas, madrigales en solfa, hasta «rompecabezas» con los simbolismos puestos en versos conceptuosos...

Hoy el Retiro, un poco de capa caída, es como el gran señor, ¡por supuesto!, que sigue sacando señorío a las clases pasivas de su rango, pero a quien unos acreedores inflexibles —me refiero a sus infaustos jardineros mayores y menores— le fueran mermando su ya casi exangüe patrimonio.

¡El Real Sitio de El Buen Retiro! Nombre, en verdad, tan largo como adecuado pues como *retiro excelente,* lugar de aislamiento corporal y espiritual, lo buscaron los monarcas ahítos de mundanales despojos tanto para *purgarse* de empacho, como para decir: *¡ahí queda eso!,* y compóngamelo quien pueda, y que me avise cuando todo esté compuesto. *Eso* era su vida crápula o retorcida, cuando se notaban más asediados por embrollados asuntos, amoríos peligrosos o empalagosos, follones de órdago, desdichas políticas, resquebrajamiento de la inmensa corona real... Y con imagen concreta: el estómago que pide vomitona y el alma que pide... «arnica» al Gran Señor de todo los remedios. En el plano de Texeira que recoge en perspectiva caballera el Madrid de 1656, se aquilatan en sus justas proporciones de perímetro. Su traza y compostura fueron iniciadas en mayo de 1630. Y con tales prisas se llevaron las obras, que el 24 de junio de 1631 ya pudo celebrarse en su estanque grande una gran fiesta sobre tan móvil escenario. Y el 1 de octubre de 1632, el Conde-Duque de Olivares, alcaide del Cuarto Real de San Jerónimo y Casa Real, entregó a S.M. don Felipe IV, en bandeja de plata, las llaves de oro del Palacio. Muchos de cuyos aposentos tenían nombres ya prometedores de peripecias escénicas. Comprobémoslo: «Sala de la Murmuración», «Sala de los Secretos», «Sala de las burlas y de los trucos», «Salas de las consultas de muerte» —en las que el monarca concedía o denegaba el indulto del reo condenado a la última

pena—, «Sala de los besamanos», «Sala de los refrescos», «Sala de los idilios»...

Y en los años siguientes se fueron sumando atractivos y preciosidades: el *Laberinto* «de los deseos de amor», perdición, luego de perdedero, de las parejas... no siempre ortodoxas, es decir: de dos distintos sexos. *El Gallinero,* colmado de aves exóticas y bien seleccionadas entre las de plumaje más suntuoso y recamado. El Palacio, cuyos planos trazó Juan Gómez de Mora y que dirigió Alonso de Carbonell, decorándolo con frescos de opulencia teatral los boloñeses Miquel Colonna y Agostino Mitelli. Palacio que estaba unido por galerías acristaladas en colores de piedras preciosas, a los aún conservados El Casón y el Ministerio del Ejército con su *Salón de los Reinos.* La Ermita (con «la pinta» rumbosa de una pura falsificación religiosa) dedicada a San Antonio y a San Pablo, ermitaños, para la que don Diego pintó su gran cuadro en el que aparecen coloquiando a lo sereno dichos santos, en espera de que el pan de cada día les bajase del cielo en el pico corvino. La Sala de las porcelanas de China. La Ermita de la Magdalena, pastiche a todo lujo, acogedor de las lágrimas de unas magdalenas provisionales. La Ermita de San Isidro, empapeladas sus paredes con panes de oro, en la que había un depósito de alabastro siempre lleno del agua milagrosa isidra, traída de la auténtica ermita de la Pradera, fundada por la bella y santa emperatriz doña Isabel, esposa de don Carlos I. *El Juego de Pelota* con sus frontones y tribunas.

Y el *Coliseo de las Comedias,* pequeño y coqueto, como teatro de cámara de hoy, montado con maderas bastas y ladrillos ordinarios disimulados éstos y aquéllas con estucos y escayolas revestidos de pinturas pretenciosas y que, supongo, tendrían parangón con las actuales decoraciones de papel o telas engomadas sobre bastidores. En este Coliseo estrenaron comedias y zarzuelas Lope, Calderón, Rojas, Solís, Bances Candamo..., algunas de ellas montadas por el gran escenógrafo florentino Cosme Lotti y el pintor de tramoyas Francesco Ricci. *El Real Sitio del Buen Retiro* tuvo para su uso particular una luna con más ley de plata que ninguna otra luna cantada por poetas habidos y por haber, un vientecillo que era ventalle brisa de abanico que es el mejor vehículo de los suspiros, ayes y frases amorosas; unos parterres enarenados como con arenisca de algodón para silenciar las pisadas y dar descanso a los pies; entresoles, tornasoles, penumbras, invitaciones permanentes a la euforia que sonríe o a la melancolía que dora al alma y la redime de los malos pensamientos; ecos, aquí, ahí, allá, jugados en la escala musical del Bach más bonachonamente cortesano; huéspedes alados alumnos permanentes, pero muy aventajados, en los pentagramas de las ramas; numerosos arroyuelos cuyas venas rumorosas se repartían por todo el parque, como la sangre por el cuerpo humano para darle pálpitos.

Casi todos los sucesores más inmediatos de don Felipe IV le añadieron gracias y donaires. Don Felipe V ordenó la geometría vegetal del Parterre y reconstruyó el ala sur del Palacio, que sufrió graves quemaduras a los ocho añitos de su edad —1640—. Don Fernando VI amplió y enriqueció el Coliseo de las Comedias para que en él pudieran ser representadas las óperas italianas dirigidas por Carlo Broschi «Farinelli». Don Carlos III construyó las Reales Caballerizas y la Real Fábrica de Porcelana ya como industria para la venta y competencia. A don Fernando VII le plació añadir el Real Embarcadero en el estanque grande, la pequeña Casa de Fieras, la Montaña artificial y las Casitas persa, del pescador, del labrador, del contrabandista, ¡ah!, pero tanto éste último como aquel su inmediato precedente de «pura pega», y ya es conceder.

Lamentablemente el *Real Sitio del Buen Retiro* —que tuvo cien panegiristas en época de apogeo— no ha tenido, como lo presumió «la Itálica famosa», un poeta excelso que se derritiese en elegías para eternizar su dolor por la pérdida de tantas hermosuras. Ahora bien, sería injusto no recordar en letra impresa que a este actual Retiro, tan mermado y desamparado, no le quedan algunas cositas gratas: unas ruinas románicas abulenses apeanadas en una tetilla del terreno; la reputada casita del pescador ausente; una Rosaleda mínima y gaya durante mes y medio; docena y media de monumentos escultóricos, de los cuales sólo media docena «pasan los exámenes de junio»; un quiosco de pueblo para las actuaciones de la Banda Municipal; medio centenar de barcas de alquiler en el estanque grande; media docena de casitas donde se expenden bebestibles y comestibles; y otra media docena de meódromos y cagódromos para hembras y varones.

19. De un paseo largo y ancho, risueño y celestino, llamado El Prado

El Prado, sí. Fue el primer paseo, digno de tal nombre, que tuvo Madrid, aún antes de que naciera *El Buen Retiro,* desde mediados del siglo XVI. Pero, vayamos por partes en el cuento y en *El Prado.* En el denominado *Prado Viejo,* lugar elegido por todas las clases sociales madrileñas y foráneas, para pasear en carroza, a caballo, en coches ligeros, y en el ligerísimo «de San Fernando», con ánimo tanto de creamiento como de exhibición personal y búsqueda de insólitas aventuras, se realizaron, durante siglos, empresas de la más diversa catadura: amorosas con sordina y, en ocasiones no pocas, olientes a cuerno quemado; financieras, políticas, revolucionarias... Este *Prado Viejo* se extendía desde la *Puerta de Atocha* hasta la *Puerta de Recoletos,* con longitud de casi dos kilómetros. Ya iniciado el siglo XVIII, el *Prado* se alargó hasta el ensanche que hoy preside el monumento del excelente caballero republicano y cuarto presidente de la Primera República Española, don Emilio Castelar. Curioso caso: don Emilio es el único republicano que merece aún hoy el respeto de los no republicanos. Acaso porque fue un republicano blanco y blando, torrente de oratoria en la que saltaban alegremente las citas del Antiguo y del Nuevo Testamento, de los Santos Padres y de los tomistas del «Doctor Angélico». Yo siempre he dicho que don Emilio fue republicano por el derecho y carca por el envés. A principios del siglo XIX aún creció más el _Prado,_ pues alcanzó la raya de los hoy Nuevos Ministerios. Y sólo detendría su avance en partirle por la mitad, denominando a la mitad vieja El Prado, y a la mitad nueva, «La Castellana». Y tomen ustedes, lectores míos, buena nota de esta anécdota: los tiralevitas afrancesa-

FUENTE DE LA ALCACHOFA

En el Buen Retiro y en la plazoleta de la República de Honduras. La dibujó el admirable arquitecto Ventura Rodríguez. Las esculturas son obras de Alfonso Bergaz (el tritón y la nereida) y de Antonio Primo (la alcachofa y los niños). Fue construida entre los años 1781 y 1782; y hasta 1880 estuvo colocada en la Glorieta de Atocha.
(Fotografía: María Arribas).

dos durante el reinado ralámpago de José I, decidieron confirmar el paseo con el nombre de Napoleón, según acuerdo municipal de 15 de abril de 1811. Pero si al *Prado Viejo* le privaron de su prolongación más reciente, por el lado del sur empalmó con el *Paseo de las Delicias.* Las cuales delicias se contagiaron al viejo *Prado,* rejuveneciéndolo.

Como al *Buen Retiro,* los tiempos privaron al *Prado* de unos miles de metros lineales, quedando sus límites extrictos entre Atocha y Cibeles. Eso sí: en su poquedad actual tiene dos inmuebles que son los que más valen de España, el Museo de Pinturas y el Banco de España; y un jardín no grande pero sí extraño: el Botánico; y las tres fuentes más bellas de la capital: Neptuno, Apolo y Cibeles. ¿Quién es el guapo que puede ofrecer más en menos, dentro de este Madrid de nuestros amores grandes y de nuestros pecados no chicos? Pero, de propina, en este *Prado* actual se encuentran, con alineación casi castrense, los árboles más frondosos y altivos y los jardincillos más exquisitos. El gigante al hacerse enano ha ganado en guapura y hasta en prestancia. Aún más: al encogerse, en vez de un nombre, *El Prado* tuvo tres: *Prado de San Fermín, Prado de San Jerónimo* (con el bello templo allá arribita arribita) y *Prado de Atocha* (la cola que le creció apuntada por delante del hoy Ministerio de Agricultura).

Si se hiciera antología rigurosa de los poemas dedicados a *El Prado* por los más excelsos poetas, tendríamos que llenar varios tomos de muchas páginas. Y *El Prado* ha servido para escenario de docenas de obras escénicas a cuál más divertida y colorista. Ninguna ceremonia importante matritense dejó de representar alguna de sus escenas más sugestivas en *El Prado*. Y acaso fue el primero de los piropos que se mereció *El Prado,* el que le dedicó el maestro Juan López de Hoyos en su libro acerca de la entrada en Madrid de la cuarta esposa de Don Felipe II, Doña María Ana de Austria: «Tiene las más y mejores fuentes y de mejor agua que se hayan agora visto. En el Prado que dicen de San Hierónimo hay cinco fuentes de singular artificio que tiene cada una, una vacía de piedra berroqueña, que tiene de diámetro diez pies y media vara de borde, vaciadas por dentro, asentadas sobre un balaustre de cinco pies de alto. También tiene otro abrevadero, con dos caños, de la misma piedra berroqueña que tiene de largo setenta pies y de hueco más de doce. El uno de los caños sale por la boca de un delfín, con una letra que dice: «Bueno». El otro sale por la boca de una culebra, y a ésta rodean otras dos arrevueltas, con una esfera que tiene un espejo de bronces, y en medio dice: "Vida y gloria". Luego, a mano derecha, hay otra fuente de cinco caños; a la mano izquierda hay otra que tiene más de cincuenta caños de agua que parece que siempre está lloviendo. Más distante de las que a ésta responden sale otra fuente con otros cuatro folpes de agua. Al fin de El Prado, está otra, con tres golpes de agua. También otra que mira a San Hierónimo, que tiene otros cuatro caños.»

Pero los piropos más piropos para *El Prado,* los que más han contribuído a inmortalizarlo, tuvieron que llegar, como es lógico, del hijo más ilustre de Madrid hasta nuestros días, De Lope de Vega, quien no sólo sacó a seductora colación al Paseo, sino que le eligió de escenario para algunas de sus mejores comedias: *La discreta enamorada, El acero de Madrid...* Florilegio encantador puede formarse con las referencias de Lope a *El Prado.* Y de su tiempo es la lamentación con que Miguel de Cervantes aludió al mismo lugar deleitoso:

> *Adiós, dije a la humilde choza mía;*
> *adiós, Madrid, adiós tu Prado y fuentes*
> *que manan néctar, llueven ambrosías...*

Sin embargo, *El Prado* sólo alcanzó sus entorchados de capitán general con mando en Plaza el año 1781, en que el

FUENTE DE APOLO

De Apolo o de Las Cuatro Estaciones. En el Paseo del Prado.
Trazó su diseño el admirable arquitecto don Ventura Rodríguez.
El escultor admirable Manuel Alvarez esculpió las cuatro figuras
representativas de las cuatro estaciones del año. La estatua de Apolo
fue obra de Alfonso Bergaz. Se empezó a construir en 1780,
pero no se terminó hasta 1803. Que no siempre son las obras de Palacio
las que van despacio. En su «total» se suman el arte máximo y
la máxima sugestión.
(Fotografía: María Arribas)

mejor alcalde de Madrid, don Carlos III, encomendó la ordenación y decorado del Paseo a don José de Hermosilla, siendo éste quien sugirió las fuentes que habían de ser colocadas en él: la de *La Alcachofa* (hoy en el Retiro), que se levantó en Atocha, muy próxima al Jardín Botánico; las cuatro fuentecillas gemelas, dos a cada labo de la calzada, que hay a la altura de la Plaza de Murillo; las de Neptuno, Apolo (o de Las Cuatro Estaciones) y Cibeles, todas diseñadas por el gran don Ventura Rodríguez, y de algunas de ellas interventor en la parte arquitectónica. Desde mediados del siglo XVI hasta nuestros días, el Paseo de *El Prado* a su largo y ancho escenario a famosísimos sucesos de amor, de burlas, de intriga, de jocosidades mundanas, de dramas, de acertijos políticos, de chascos morrocutos y celestineos casi increíbles, de conspiración peripatéticas a murmullos bajo los embozos, de bárbaros fusilamientos (el de los patriotas del 2 de Mayo de 1808), de emboscadas de rufianes...

20. El hermoso, el monumental Palacio Real de Madrid, con angeles en torno

Al occidente de Madrid, sobre una enorme peana de pedernal que se corta casi a tajo sobre el Manzanares y el Campo del Moro, hace muchos años se alzó un alcázar árabe, pequeño, poco vistoso. Sobre las ruinas de esta almudena, desmantelada durante las algaras de los monarcas leoneses Ramiro II y Alfonso VI, varios reyes castellanos y, por fin, españoles del todo y de la toda España —Pedro I, Alfonso XI, Enrique III, Carlos I, Felipe II— levantaron, ampliaron y embellecieron otro alcázar cristiano y, siglos después, católico, apostólico, romano, que es lo que Dios manda para cuanto acontece dentro de la nación española. Al menos «esto» es lo que se lleva, y que Dios no asista de no llevarse. Este alcázar bautizado de cristiano —ya más palacio que fortaleza— fue devorado por un incendio durante la Nochebuena (¡hermosa paradoja!) de 1734. Sobre sus cenizas, entre 1734 y 1746, tres Monarcas Borbones y buenas personas —Don Felipe V, Don Fernando VI y Don Carlos III— levantaron la monumental, la hermosa escenografía pétrea que todos conocemos, lindando al Norte con los bellos Jardines de Sabatini, al Este con laPlaza de Oriente (que está a Occidente), al Sur con la futura catedral de Madrid y al poniente con El Campo del Moro. Aclaro: lo que hizo el trío de buenas personas y buenos Reyes Borbones fue ordenar su construcción. Pero la construcción fue obra de dos arquitectos italianos: el abate Filippo Juvara y Juan Bautista Sachetti. Los planos que trazó aquél... asustaron casi hasta sincoparle, a Don Felipe V; pues el Real Palacio empezaría en la Cuesta de la Vega y terminaría en el montículo que hoy ocupa el templo egipcio de Debod. ¡Casi nada! ¡Un Real Palacio cuatro veces mayor que el construído! Menos mal que el abate falleció santamente apenas iniciada *su fantasía sublime,* y esta fantasía, restada en tres partes, fue la que convirtió en realidad Sachetti. Y no porque éste arquitecto turinés tuviera fantasía menos fogosa que la del mesinés Juvara, sino porque el implacable realismo de la Hacienda española se convirtió en tijeras de sastre de cuanto tuviera «vuelos fantásticos».

Y... ahí lo tienen ustedes. Contémplenle boquiabiertos, porque bien se merece este falso bostezo hijo de la sincera admiración. Ningun otro real palacio existe en el mundo que lo exceda ni en grandiosidad, ni en hermosura interna y externa, ni en la cantidad de riquezas artísticas acumuladas en él. Su estilo es un barroco mitigado. Costó la para entonces fabulosa cifra de 75.000.000 de pesetas. Todo él es de piedra caliza de Colmenar. Enorme, ¿verdad? Prodigioso, ¡cierto! ¿Seductor? ¡fantástico! La luna, en las noches frías de cielo raso, lo hace como de marfil. Y, sin embargo, está ungido por una elegancia de líneas a esa moda inmarcesible que sólo puede firmar, con mayúscula, el ARTE, y por la gracia de los arcángeles que cambian de lugar, al vuelo. Acaso por que tales ligereza y elegancia se la han donado los tres *milagros* de Madrid: la luz que se toca, el aire que se ve y el cielo que es caricia para las miradas. ¡El Real Palacio de Madrid! Que quizá es el único escenario español que tiene historia *propia y secreta* que nada tiene que ver con la historia de España, ni siquiera con la historia particular de Madrid.

Sería injusto omitir los nombres de los ilustres colaboradores de Sachetti, algunos de ellos de calidad más exquisita y netamente matritente: Ventura Rodríguez, Fernando Juga, Nicolás Salís, Luis Venutelli, Bonacesa y Ruíz... Tiene el Real Palacio planta cuadrada, de cuatrocientos setenta pies de lado, con pabellones en los ángulos. La fachada principal está orientada al Mediodía, y de sus extremos arrancan dos alas bajas de galerías, añadidas por gusto de Don Carlos III; estas alas son las que cierran por oriente y occidente la Plaza de Armas, y entre ellas, por el lado sur corre una gran verja. Cinco grandes puertas dan entrada al Real Palacio; la llamada de *El Príncipe,* frente a la Plaza de Oriente; las otras cuatro en la fachada principal, todas ellas con arco de medio punto. Por los lados Este y Sur, el Palacio tiene cuatro pisos y sotabanco; por los lados Norte y Poniente, los desniveles a lo

FACHADA PRINCIPAL DEL PALACIO REAL

Emplazada en la bellísima y amplia Plaza de la Armería. En el centro de la base de esta fachada, a cuarenta pies de profundidad —el 6 de abril de 1738— fue colocada la primera piedra de este monumental y hermosísimo Palacio— el más espléndido de las realezas del mundo—, cuyos planos iniciales fueron trazados por el arquitecto turinés Abate Felipe Juvara.

hondo de los Jardines de Sabatini y de El Campo del Moro obligaron a los arquitectos a conceder un piso más a las fachadas. Estas tienen un cuerpo almohadilla hasta la imposta que lo separan del piso de honor; en el centro de éste, balcones entre columnas entrenzadas y estriadas de un orden jónico compuesto; en los entrepaños hay pilastras dóricas. Las ventanas del piso primero tienen doseletes; los balcones del piso principal frontispicios semicirculares y triangulares, alternativamente, con mascarones y conchas en los tímpanos. Una diferencia hay en estas fachadas: la del Este y el Poniente presentan el balcón central sostenido por ménsulas en vez de por columnas, como en el de la del Sur; en la del Norte hay cinco intercolumnios que marcan el resalte correspondiente a la Capilla Real. Sobre las cornisas de los cuatro lados corre una balaustrada en la que se ven las peanas, a distancia armónica, que debieron ocupar las enormes estatuas, en piedra de Colmenar, de todos los Reyes de España, y que ahora estuvieron diseminadas en la Plaza de Oriente, en El Retiro, en el Museo de Artillería y en algunas provincias: Logroño, Toledo, Burgos... Recientemente se han colocado varias de ellas sobre unos grandes pedestales que presentan los esquinazos del Real Palacio y sobre la cornisa del lado occidental.

Aun cuando en el incendio del Alcázar —1734— se consumió un tesoro inmenso: más de 300 cuadros de los pintores más famosos, más de 200 tapices flamencos, alemanes y españoles, más de ¡quince mil piezas preciosas de orfebrería y porcelana, más de diez mil muebles tallados exquisitamente en maderas primorosas!, en el actual Real Palacio el tesoro en pinturas, esculturas, alfombras y tapices, relojes y porcelanas, alhajas con piedras preciosas, llena más de cuarenta salones, convertidos en Museo público, y se reparten en otro centenar de salas, saletas, camarines, despachos, archivo y biblioteca (ésta y aquél son de las más importantes de España, inclusive con documentos y libros impares en el mundo, abundantísimo en códices miniados, incunables, primeras ediciones, encuadernaciones fastuosas...). Treinta bóvedas principales pueden ser admiradas en el Palacio, obras magníficas de Juan Bautista Tiépolo, Corrado Giaquinto, Antonio Rafael Mengs, Mariano Maella, Francisco Bayeu, Vicente López, Antonio y Luis González Vázquez, Juan Rivera, Luis López... Y la mayor parte de las estancias del Real Palacio tienen nombres significativos y bellos: *de Alabarderos, de las Columnas, Gasparini, Tranvía de Carlos III, Comedor de Gala, de los Espejos, de los Tapices, de Armas, del Trono, Cuarto de la Reina, de los Trucos, la Saleta...*

21. El laberinto de los fantasmas gloriosos

Esa *vox populi* —en cien lenguas muy distintas— que, según el vulgo, equivale a la *vox Dei,* asegura que ese Museo del Prado que estáis contemplando (si no con los ojos de la cara, sí con los de la imaginación que yo os he puesto en marcha) es, sino el mejor, y hay que huir de las sentencias categóricas y sin casación posible, uno de los tres o cuatro mejores del mundo. Ahora no los estáis viendo sino por *su exterior...* Y, sin embargo, ¿verdad que es y que os parece bellísimo? Porque lo es. ¿No os pasa con algunas personas que os atraen irresistiblemente sin que sepáis cómo son *por dentro*? Hay cuerpos, rostros, expresiones que ganan enseguida nuestra simpatía, bien sin por qué concreto, bien por un concreto ¡qué se yo por qué! El Museo de El Prado es seductor irresistible sólo por *su apariencia,* aplanada y larga, pletórica de líneas y de estilos majestuosos, prolongada en una armonía difícilmente igualable. Exacto: prodigio de armonía. Paradigma de la gracia horizontal. Líneas elegantes y límpias complementadas con la limpieza y elegancia de su decoración. Su autor fue un arquitecto fuera de serie: don

Juan de Villanueva, quien lo comenzó a levantar en 1785, con destino a Gabinete de Historia Natural (al ladito del Jardín Botánico), Academia de Ciencias, y pórticos para paseo público a resguardo de soles y lluvias. Pero cuando el inmueble aún no estaba terminado, el marqués de Santa Cruz, muy docto en arte pictórico, consiguió de Don Fernando VII (yo *no apeo* del tratamiento ni a un rey que sigue pasando *por felón*) que dispusiese la dedicación de este monumental edificio a Museo de pinturas, a reunir en sus grandes salas las preciosas y abundantes colecciones de cuadros que los Reyes de España habían ido desperdigando por sus palacios. Y... ahí lo tenéis. Un paralelogramo de estilo neoclásico mitigado, con ribetillos ya románticos, de 202 metros de largo por 45 de ancho. La cara principal, que mira a El Prado (Paseo) tiene una doble galería cuyo centro presenta un hermoso peristilo. En la galería baja, veintiocho columnas jónicas. De estilo corintio las de la cara sur, son seis esbeltas y estriadas columnas. En la cara norte, una doble escalinata conduce al peristilo que se afirma sobre cuatro columnas. En la cara este...; más vale no referirnos a esta cara, porque le han salido unos lobanillos (construcciones anexas) a consecuencia de unas ampliaciones nada afortunadas. Pecado capital imperdonable. Pero me importa que sepáis que este Museo, además de contener la colección de pinturas más copiosa y extraordinaria que existe, guarda *otra colección*, no menos impresionante: la de fantasmas, en vivo, de los personajes más curiosos y atrayentes que ha tenido España. Personajes vivos, sí, aún cuando pintados; pero pintados con tal realismo, con arte tal, con fuerza de vitalidad tan arrolladora, que... que los fantasmas, por ejemplo, de Don Felipe IV, de Don Felipe II, de Don Carlos I, de docenas de Reinas y de Infantes, de nobles y clérigos y de altas jerarquías eclesiásticas, de doctísimos varones en ciencia y méritos políticos, de bufones y enanos, de azafatas y damiselas y hasta de animales domésticos o no, de mil varia-

MUSEO DE PINTURAS DEL PRADO

Obra sensacional del famoso arquitecto madrileño don Juan
de Villanueva. Y ante su hermosa columnata —con bello frontón—
el retrato sedente —en bronce— de don Diego Velázquez,
obra excelente del artista don Aniceto Marinas. Velázquez,
uno de los dos mejores pintores de España; y el otro, don Francisco
Goya, guarda la entrada principal del Museo.
(Fotografía: María Arribas).

dos paisajes... siguen teniendo una vida más palpitante que sus realidades perecederas. Hoy, todos estos fantasmas subyugadores nos ayudan a conocer nuestro pasado y a sus intérpretes, con más rigor que los libros de erudición más solvente. Exacto: Don Felipe IV, el Príncipe Baltasar Carlos, la Infanta Doña Teresa y la Infanta Doña Margarita, don Antonio «el Inglés», etc., no pudieron ser sino *como los afantasmó* para siempre don Diego Velázquez. Don Carlos IV, su esposa y sus hijos, los fusilados en La Moncloa, las brujas y los cabrones de la Quinta del Sordo, los ministros y escritores, las duquesas y los majos retratados por don Paco Goya no pudieron ser distintos, ni en el mínimo detalle de sus cuerpos y almas, a como los ha dejado *afantasmados* el genial baturro. Los modelos fenecieron por la ley inexorable de la muerte. A los fantasmas no hay muerte capaz de privarles de su existencia.

22. De las Puertas de Madrid montadas al «aire»

Dos puertas monumentales le quedan a Madrid, de tantas, eso sí: mediocres como tuvieron goznes y ejes en sus dos recintos amurallados y en sus dos cercas aportilladas: la de *Alcalá* y la de *Toledo*. Y he dicho que las dos están montadas «al aire», pues que ninguna de ellas abre o cierra algo. Dos Puertas desencajadas de sus goznes salientes de sus cercas, desprovistas de sus verjas (la de Alcalá las conservó hasta muy avanzado el pasado siglo), rodeadas de minúsculos jardincillos floreales. Dos Puertas que presiden sendas amplias glorietas, que si la de Toledo lleva su mismo nombre, no así la de Alcalá, presidenta de la Plaza de la Independencia; glorietas o plazas en las que confluyen calles amplias y hermosas las unas y de muchs historia las otras. No diré que estas dos Puertas emulen el Arco de Triunfo de París, con sus doce radios de avenidas suntuosas, pero ¡qué caramba!, cada uno

hace lo que puede o lo que le dejan. Y nuestras dos Puertas
son tan dignas, cuando menos, que dicho Arco parisino (y
con más arte la de Alcalá que él), de presidir semejantes
avenidas despampanantes. Dos Puertas bajo cuyos arcos y
dinteles hoy está prohibido el paso de personas y carruajes,
pero bajo los cuales, hasta hace bien poco tiempo pasaron
peatones, carrozas, carros y carretas, ejércitos que regresaban con gloria y ejércitos que huían acanguelados.

La *Puerta de Alcalá* la trazó y construyó don Francisco
Sabatini. Sus esculturas son obras de Francisco Gutiérrez y
de Roberto Michel. Cinco puertas: las tres centrales con arcos almohadillados, y cuadradas, más bajas, las dos laterales. Diez columnas estriadas, sobre doble zócalo, con capite-
les jónicos sostienen una amplia cornisa, sobre la cual se
afirma un ático rematado en frontis; y en este frontis, las
armas reales sostenidas por la Fama. A los lados del ático, en
la cara encarada con el Retiro, figuras de niños; en la encarada con Cibeles, trofeos militares en las tres claves centrales, cabezas de leones; y cornucopias cruzadas sobre las
puertas laterales adinteladas. En el resalto del arco central
hay un recuadro en cada cara que llevan la misma inscripción: *Rege Carolo III, anno MDCCLXXVIII.* La altura total
de la Puerta es de setenta y tres pies. Los arcos centrales
tienen treinta y cuatro de altura y diecisiete de luz. Y todo el
monumento es de granito de piedra noble de Colmenar. La
Puerta de Alcalá es, quizá, el monumento que representa
más plenipotenciariamente (representación que comparte
con la *Puerta del Sol,* puro simbolismo ya, y con Cibeles) a
Madrid. La *Puerta de Alcalá* suplantó a la de *El Sol* en la
cotidiana y alegre misión de dar paso franco en la Villa
al astro rey, ofreciéndole cinco entradas, a elegir, según
la estación calendaria. La *Puerta de Alcalá* hace juguetear
con garbo su severo neoclasicismo corporal con esos sarpullidos que le han salido a su cuerpo y que son pura anunciación
del mejor estilo madrileño: el barroco inventado por Churri-

PUERTA DE ALCALA

Puerta y Arco de Triunfo. Su autor. don Francisco Sabatini. Quedó terminada en 1778. Su dedicación: entrada en Madrid del rey don Carlos III. Su hermosura no es menester ponderarla; por que se alaba, «a lo grande» y por sí misma. Con la Puerta del Sol y la Fuente Cibeles comparte el supremo interés de cuantos llegan a Madrid por vez primera. «¡Mándame una postal de la Puerta del Sol! ¡Recuerdos a la Cibeles! ¡Que no dejes de pasar por la Puerta de Alcalá!» Así aconsejan los parientes de quienes se dirigen a la Villa y Corte por vez primera.
(Fotografía: María Arribas)

guera y embellecido y mitigado por el madrileño Pedro de Ribera. Y aún cuando la *Puerta de Alcalá* es tan monumental, su peso es tan nimio que cada madrileño la lleva en su corazón.

La *Puerta de Toledo*, mucho más modesta y mucho menos guapa que la de Alcalá, erigida más a trasmano, en barrios bajos y populacheros, empezó a ser levantada durante el reinado relámpago —pero con muchos rayos y truenos— de José Bonaparte I, quien puso la primera piedra cierto día de 1813. Sus planos fueron trazados por el arquitecto don Antonio López Aguado. Y acabó de ser construída en 1827, para que sirviera de arco de triunfo a Don Fernando VII. Es una pesada mole de granito con una puerta central de arco de medio punto y dos laterales adinteladas; con dos medias columnas estriadas y de orden jónico en el centro y pilastras en los extremos. El cornisamento va sobre las tres puertas, y sobre su parte central se alza el ático con un grupo escultórico en piedra de Colmenar, modelado por don José Ginés y esculpido por don Valeriano Salvatierra y don Ramón Barba. En el mismo cornisamento, sobre las puertas laterales, trofeos militares.

Tanto la de *Alcalá* como la de *Toledo*, no son sino las herederas, con mucho aumento de capital y de intereses, de otras en verdad con poco que recordar, aun cuando de ellas quedan alumnos grabados coetáneos de su tiempo. La de *Alcalá* tuvo sus antecesoras, una, la inmediata, en la calle de *Alcalá* a la altura de las hoy calles de *Alfonso XI* y *Muñoz Seca;* la mediata, al filo del límite oriental de la *Plaza de La Cibeles*. La de Toledo tuvo las suyas, la más antigua junto al Hospital de «La Latina»; la más moderna, a la altura de la *Fuentecilla*.

23.   En donde se cambian los arcos por los ojos

A las dos Puertas importantes de Madrid corresponden dos puentes de auténtica categoría monumental: el de *Se-*

govia y el de *Toledo*. Hoy resultan algo exagerados para el agua que pasa por sus ojos: la de un Manzanares al que el encauzamiento le ha adelgazado y ahondado en relación con su pasado. ¡Cielo santo!: la de personas, cosas y casos que entraron en Madrid y de Madrid salieron sobre estos puentes y aún por sus mismísimos ojos, en embarcaciones francamente ridículas.

El *Puente de Segovia* (hoy ampliado a lo ancho, hidrópicamente, por mor de las necesidades rodadas tan apetitosas), de impresionantes líneas y dignidad clásicas, es obra del gran don Juan de Herrera (el continuador y acabador del Monasterio de El Escorial), quien lo construyó entre 1582 y 1584. Está labrado con sólidos almohadillados de granito y suma nuevos ojos de medio punto sobre cepas proporcionadas al espesor de sus arcos. Sobre los dos antepechos laterales de granito, a plomo sobre las cepas, sendas enormes bolas de piedra, ornato característico de la arquitectura herreriana. Su costo ascendió a doscientos veinte mil ducados.

Muy distinto del austero *Puente de Segovia* es el *Puente de Toledo,* casi dos siglos más joven que aquél, construido entre 1720 y 1732. Sobre robustas cepas en forma de cubos, labrados sillares de granito, se alza y ensancha el puente, cuyos planos trazó el arquitecto madrileño Pedro de Ribera, en un estilo barroco muy apretado, pero sin las exageraciones de lo churrigueresco. Suma nueve arcos de medio punto. Y a cada lado del arco central, rompiendo y abalconando el espeso antepecho, dos templetes con dosel, cada uno de los cuales cobija: a San Isidro sacando del pozo a sus hijos y a Santa María de la Cabeza, su esposa, ambas esculturales, en piedra caliza, obras de Juan Ron. Como el puente se construyó siendo corregidor de Madrid don Francisco Antonio Salcedo, marqués de Vadillo, éste se reservó el derecho de ser él quien pasase el primero, dentro de su carroza, por el puente, que así quedó inaugurado.

24. Las dos estatuas ecuestres más bellas de Madrid

A las dos Puertas y a los dos Puentes, ameritados en grado sumo, corresponde las dos estatuas ecuestres más bellas de la Villa, y dignas entre las más pletóricas del arte del mundo. La de don Felipe III y la de don Felipe IV. La de don Felipe III —el hermoso corcel al paso majestuoso—, centrada con fortuna en la *Plaza Mayor,* pues el lugar no puede ser más congruente, ya que este Monarca fue quien ordenó la ordenación y la construcción de aquélla, prodigio de serenidad y de armonía, y con la añadidura de haber nacido él en la Villa. La escultura ecuestre la empezó Juan de Bolonia y la terminó Pedro Tacca, sirviéndoles de modelo el retrato que del Monarca pintó Juan Pantoja de la Cruz, y siéndole regalada a don Felipe III por el Gran Duque de Florencia, Cosme de Médicis. La estatua mereció encendidos elogios versificados de Lope —un soneto—, de Jaúregui —otro soneto—, de Quevedo —tres sonetos—. Su primer emplazamiento estuvo en la glorieta de entrada a la Real Casa de Campo. Fue don Ramón de Mesonero Romanos quien pidió a la Reina Doña Isabel II que regalara la estatua al pueblo de Madrid. Accedió enseguida la Soberana. Y la estatua quedó centrada en la *Plaza Mayor* en el año 1848.

Curiosa anécdota: cuando todavía estaba *en alquiler* el centro de la Plaza Mayor, ¿a quién dirán ustedes que se lo quisieron dedicar, sin alquiler que valiera? ¡A don Fernando VII, por indecoroso y baboso rendimiento de Las Cortes absolutistas españolas de 1814! ¡Hasta punto tal puede llegar la pelotilla de los pueblos tiranizados!

La estatua ecuestre de don Felipe IV, la más bella de Madrid, está centrada en la Plaza de Oriente, cabalgando el Monarca y dejándose a la grupa el Occidente. La estatua es obra de Pedro Tacca —el mismo artista que terminó la de don Felipe III— quien tuvo a la vista, en Florencia, los dos retratos que del Monarca —uno a caballo y otro de medio

cuerpo— le envió Diego Velázquez. La difícil posición rampante del caballo exigió, para conservar el sereno equilibrio, la intervención de los cálculos de Galileo, quien marcó la armónica disposición de los huecos y los pesos. Tiene la estatua dieciocho mil libras de peso, y fue vaciada -1640— en Florencia. Según opinión general de la crítica de arte universal, esta estatua forma trío insuperable con las también ecuestres del *Colleone* del Verrochio, y el *Gattamelata* de Donatello.

La estatua quedó colocada, primero, ante el Real Palacio del Buen Retiro. En el plano de Texeira —1656— se ve la estatua en el llamado Jardín de la Reina. Más tarde presidió el Parterre, donde permaneció hasta 1843, en cuyo mes de diciembre quedó colocada en su emplazamiento actual. Y si no se llevó antes a éste fue porque se tardaron muchos años en ordenar la Plaza de Oriente. Cuyo nacimiento necesitó, primero, que José I, el llamado «Rey Plazuelas», ganara espacios libres derribando las casas cochambrosas de las calles de *El Tesoro, de El Juego de Pelota, de El Carnero, de El Buey, de La Parra, de San Gil* y parte de *El Jardín de la Priora.* Derribos que duraron más de dos años, entre 1810 y

1813. Y el 1 de enero de 1817, don Fernando VII dispuso el
derribo del ruinoso *Teatro de los Caños del Peral.* Terminado el derribo, ante el Real Palacio quedó una enorme ex-
planada desértica, que se extendía hasta el Arenal de San
Ginés. Monarca y arquitectos decidieron que en esta expla-
nada se iniciara la construcción —1818— del que había de
ser *Teatro Real,* cuyos planos se deben al arquitecto don Antonio López Aguado, encargado de la obra; obra que no quedó terminada hasta 1850, y en la que, por muerte de López
Aguado, intervinieron el arquitecto don Custodio Moreno y
el maestro de obras don Francisco Cabezuelo. Y entre el
Palacio y el *Teatro Real* quedó redonda, arbolada, la *Plaza
de Oriente.*

25. En el que aparece un templo
digno de ser catedral y que no lo es

Madrid que tantos templos tiene, que tuvo muchos más,
y que hoy les parecen escasos a las jerarquías eclesiásticas, no
ha tenido, hasta hoy, ninguno más suntuoso y rico y amplio
que el de San Francisco el Grande. Cuya primera piedra fue
puesta el 8 de noviembre de 1761 sobre el solar que ocuparon, sucesivamente, otros dos templos igualmente dedicados
al culto del Serafín de Asís, pero construcciones de modestas
proporciones y de arte escaso. No se conoce *el duende* que
intervino para que quienes podían hacerlo, porque les salía el
poder de... donde las saliera, entre los dos proyectos arqui-
tectónicos presentados —a principios de 1767—, el del ya
famoso don Ventura Rodríguez y el del lego franciscano Fray
Francisco Cabezas, seleccionaran el proyecto del lego. Y he
dicho *duende*, y quizá fuera mejor decir *conchaveo franciscano;* que si el Serafín salió de oro de ley, algunos de sus hijos
espirituales no llegaron siquiera ni al chapado, ni al oropel.
Fueron inútiles las oposiciones de la Real Academia de

Bellas Artes y de los más pretigiosos arquitectos. El proyecto de Fray Francisco Cabezas prosperó, pero no tanto que, ante las incansables protestas, quedara el monumento sólo erguido hasta su cornisa, en 1568. Y al retirarse el lego a su tierra nativa, como quien se retira para reponerse de los males del alma en rincón apacible al que no lleguen «ni los engaños, ni las insidias cortesanas», se planteó esta pregunta peliaguda: ¿quién apechugaría con la continuación de una obra semejante, ya en avanzado estado de... gestación? Don Ventura Rodríguez, un poco despechado —y despechado se pasó casi toda su existencia, y con razón, ya que siendo español, y no inferior a ningún arquitecto extranjero, siempre se quedaba, como vulgarmente se dice, *para vestir imágenes,* en nuestro caso para recoger las migajas de sus colegas foráneos...—, repito: un poquito despechado, y otro poquito cacique de la Academia, logró que fueran deshechadas las pretensiones de Diego Villanueva, Alvarez Sorribas, Antonio Plo y Comín, Juan Tami, Elías Martínez. Pero... ¡buenos son los religiosos —y que Dios me perdone airear esta verdad— para que nadie les enmiende la plana. Don Ventura Rodríguez siguió rechazando arquitectos y los franciscanos siguieron rechazando a don Ventura. Total: que la continuación de la obra se encomendó —1778— al famoso Sabatini —autor de *La Puerta de Alcalá,* de *La Aduana* (hoy Ministerio de Hacienda)—, precisamente arquitecto extranjero de los que habían dejado segundón a don Ventura. ¡Que «sino» el de don Ventura! En 1784 ya se celebró culto en el templo. La bóveda mide treinta y tres metros de diámetro. Y ahora llega lo anecdótico.

Esta enorme cúpula excede a las grandes cúpulas de Los Inválidos, en París —veinticuatro metros—, y de San Pablo, de Londres —treinta y un metros—. Durante su breve y atragantado reinado, José Bonaparte —que particularmente cuenta con mis simpatías—, masoncete y nada amigo de frailes y curas, quiso que el templo sirviera de sede laica a las

Cortes Constituyentes de Cádiz. No se cumplió su *maligno* designio. Pero otras Cortes, las también Constituyentes de 1837, dictaron una Ley —6 de noviembre— para que San Francisco se convirtiera en Panteón Nacional. Con la rapidez del rayo —rapidez que se usa muy pocas veces en las obras y actos políticos y sociales de España— la Comisión encargada de coleccionar y remitir a Madrid los restos mortales de los más insignes varoes en ciencias y artes, realizó el encargo... en lo posible. Sí, porque su búsqueda tropezó con «los malos mengues». Los restos del gran filósofo Luis Vives habían desaparecido al ser derribada la catedral de San Donato, en Brujas (Bélgica). Los del famoso ministro de Don Felipe II, Antonio Pérez, se perdieron al ser demolida la iglesia de los Celestinos, en París. Los de Miguel de Cervantes «se habían traspapelado» en el Convento de Trinitarias de la madrileña calle de Cantarranas (hoy, *de Lope de Vega,* que debiera ser *de Cervantes;* así como la hoy *de Cervantes* debiera ser la de *Lope de Vega,* pues que la *casa auténtica* de éste, en esta calle está). Los de Lope de Vega «se habían traspapelado» en la parroquia de San Sebastián. Los de Alonso Cano, «traspapelados» en la catedral de Sevilla. Los de Velázquez, más pulverizados de lo natural, al ser demolida la parroquia de San Juan, en Madrid. Los de Juan de Herrera, en la madrileña iglesia de San Nicolás. Los de Jorge Juan, en la demolida parroquia de San Martín. Los de «Tirso de Molina» no fueron habidos en el Convento soriano de La Merced. Ni los de Agustín Moreto en la toledana iglesia de la Escuela de Cristo. Fueron inútiles las pretensiones de traer a España, a su capital, el polvo y los huesos de Francisco Goya. Y tampoco se accedió a traer los del Cid, don Pelayo, Guzmán el Bueno, Murillo... Y hubieron de contentarse con dar sepultura en San Francisco, previa selección muy rigurosa en ardientes debates de Las Cortes Constituyentes —1869—, a Juan de Mena, Garcilaso de la Vega, Fernando Fernández de Córdoba «El Gran Capitán», Alonso de Ercilla, Ambrosio de Morales, Quevedo, Calderón de la Barca, el marqués de la Ensenada, Juan de Villanueva, Gravina y... ¡don Ventura Rodríguez! (¡Vaya si le costó a este desventurado genio de la arquitectura meter su baza en San Francisco! A esto se le llama vencer, como El Cid, después de muerto.)

Nueva anécdota: como si el cónclave, aún siendo tan ilustres, por la calidad de sus muertos, tuviera mágica proyección en el soberbio templo, éste empezó *a desfallecer*, con ese desfallecimiento que hace presentir, por ejemplo, una inmediata angina de pecho derrumbadora... Total: que cuantos lugares de España habían dado permiso para trasladar los restos gloriosos, retiraron *sus donativos* y *se los reintegraron*.

Poco después, dolido del lamentable estado del templo grandioso, don Antonio Cánovas del Castillo, que usufructuaba el Poder, ordenó las obras de consolidación y restauración, y «a lo grande»: con materiales preciosos y decoración equivalente. Hoy, San Francisco el Grande es un asombroso Museo de rejas, pinturas, esculturas, maderas talladas —su sillería gótica procede de La Cartuja de El Paular—, mármoles, orfebrería... Y si la sillería del coro es la del Paular, la de la Capilla Mayor procede del Monasterio segoviano de El Parral. Las obras iniciadas en 1881 quedaron terminadas en 1889.

26. Los escenarios de las palabras que se lleva el viento

Y no es posible negar que dos de los escenarios madrileños «más movidos» y hablados a voz en grito y casi siempre con engolamiento propio de lo teatral, candentes siempre y pocas veces ejemplares, son los Palacios de Las Cortes: Congreso y Senado.

Las obras del Congreso fueron empezadas el 10 de octubre de 1843 y terminadas el 15 de octubre de 1850. A las dos

MANIFESTACION POLITICA
Fachada lateral (en la Calle de Florida blanca) del Congreso
de los Diputados. Mientras en los escaños del gran Salon de Sesiones
los señores diputados «andan a la greña» imputándose la
desgobernación de la Nación en su período de la Primera República,
en la calle, un centenar de ciudadanos (enchisterados o tocados
con «hongos», encapados o abrigados) están empezando a irritarse
y a «fabricar» denuestos de muy grueso calibre.

ceremonias asistió de protagonista Doña Isabel II. El
Palacio del Congreso se alza en el solar que dejó, al ser
demolido, por su estado ruinoso, en 1842, el Convento del
Espíritu Santo. En este Convento se había reunido el Estamento de los Procuradores entre los años 1841 y 1843. Trazó
sus planos el arquitecto don Narciso Pascual Colomer. El
frontón que corona el pórtico exástilo es obra del escultor
Ponciano Ponzano. Al exterior resulta el edificio simplemente agradable. En el interior, sólo el Salón de Sesiones tiene
algunos méritos en sus pinturas —retratos de políticos ilustres— y esculturas decorativas. En verdad me parece escenario bien modesto para las… «cosas, cositas y cosazas» que allí
se han guisado» y «desaguisado» en más de un siglo: la
subasta del Trono español —1879—; la proclamación de la
Primera República Española —1873—; las cuatro proclamaciones tumultuosas de los cuatro presidentes de la República: Figueras, Pí y Margall, Salmerón y Castelar; la disolu-
ción de las Cortes, en plena efervescencia para proclamar al

quinto presidente, por el general Pavía al frente de un centenar de soldados; la restauración borbónica —1875—, la proclamación —14 de abril de 1931— de la Segunda República Española, la transformación en Cortes «de boquilla» y de un totalitarismo... ¡representativo, pues no faltaba más! Y entre efemérides y efemérides, miles de trifulcas, de oposiciones cerriles, de rabietas de partido, de discursos «rollos», de «trágalas» gubernamentales, de situaciones dramáticas y jocundas, de exaltaciones con un vocabulario nada académico, de intercambios de bofetadas y puñetazos y «¡más eres tú!»...

El Senado fue una institución mucho menos verborrera y danzante que el Congreso; acaso porque los señores senadores-militares de alta jerarquía, presidentes de Tribunales y Academias y Consejos de Administración, exministros con cesantía extendida ya a perpetuidad, directores de entidades con fuerza económica decisiva para los presupuestos, gobernadores de provincias, viejos diputados que perdieron sus actas de cuneros por disgustos con los caciques de los distritos...- que ya había superado todas las veleidades políticas y que sentían en sus cuerpos y en sus almas el peso de los años y de las desilusiones, del resquemor de sus conciencias no siempre limpias de polvo y paja.

El Palacio del Senado fue, en un principio, el famoso Colegio de doña María de Aragón... un poquitín restaurado y modificado. En 1814 sirvió para que se reunieran las Cortes Generales del Reino. Al regresar —casi deificado— el tunantón y solapado don Fernando VII, las turbas «se cargaron» el edifico, y echaron por las ventanas y los balcones, a la calle, entre la algazara popular, los objetos más delicados y preciosos para que se hicieran añicos o la multitud los destrozara con feroz saña. En fin, lo acostumbrado cuando son las turbas quienes protagonizan las efemérides. Restaurado y reintegrado a los agustinos calzados, enseguida éstos hubieron de desalojarlo, en 1836, a consecuencia de las leyes desamortizadoras y la supresión de las Ordenes religiosas. Ya para siempre quedó convertido en Senado. Anécdota: el 25 de marzo de 1855, en su Salón de Sesiones, la Reina Doña Isabel II coronó con la corona de laurel de oro al viejo y recalcitrante poeta neoclásico don Josef Manuel Quintana.

Su fachada nada tiene de particular. Y poco más el amplio Salón de Sesiones de planta elíptica con varias tribunas y decorado con ocho columnas anichadas de orden jónico... muy rejuvenecido.

En estos últimos años tanto el Palacio del Senado como el del Congreso han sido profanados con unas ampliaciones que rompen la primitiva y honesta armonía.

II. DE LOS PROTAGONISTAS POR ORDEN DE SU APARICION SOBRE LA ESCENA

1. Muhammad Ibd Abd Al-Rahman (823-886)

Para conocer físicamente a los personajes históricos medievales, sólo tenemos las vagas referencias de los cronicones y crónicas coetáneas a ellos, o determinadas figuras coloreadas en códices y retablos. A los cuales, pues hemos de conceder carta de crédito, y guiarnos a nuestra vez cuando hayamos de retratarles bien de medio cuerpo, ya de cuerpo entero; y por sus hechos habremos de presumir las virtudes o los pecados de su alma.

Muhammad Ibd Abd al-Rahman, a quien llamaremos por lo breve y confianzudo Mohamed, vivió entre los años 823 y 886, reinando entre el 852 y el de óbito, como sucesor de Abd al-Rahmán II. Fue aquél quinto monarca-*calife*, por mejor decir, y si *nos plantamos* en *emir,* habremos acertado del pleno de Córdoba. Emir quinto omeya del Al-Andalus. A Mohamed le retrataron sus biógrafos así: regular estatura; tez blanca y ligeramente sonrosada; mirada penetrante y firme; barba y cabellera nutridas «que se teñía con plantas tintóreas y odorantes»; poseía sutil inteligencia y aguda perspicacia. Prosiguen sus retratistas: desdeñaba a los insidiosos y mendaces; cuando hablaba, poco y recortado, captábase la admiración y la simpatía de quienes le prestaban atención; tenía acopio de frases sabias; profesaba, heredado, gran afición por las letras y las ciencias. Continuó el milagro-musulmán, por supuesto de la Mezquita cordobesa, iniciado en tiempos de su padre. Y reformó al viejo Alcázar del Emirato o Qasr al-Umara (864). Y cuando falleció fue sepulcrado en el *Rawda* o panteón regio del Alcázar. Y le lloraron, quejumbrosos en tono alto, sus súbditos treinta días y treinta noches. En los que agotaron sus lágrimas, sus ayes y sus «Alah es grande».

Y ahora me toca narrar por mi cuenta. Mohamed se sacudió las revoluciones, revueltas, conjuras y «luchas intestinas» de su Emirato con la tranquilidad de quien se sacude las moscas; tenaz, pero no irritado. Por entonces los musulmanes ya iban descendiendo, contra su voluntad, por el mapa de España, achuchados a lo bravo e intermitente por castellanos, leoneses, aragoneses y demás belicosos cristianos. Un día cualquiera, entre los años 852 y 886, más cerca de aquella fecha que de ésta, al frente de sus huestes alharaquientas y bien saturadas de Profeta, Mohamed llegó a un lugar llamado (es un suponer, pues crónicas no cantan) *Magerit,* o algo por el estilo, a medio abrazar por un río caudaloso y abrazado del todo por un nutrido bosque. El lugar era alto, y tenía dos colinas sobresalientes de la maraña vegetal. A Mohamed le plació el lugar para levantar en él, rodeada de una gruesa muralla, la *al-Mudaina,* atalaya vigía contra los posibles ataques de «los perros cristianos» que sólo podrían llegar, en busca codiciosa de Toledo, aliguí codiciadísimo, por los naturales pasos de Somosierra y Guadarrama. En *Magerit* no hubo lucha alguna. Los pocos «perros cristianos» visigodos que habitaban la colina sobre la que hoy se levanta en Palacio Real, fueron invitados cortésmente, ¡por Alah!, a que se trasladaran con sus muebles y semovientes a la colina de enfrente, melliza, llamada hoy de *Las Vistillas,* y a que aceptaran una relativa comunicación con los invasores, merced a la cual dejarían de ser visigodos para convertirse en mozárabes. Los pocos «perros cristianos» dijeron amén a lo uno y amén a lo otro. Y reinó la paz.

¡Y en aquel lapso breve de tiempo, jamás bastante ponderado, nació el Madrid histórico!

Los musulmanes y sus familias, en torno a la *al-Mudaina* (*Almudena,* fortaleza «en perro cristiano») levantaron su

Medina (*ciudad* en el mismo perro lenguaje), y enseguida la acollararon con otra muralla no menos sólida y sin otras gracias particulares. Dos murallas ciclópeas, una más alta que la otra, y aquella de menor longitud que ésta, sin otro designio que el de evitar las fáciles visitas de «los perros cristianos» armados que iban descendiendo, con intermitencias, pero con seguridad, por el mapa de España. Y Mohamed, luego de cerciorarse de que los fuegos nocturnos y los espejos diurnos de la Atalaya vigía funcionaban previsoramente, comunicándose noche y día con otras atalayas próximas, como la de Talamanca, al frente de sus huestes descendió algunos kilómetros más por el mapa de España y se detuvo algún tiempo en *Toletum*, para fisgonear en sus defensas y seleccionar entre sus mujeres, antes de regresar a Córdoba.

Cuando el año 886 murió este sosegado, prudente, valiente, patético guerrero y antirrevolucionario, que fue Mohamed, las mujeres mozárabes y las musulmanas de *Magerit* «se llevaban» tan amistosamente, y eran ya tan vecinotas de los dos «inmediatos inmuebles», que lavaban juntas las ropas sucias en la misma orilla zurda del Manzanares, cambiándose sus cotillerías y cánticos como si tal cosa...

2. Don Ramiro II, Rey de León (¿930?-951)

Hijo de Ordoño II y de Doña Elvira Menéndez, fuerte y tenaz guerrero, reinó entre los años 930 y 951, se especializó en combatir a los moros, sin ayudas celestiales y, de soslayo, algunas veces se enzarzó con sus vecinos cristianos, y llenó de énfasis se tituló *imperator, rex magnus,* y hasta *rex* de Portugal.

A Ramiro II, que con conocimiento de causa o por chiripa conquistó, desmanteló y abandonó Madrid... *adjuvante clementia Dei,* le conocemos por tres retratos que se comprometen (allá ellos, si nos mienten) a ser los más parecidos.

Uno es el de la serie medieval de los Reyes de León y Castilla denominada «Serie de Segovia», en escultura policromada. Ramiro II es aquí un buen Monarca burgués y sin dar la impresión de haber roto plato en su vida. Le contemplamos sentado, con la túnica blanca de cola y la capa acarminada recogida sobre los hombros, coronado de historiada crestería, y sosteniendo en su diestra la espada tremenda de tremendo Rey batallador. La expresión, inexpresiva, enmarcada en melena y barba patriarcales. El segundo retrato, dibujado a pluma (¡hacia 1460!), aparece en un códice de la genealogía de don Alonso de Cartagena, en la Biblioteca del Real Palacio de Madrid. Don Ramiro II se presenta en traje de corte-ropón de cola, manto, luchando a campo abierto con la espada y la tarja. Rey, Don Ramiro II, inquieto, propicio a los gestos heroicos como fuera el *ir por Toledo* y encontrarse con *Magerit*. El tercer retrato se recoge en una de las estampas dibujadas y grabadas en Roma por Arnold van Westerhout, de Amberes, en el año ¡1684!; retratos cuya autenticidad afirma el artista «por haberlos sacado de medallas, grabados, miniaturas, pinturas y medallas de oro y plata». Acaso es este tercer retrato el que nos deja una impresión *más aproximada* de las facciones del Monarca. Es un don Ramiro II *muy* a lo Cid Campeador. En efecto, el aspecto físico de Rodrigo Díaz de Vivar, rebozado en su romancero legendario, han creado *un tipo* de guerrero medieval que se adapta lo mismo a Rey que a Roque: barbas espesas, melena abundosa, rostro ancho y duro, talante bravucón; en suma: héroe de cantar de gesta.

Don Ramiro II, al frente de dos centenares de guerreros «de pelo en pecho» abroncados y fanfarrones, armados hasta «los dientes« —azcona, astil, aso, tela, taragulo, bofardo, espada y sin que faltaran lorigas y perpuntes, escudos, fondas y saetas—, por pura chiripa o con plausible y razonada intención, relampagueando las armas, alzando al quinto cielo gritos bélicos y maldiciones blasfemas, lograron pe-

EL REY DON ALFONSO VI

Barbado y «acorazado», más amigo de las armas —a la vista están—
que de las leyes —que van «do quieren reyes»—, sospechoso
de fratricidio, fue el monarca que conquistó —1083— Madrid...
Casi por casualidad, cuando iba a la épica Conquista de Toledo.
Alfonso VI no permaneció en Madrid sino el tiempo preciso
para dejarse una Santísima Patrona, Nuestra Señora de la Almudena,
aconsejar a su Concejo que la elevase un templo decoroso, y ordenar
a los árabes que se mudasen al Cerro de Las Vistillas y dejaran
a los cristianos el Cerro del Alcázar.

netrar en la Medina, la saquearon, y se largaron como un huracán, luego de incendiar casas, destrozar enseres, acuchillar a personas y bestias, y llevándose como rehenes unas docenas de muchachas de muy buen ver y unas reatas de mulos y caballos. La visita de Don Ramiro II a Madrid fue, simplemente «si te ví, no me acuerdo»; aún cuando los muy graves historiadores insistan en que fue fuerte aldabonazo de advertencia de futuros ataques más fuertes y mejor combinados.

3. Yusuf Ben Tashfin (1061-1106)

Príncipe almorávide y bravo guerrero; precisando más: bravo guerrillero, ya que iba de acá para allá metiendo bulla, armando ciscos, con el menor riesgo posible y los botines más pingües. Después de guerrillear por todo el norte africano, pasó a España y se dedicó a incordiar a todos «los perros cristianos», con tanta saña como excelentes resultados a su favor. Estando ya *Magerit* conquistado y bien apuntalado por leoneses y castellanos, desde los tiempos de don Alfonso VI (1083), Yúsuf repitió la hazaña relámpago llevada a la práctica (932) por don Ramiro II de León, esto es, al frente de sus hordas aguerridas atravesó de sur a norte la futura capital de España, aterró, robó, mató, desmanteló, y por no desdecir del monarca cristiano, también se llevó, como rehenes, unas docenas de muchachas bellísimas y pías. Según las crónicas musulmanas, Yúsuf medía casi dos metros y era hercúleo y un poco zafio. Parco en palabras y largo en acciones. Gran estratega en la guerra minúscula de guerrillas y sorpresas. Cada una de las tormentas que él desencadenaba dejaba la tierra arrasada. Fue como una imitación, a escala reducida, del ciclón Atila.

4. Don Pedro I, rey de Castilla y León (1334-1369)

Hijo de don Alfonso XI y doña María de Portugal, reinó entre los años 1350 y 1369. Nació en Burgos y murió en Montiel; y según les fuera en la feria de la vida a sus súbditos, unos lo apodaron «el Cruel» y otros «el Justiciero». Fue una criatura con muchos atractivos. Los cronistas ´de ambos bandos le reconocen guapo, fornido, de lenguaje fácil y hábil para enamorar, y bronco y contundente para atemorizar. Don Pedro I, rodeado por todas parte menos por una, como una península, de traiciones, intrigas, malas artes, fraternidades traicioneras, conjuras nobiliarias (la *una parte,* muy afecta, su amor por doña María de Padilla, apasionadamente correspondido por ésta) no le permitieron andarse con chiquitas ni paños calientes, y aquí doy y allí me atizan, y el que más cape, capador. ¡Ah! Y en un clima y en unos ambientes siempre tensos, anubarrados, con sacudidas alucinantes, con ramalazos de cataclismo. Don Pedro I fue, como hoy se chulea, «un tío bragado», «un tío *echao palante*», que procuró dar antes de que le atizasen, y ganar los juegos del Reino aun haciendo trampas, porque a él se las hacían en cada envite.

A Madrid le cayó muy en gracia don Pedro I, y se puso a su lado sin remilgos, estando con él a las duras y a las maduras. Madrid siempre ha gustado de los tipos *«echaos palante»* y que saben conjugar la fanfarria con el piropo, el requiebro casi madrigalesco con el sacudirse las moscas a manotazos y tacos. Y don Pedro I supo agradecer a Madrid su amistad iniciando la transformación de su Alcázar moro en Palacio cristiano atrincherado, añadiéndole torres y alfiles, y hasta caballeros y peones. También confirmó a Madrid cuantos Fueros y Privilegios reales tenía, y aún los añadió media docena. Ya muerto, ganó la suprema devoción madrileña, cuando sus restos mortales fueron traídos al monasterio de Santo Domingo por su nieta doña Constanza de Castilla.

5. Un rey fantasma: León de Armenia (¿-1393)

En todos los señoríos y reinos de la Tierra, al repasar su historia por lo menudo y quisquilloso, se encuentra un período caliente —próximo ya al apogeo de sus armas y de sus letras— en el que la realidad se deforma hasta adquirir almendrilla y contornos de leyenda. Así, en la historia de Madrid, sorprende el episodio novelesco del año 1383. Por aquellos tiempos vagaba por tierras castellanas, cual ánima en pena, un personaje de muy raro pergeño: León VI Lusignan, rey de Armenia, hijo de Juan de Lusignan y de Soldana de Georgia, último representante de esta dinastía en Armenia. En su lucha contra los mamelucos fue hecho prisionero y llevado a El Cairo. Desde aquí envió secretas embajadas a varias Cortes de Occidente. La dirigida a don Juan I de Castilla y León llegó precisamente en la fecha en que este monarca contraía nupcias, en Badajoz, con doña Beatriz de Portugal. Eufórico don Juan, celebró la libertad de León y le suplicó se trasladara a Burgos para darle abrazo fraternal y que León le prestara pleitesía y don Juan I le otorgara beneficios. León está lo que se dice «a la cuarta pregunta», y más parecía fantasma desmayado que exmonarca poderoso. A los oídos del monarca castellano llegaron noticias de tales desventuras, y como suele apreciarse poco lo que poco ha costado ganar, por recibirlo ya ganado, don Juan otorgó a León de Armenia, de por vida, el señorío de Madrid, la ciudad de Andújar, la Ciudad Real y 150.000 maravedises de renta. Noticia tan sensacional nos la ha trasmitido el serio cronista don Jerónimo de Quintana, con las siguientes palabras: «... y después de auerle recebido con el aplauso y grandeza que nuestros Príncipes acostumbran a recebir los extranjeros, dióle muy ricos presentes y por los dias de su vida las villas de Madrid y Anduxar y ciento y cincuenta mil maravedises de renta acada año».

Pero no es lo mismo el gobierno de pueblos envueltos en

los decantados opios y ensueños orientales que el de las villas cristianas y puntillosas de su honra castellana austera. Y, claro está, León de Armenia se hizo un lío y no daba pie con bola. Pero, eso sí, no le faltaron las mejores intenciones en sus relaciones «fantasmales» con sus nuevos súbditos. Reparó el Alcázar, confirmó los Fueros y Privilegios, no puso pena ni tributo, se dejó entrever de Pascuas a Ramos, y en silueta, o como envuelto en niebla. Y un día cualquiera desapareció de la Villa. Se supo que había llegado a París con ánimo de levantar una Cruzada que le devolviera su Reino de Armenia. ¡Pero buenos estaban los tiempos en París! Franceses e ingleses se tiraban los trastos a la cabeza, empecinados en guerra de tira y afloja. Y el desafortunado don León, más fantasmal que nunca, se *desvaneció* para siempre en París, el año 1393. Dos años había gobernado en Madrid. Y a Madrid le supuso un período de siete años el verse libre de tan fantasmal señorío. En 1391, una Cédula de don Enrique III, relevó a los madrileños del vasallaje y los reintegró para siempre como súbditos de la Corona de Castilla.

6. Don Juan II de Castilla y León (1405-1454)

Hijo de don Enrique III «el Doliente» y de doña Catalina de Lancaster, quedó huérfano de padre cuando él contaba dos años. Durante su minoría de edad gobernaron «al alimón», y como gata y perro, doña Catalina —la viuda pronto consolada— y el Infante don Fernando «el de Antequera», hermano de don Enrique III, y más tarde rey de Aragón. Esta minoridad del rey se cubrió, no de empréstitos pingües, que es lo bueno, sino de conspiraciones, rebeldías, trifulcas armadas, entre los bandos de doña Catalina y los de don Fernando. Pero... ¡allá ellos! Lo que ahora nos importa saber es que don Juan II salió aficionadísimo a las letras buenas —en verso y prosa—, a las buenas hembras de rango y a las buenas fiestas entreveradas de amor y poesía. Y... ¿dónde dirán ustedes que organizó una espléndida Corte Literaria? ¡Pues en el aún humilde Madrid!, Villa de la que salía muy de tarde en tarde y muy de mala gana; hasta el punto que su favorito don Alvaro de Luna hubo de conformarse con vivir en Madrid, en el palacio de Alvarez de Toledo, que estuvo contiguo al templo de Santiago, y en Madrid le nació un hijo, cuyo bautismo motivó fiestas de armas y poesía, y de quien fue padrino, de esos «de tirar la casa por la ventana», el monarca don Juan. Quien, tras combates a los que acudía a la trágala, para reponer fuerzas y reanimar su ánima, montaba en el Alcazar madrileño una auténtica real academia de bellas letras, de la que fueron animadores —aparte de bellísimas animadoras, siempre encandilando inspiraciones altas y deseos bajos— Fernán Pérez de Guzmán, el propio condestable don Alvaro de Luna, el marqués de Santillana, Juan Rodríguez del Padrón —paje del rey y chicoleador a hurtadillas de la reina—, Macías «el Enamorado», Juan de Dueñas, Juan de Mena —secretario de reales cartas—, Rui Páez de Ribera, Fernán Mojica, Francisco Bocanegra —doncel de don Juan II—, y tantos otros, maestros en coplas, decires, canciones, conjuros y consignas de amor velado, serranas con respingo y cantigas con melindres, laberintos sensuales y quexas de perdidos amores...

Madrid debe a don Juan II el haberse aficionado al lirismo como festival de los oídos y aliviador de los pesares del alma. Por esta afición llegó Madrid a su obsesión inmediata a las representaciones de las églogas y pasos, farsas y entremeses, bucólicas y endechas dialogadas. Según las crónicas de su reinado, aún las que le fueron más desafectas, fue don Juan II un real mozo, seductor de labia, exquisito de modales, figurín en el atuendo, garrido de movimientos, peleador a disgusto, poeta al escondite por sincera modestia, mecenas generoso en grado sumo de hombres letrados y de poetas menesterosos.

7. Don Enrique IV, quinto Trastámara de dinastía (1425-1474)

Y aquí, sí, tenemos a don Enrique IV, que reinó entre 1454 y 1474, hijo de don Juan II y doña María de Aragón, su prima. ¡Cuántas idioteces se han escrito y se han dicho acerca de este infortunado monarca, que tuvo buen plante, agraciado semblante, rubio de cabos, tibia la voz, suave la galanía, culta la inteligencia media, valeroso el ánimo, un tantico cabezudo y resignada la comprensión! ¿Por qué llegarle a calificar de «impotente», si bien probada tuvo su machez? Cierto que tuvo sus más y sus menos con su padre y con el valido de éste don Alvaro de Luna, a quienes combatió y defendió alternativamente según soplaran los vientos políticos de su conveniencia juvenil, y aún más, la conveniencia de sus malos consejeros. Y no menos cierto que cuando le convino se separó de su primera esposa doña Blanca de Navarra, alegando matrimonio no consumado. Don Enrique tuvo una hermosísima segunda esposa: doña Juana de Portugal, y un valido mucho más petulante y mucho menos inteligente que el de su padre (don Alvaro de Luna): don Juan Pacheco, marqués de Villena. Y de estos dos hechos le llegaron sus males familiares, de gobierno y de reinado. Porque las gentes viles dieron en propagar —a vivas voces y en libelos desvergonzados— que la señora reina doña Juana y el señor valido *se entendían...* por razones de amor y no metafísicas, siendo la *meta,* y me valga el retruécano, las físicas, y de la máxima aproximación horizontal.

Fecha muy solemne: don Enrique IV instaló su Corte en Madrid. Corte fastuosa y derrochona de mercedes. Y digo yo que no sería tan impotente el rey, como insidiaban sus enemigos, cuando se le achacaron relaciones íntimas y frecuentes con dos damas, a cual más seductora: doña Catalina de Sandoval y doña Guiomar de Castro. En febrero de 1462 le nació a Madrid su primera hija princesa y heredera del Reino: doña Juana. Efeméride de la que Madrid se sintió muy honrado, cual si le hubiesen concedido la más alta recompensa real, calificándole así para hombrearse con ciudades tan reales como Valladolid, Toledo, Segovia, Sevilla...; y como teniendo aprobada con sobresaliente y matrícula de honor esa asignatura que permite opositar al cargo más alto de la nación. Por supuesto, Madrid juró regocijado y festivo a lo dominical a doña Juana como heredera legítima del trono de Castilla y León. Y cuando las malas lenguas, esas «lenguas viperinas» que envenenan con su picadura, empezaron a motejar de «Beltraneja» a la bella princesa, asegurando ser su engendrador don Beltrán de la Cueva, personaje mimado con muy reidores o ensoñadores ojos por la señora reina doña Juana, Madrid armó, como vulgarmente se dice, «la de Dios es Cristo», logrando atemorizar a los viperinos. Pero poco después le llegó a Madrid una noticia que le sentó como un tiro: atemorizado don Enrique por las exigencias levantiscas de don Juan Pacheco —verde bilis a causa de la preponderancia que iba anotándose don Beltrán de la Cueva, ya nombrado Maestre de Santiago—, entre los pueblos Cabezón y Cigales (de muy buenos vinos, como hay Dios), cerca de Valladolid, pactó con Pacheco y sus secuaces, reconociendo como herederos de sus Reinos a su hermano don Alonso... «con la condición de que había de casarse con su sobrina doña Juana.» ¿Cuántos de quienes me leen saben, no siendo eruditos de tomo, que el 5 de julio de 1465 se escenificó la llamada *Farsa de Avila*, cuyo protagonista, el hermano del monarca, fue proclamado nuestro primer don Alfonso (que tanto monta Alonso) XII? ¡Vaya lío! Sin maña para desliarlo, ni agallas para cortarlo, don Enrique se refugió en su muy amado Madrid, donde falleció sin grandes remordimientos el 11 de diciembre de 1474. *Requiescat in pace.*

8. Fray Francisco, un franciscano cardenal y regente en una pieza

Este franciscano seco, acelgado, desgarbado, de pronunciadísima naríz y de alufrados ojos, como tallado en madera de boj, sarmientos sus manos de ademanes categóricos, aristadas sus palabras no oratorias sino imperativas, es fray Francisco Ximénez de Cisneros, nacido en el pueblecito madrileño de Torrelaguna —1438—, hijo de hidalgo de escasa fortuna. Ha estudiado mucho y bien en Alcalá, se ha graduado en Salamanca y amplió sus estudios en Roma. Y como tiene voluntad de hierro, ni la cárcel donde le ha zampado el arzobispo de Toledo Carrillo, le ha hecho renunciar al arciprestazgo de Uceda, al que tiene derecho por Bula pontificia. De Uceda a Sigüenza, donde es nombrado vicario del obispo y futuro «gran cardenal» don Pedro González de Mendoza. Y renuncia a la protección de éste, para hacerse franciscano y vivir durante ocho años entre lecturas místicas, arrobos ascéticos, reflexiones de política teológica y disciplinas y cilicios, aquellas con manos largas y estos con manos duras.

Es tosco para la oratoria. Es duro para el mando. Pero hay en su dureza y en su terquedad una misteriosa fuerza de atracción para tirios y troyanos. Esta fuerza le lleva a ser nombrado confesor habitual de la reina doña Isabel I, como sucesor del encumbrado fray Hernando de Talavera, recién nombrado arzobispo de Granada.

Mucho le quieren y admiran los Reyes Católicos —con reservas en la admiración y en el afecto de don Fernando, aragonés a quien el castellanismo austero se le atraganta un día sí y el otro también—, de quienes se convierte en habitual

CARLOS I DE ESPAÑA

Educado en Flandes por señores flamencos, flamenco se sentía él,
poco más que adolescente garrido y engallado. A Carlos I de España
y V de Alemania, Madrid le defraudó. Después sería Madrid
quien se defraudaría.

consejero. En Madrid vive Cisneros. En Madrid se afana por publicar la Biblia Políglota de Alcalá de Henares, la primera de España y una de las mejores del mundo, y reformar y ampliar su Universidad. Fallecida doña Isabel I —1504— en Medina del Campo, Cisneros es partidario de la monarquía de don Fernando, y no del extranjero y belfo don Felipe «el Hermoso» —y uno se hace cruces del calificativo, luego de haber contemplado copiosa colección de retratos suyos, favorecedores, como es lógico, de dicho «guapo oficial»—, esposo de doña Juana, hija de los Reyes Católicos y futura «la Loca», denominación igualmente exagerada.

Ha muerto —1506— don Felipe. Doña Juana se ha trastornado, dicen que del mucho amor que profesaba a su marido, y ha dado en peregrinar con el cadáver de este, en peregrinación lentísima, agotadora, traspasando media España. Y el ya Cardenal Cisneros, y arzobispo de Toledo —ausente en Nápoles don Fernando—, por su cuenta y riesgo constituye una Regencia, por él presidida, con los nobles más afectos a los Reyes Católicos, y recluta tropas aguerridas con las que defiende su misión frente a otros nobles levantiscos; y conquista Mazalquivir, Orán y el reino de Tremecén. Dato curioso: Cisneros es un buen modelo para quien le imitará muchos años después, don Felipe II: irle quitando pedazos al mundo, a favor de España, sin moverse de Madrid y de sus cercanías. Sí, Cisneros, como luego don Felipe II, se acostumbrarán a mover, a capricho, la geografía esférica con sólo dos o tres dedos. Cisneros vive, ya está dicho, muy a gusto en Madrid, en la mansión italianizada de los Lasso, situada en la *plazuela de la Paja,* en las mismas espaldas de la parroquia de San Andrés. Y desde uno de los balcones de la mansión, profiere su célebre frase, ante la chusma gritona que se derrama por la plazuela pidiéndole cuentas de su gobierno: «¡Esos son mis poderes (y señala unos cañones emplazados) y con ellos gobernaré hasta la llegada del rey don Carlos, mi señor!». Cisneros no se olvida de que, de vez en cuando o de cuando en vez, hay que arrojar publicidad —carnaza a esa fiera que es la Historia... futura.

9. El rey que empezó siendo flamenco y terminó siendo emperador español

Y llegó a Madrid don Carlos I, que luego sería V de Alemania. Educado en Flandes —nacido en Gante, 1500— por señores flamencos, en la doble acepción (la directa y la figurada) de la palabra, flamenco se sentía él, poco más que adolescente garrido y engallado. Si llegó don Carlos, no entró en España con buen pie, que no siempre es el derecho. Para empezar, no traía en las entrañas el amor a España. Y sí traía la cabezonería de ser *emperador* y de que le llamaran *majestad,* y no *alteza* como fueron llamados sus antecesores los reyes de España. El ánimo de don Carlos no llegaba aficionado a ciudad o villa alguna de su nueva monarquía. Y Madrid le defraudó. El Madrid de la historia fieramente, lealmente conseguida, del Concejo modelo de sana y sabia administración, del hermoso cielo azul y de las aguas vivas y abundantes y de los bosques prietos; el Madrid de los nobles caballeros embutidos en su aterciopelada y negra ropilla y en la expresión más espiritual y soñadora que pueda concebirse, ya estudiando para servir de modelos, con los caballeros toledanos, al toledano adoptivo de lujo Dominico Greco. Y Madrid se defraudó. Antes que consiguiera eliminar su desengaño, Madrid quedó comprometido en cierta rebeldía con pujos de dignidad española agraviada. Las huestes toledanas de don Juan de Padilla y don Hernando Dávalos infiltraron su orgullo castellano en el alcalde de Corte Gómez de Herrera, residente en la Villa; y este se encargó de hacer explotar la interior zozobra de regidores, caballeros, «e homes buenos» de Madrid. La mansión del licenciado don

Francisco de Vargas, guardador del Alcázar, fue asaltada y saqueada por ser este Alcázar almacén de armamento: picas, lanzas, dardos, arcabuces, ballestas, espadas... Que fueron puestas a buen recaudo para cuando el pueblo de Madrid hubiera menester de ellas. Que muy pronto lo hubo, precisamente para sitiar el Alcázar, virilmente defendido por doña María Lago, esposa del alcaide, ausente a la sazón. Tal estrépito, tales confusiones y quebrantos debieron repartirse por la Villa, y trascender su noticia a muchas leguas de ella, que no nos parece extraña la nota puntualizada en sus *Anales* por el gran cronista León Pinelo, de que «la Madre priora de Santo Domingo retiró a su monasterio a todas las doncellas del lugar, sustentándolas hasta que terminó la guerra.

Derrotadas y decapitadas las Comunidades de Castilla, Madrid quedó en situación harto violenta y sospechadamente insegura, por no decir *ridícula*. Cándidamente pretenden los historiadores afectos a Madrid, que don Carlos I tomó simpatía a la Villa, porque en ella sanó de unas fiebres cuartanas de que adoleció en Valladolid. (Lo que sí es cierto fue que, en agradecimiento a la salud de su amado esposo, atribuida a las finas aguas de la Villa de San Isidro (cuando este aún no era sino *supuesto bienaventurado*), mandó que fuera levantada una modesta ermita en el mismo lugar donde hoy está la que de su costado mana el agua fina del santo, capaz de curar la calentura al que la trajera y con fe bebiera de aquella, que además de fina sale fresquita.)

El afecto de Carlos I advino lento, pero seguro y creciente. Lo prueban la prisión que aquí se dio, en el Alcázar, al rey Francisco I de Francia. Y las Cortes que aquí se celebraron, en el templo de San Jerónimo el año 1528 para jurar príncipe de Asturias al niño don Felipe. Y la concesión al escudo de la Villa (un oso empinado a un madroño, con siete estrellas en la orla) de una corona imperial. Y otros varios motivos de menor monta.

Fluctuaron las dilecciones de don Carlos I entre las ciudades de Toledo —muy honrada de continuo— y la de Valladolid —donde le nació el heredero de su Imperio—, para su residencia y depositaría de los sellos de su Real Cámara. Pero al pasar de una a otra ciudad, según León Pinelo y otros cronistas matritenses de parecido linaje, hacia 1551, estableció su corte en Madrid y restauró el Alcázar espléndidamente para que fuera residencia digna de su grandeza y de la de sus sucesores. Si hemos de creer al licenciado Jerónimo de Quintana, que era, escribiendo, más bien cauto, era Madrid entonces un lugarón hasta de 2.500 casas con más de 15.000 vecinos; de buenos paseos, como el del *Prado Viejo*; de magníficos palacios, como los de Bozmediano, Lasso, Vargas, Luzón (en el primero de ellos se hospedó algunas veces el ponderado en octavas reales *Carlo famoso*), el de los Guevaras, de los Arcos del Celenque; de nuevas lindes, como las *de Atocha* y *Puerta del Sol.*

Con los momentos históricos relatados —y como puestos en evidencia y en su justo valor— hasta este punto, la Villa de Madrid, *imperial y coronada,* según la jaleaban a pluma llena sus cronistas más orondos, se preparaba para el gran momento, su gran oportunidad, según ahora se dice, del año 1561, sin que trompas ni clamores previnieran el suceso, ni horóscopos lo detallaran. La buena nueva llegaba de la mano de un monarca severo, melancólico, católico a machamartillo, muy poseído de su destino y prudente como no hubo otro más ni semejante. Venía no acreditada en Cédulas o Cartas Reales, sino en la mente clara y en la voluntad firme que timonaba reinos cien y que erigía Escoriales maravillosos apenas alzando la voz, apenas dibujado el ademán.

10. El primer rey de España que le nació a Madrid

¿Qué decir de don Felipe III (1578-1621), hijo de don Felipe II y de su cuarta esposa doña Ana de Austria, y dicho

está que el primer rey que le nació a Madrid, un 14 de abril por más señas? ¿Qué diré que no le sea ofensivo en grado injusto? Los retratos —pinturas, esculturas, monedas áureas con ilustrísima en sus valores— que de él nos quedan le representan rubianco, prognato y belfo, pálido de pábilo de vela de sebo, con ojos sin decisión y labios sin decir jamás «esta boca es mía» para decidir, ni alto ni bajo, sosote, piísimo, blandengue de carne y de alma, bueno, hogaza como padre y como esposo, un perfecto sansirolé. Cual se temía su glorioso padre, «le gobernaron», primero, el duque de Lerma, después el duque de Uceda, más tarde hasta don Rodrigo Calderón, marqués este no *de Siete Iglesias,* como él se jactaba, sino de *siete ermitas* como susurraba el pueblo.

Madrid le debe: su *Plaza Mayor,* catorce conventos de monjas y frailes —pero separados los sexos, ¡por supuesto!— y el haberle devuelto la capitalidad —1606—, luego de haber

dejado que se la quitara —1601— el de Lerma, bien munido
este de *razones* y no de razón, sino en razón de su cuantía
monetaria e inmobiliaria. ¿Nada más? Pues nada más. Eso
sí: pretendió a todo trance, estando muy enfermo en Santa
Olalla, que le trasladasen a Madrid, para expirar en su tierra
nativa; cosa que hizo el miércoles 31 de marzo de 1621, a las
nueve horas. Rasgo, cierto, muy de tener en cuenta por la
Villa y Corte este anhelo de salir de este mundo desprendién-
dose de los brazos de lo muy amado.

(Y no hablo más de don Felipe III, porque cuando le
llegue el turno a mi referencia de los argumentos más entre-
tenidos y decisivos que nutrieron a Madrid teatro mundial,
uno de los que ustedes juzgarán más interesantes aconteció
durante el reinado del susodicho don Felipe III, que gracia
halle siquiera en el Limbo.)

11.   El gran cotarro de los hechizos y de los asperges

Ningunos tiempos más tristes, delirantes y sobresaltados
para Madrid que los años en que reinó «de boquilla» don
Carlos II (1661-1700, aún cuando su reino no se iniciara
hasta 1665), nacido, ¡ay!, en la Villa y Corte, en su viejo
Alcázar el 6 de noviembre, hijo de don Felipe IV y de su
segunda esposa doña Mariana de Austria. Detalle muy de
tener en cuenta: posiblemente esta desdichada criatura
quedó engendrada en la última cópula en que intervino como
parte fecundante su gastadísimo padre, que ya no estaba
para erecciones viriles y mucho menos para eyaculaciones de
efectividad normal. Su madre, doña Mariana, fue una
criatura neurótica y chillona, espantadiza y malintenciona-
da. Y don Carlos nació y murió precisamente en el mes de
noviembre, fúnebre por excelencia, mes en que los difuntos
se fruyen en sus vacaciones anuales aún no ganadas en

convenios colectivos y laborales. Sí, mes en que los difuntos circulan muy a placer entre los vivos, ya en las normales apariencias e idiosincrasias que tuvieron en sus carnales existencias, bien tomando, para más jorobar, apariencias fantasmales. Sí, noviembre es el mes de los repeluznos y de los súbitos terrores. Que nadie presuma de haber vivido un noviembre sin haber sentido en su carne o en su alma, siquiera una vez, «la fría mano, el frío soplo del misterio». ¡Pobre don Carlos II «el Hechizado», a quien hasta el don antepuesto con minúscula le viene grande! De su cuna matritense a su nicho escurialense se desvivió rápido entre personas y sucesos empavorecedores, médicos «a lo Rey que rabió», políticos protervos, confesores e inquisidores energúmenos, aojadores y curanderos de pega. Un su hermano bastardo, el segundo don Juan de Austria, decidido a ganar todos los juegos. Y su madre, empecinada en trastocarlo y trastornarlo todo, pasando ella, por días, del manicomio al

EL REY DON CARLOS II
El último «recuelo» de la dinastía Austria. De rey tuvo muy poco: el título y el ceremonial. De hombre aún tuvo menos; acaso no por su culpa, sino como desdichada víctima de los hombres, de las circunstancias, de un catolicismo adulterado por los fanatismos más inverosímiles, de una política corrompida por las ambiciones bastardas. Y fue «el caso» que don Carlos II era un buen muchacho, propicio a enternecerse y sentirse marchito en el real lecho. Feo «del todo», siempre asustado de sí mismo, y creyéndose protagonista de los más siniestros aquelarres.

tonticomio. ¡Pobre rey madrileñito don Carlos II, ya de por sí la más perfecta birria que pueda concebirse!

Durante su reinado de mentirijillas no encontró su birriez física, ni su ánima en pena, no ya una hada benigna, ni una criatura con sentido común y piedad acendrada que le tuviese y llevase de su mano. Fue como un cervatillo acosado por una jauría feroz de colmillo y ladrido. Entre 1665, año en que falleció su padre, hasta el año 1700 en que él falleció en Madrid, la Villa y Corte eslabonó a diario los sucesos patéticos con los abracadabrantes. Enumeremos: conjuras y trapatiestas palatinas, enjuagues políticos, bancarrotas económicas, un permanente tirarse los trastos a la cabeza entre la reina viuda, la reina en efectivo —la hombruna doña María Ana de Neoburgo—, el bastardo don Juan de Austria, el ministro Valenzuela, el duque de Medinaceli, el conde de Oropesa, el confesor padre Montenegro, el otro confesor padre dominico fray Tomás Carbonel, el Cardenal Portocarrero, la *Junta de embusteros* (como llamaba el pueblo a la compuesta por el duque de Pastrana, el conde de Melgar, el marqués de Villafranca, el conde de Aguilar, el duque de Montalbo, el marqués de Burgomancero), la *Compañía de los siete justos* (compuesta por los marqueses de Ariza, Villagarcía y Cifuentes, los hombres de toga don Francisco Ronquillo —corregidor de Madrid— y don Manuel de Lira, y los dos enérgicos letrados Delboa y Oretia), el señor Inquisidor General... Todos los cuales eran maestros en la zancadilla y en el badilazo a la vuelta de la esquina. Pues bien, a este gran cotarro se le llamó *modus vivendi*.

Lo que sí puede afirmarse es el enorme interés y el no menos enorme regocijo con que el pueblo madrileño —a quien nada le iba ni le venía en el cotarro y por ello le importaba una higa (que hacía a gran coro con los dedos de la mano, bien enderezando el de corazón, ya sacando los cinco bien erguidos bajo el brazo contrario), siguió aquel tétrico y funambulesco y esperpéntico teatro que de los escenarios de los Coliseos había saltado a la vía pública. ¿Eran geniales actores o aborrecibles personas aquellos intérpretes, a diario, de tales horrores dinásticos, políticos, religiosos, económicos, bélicos, nobiliarios, falderos (damas y religiosos)? El pueblo de Madrid reconoció unánime que jamás superaron el interés dramático y pícaro de este gran lío, ni las comedias galantes y costumbristas de Lope, ni las comedias de enredo de Moreto, ni las comedias de caracteres de «Tirso», ni las tragedias de Rojas Zorrilla, ni los autos sacramentales de Calderón, ni los entremeses hilarantes de Quiñones de Benavente... ¡A reír o a llorar tocan!, se corría por todo Madrid cada veinticuatro horas. Y el pueblo se echaba a la calle, en masa, para comprobarlo. ¡Pobre don Carlos II, madrileño que nació, vivió y murió en Madrid! Si le consideramos como un monarca de una nación que liquidaba «con rebajas drásticas» todos sus valores materiales y morales, como cualquier gran almacén postbalance, no podemos dejar de vituperarle, pero sin excesiva saña. Ahora bien, si le consideramos como un actor a quien le correspondió el comprometidísimo «papel» de don Carlos II, en un argumento de enredos y trapisondas, magias y alucinaciones, hemos de elogiarle sin tasa. Porque representó su «papel» de modo insuperable, maestro en hacerlo natural y convincente.

12. El rey que enloqueció de amor burgués

Y aquí tenemos a don Fernando VI (1713-1759), hijo segundo de don Felipe V de Borbón y de su primera esposa doña María Luisa de Saboya, que reinó de 1746 a 1759. También nació en Madrid (se había puesto de moda entre los futuros reyes lo de nacer en Madrid o en sus cercanías) y murió... a las puertas de Madrid, en el achaparrado y macizo castillo de Villaviciosa de Odón. ¿Qué diremos de él? Diremos, lo primero, que fue un rey como Dios manda para los reyes del término medio: bondadoso, bien intencionado, de palabras y movimientos templados, sabedor *del paño* que gastaban sus buenos ministros, de apenas apuntada sonrisa rebozada en una intensa melancolía incurable. Quien ponga en duda mi retrato de don Fernando VI puede contemplar los retratos que le pintaron los admirables artistas Van Loo y varios anónimos, que se conservan en el Museo Naval de Madrid y en la Colección particular del general Ezpeleta. Diremos después de este monarca, burgués por excelencia, que sólo tuvo un gran amor: el de su esposa lusa doña Bárbara de Braganza. (¡Que ya es raro, desde que el mundo de las monarquías es mundo, que el amor grande y duradero de un rey *coincida* con el que profesa a su legítima cónyuge!). Doña Bárbara fue de una moralidad, de una dignidad, de una magnanimidad y de una mansedumbre como más no cabe. Pero, ¡ay!, fea de parar la circulación tanto rodada como peatona. Añadamos que le quedaron en el rostro las cacarañas de las viruelas y que apenas salida de la adolescencia empezó a ponerse obesa, con obesidad fondona y patosa. Debo añadir que a esta falta de primores físicos correspondió un exceso de melancolía espiritual. Nada chocante, por otra parte, si doña Bárbara se miraba con frecuencia al espejo u observaba la expresión reprimida a duras penas de sus cortesanos y fieles súbditos. En fin... ¡allá don Fernando VI con su gusto! ¡Para él sólo toda doña Bárbara de Braganza! Que tan pronto como se le murió en Aranjuez, le dejó, primero, como turulato, y enseguida enajenado con locura en ocasiones lanzada a la ofensiva. Locura de la que ya no pudo salirse sino, al final del drama, por esa puerta estrecha que abre la muerte para pasar «al otro mundo» que no tendrá jamás Colón que lo descubra, inclusive con su *colón* correspondiente, para conocimiento y aviso de los vivientes.

Diremos de don Felipe VI que supo rodearse de ministros con tanto talento como probidad y serenidad: Carvajal y el marqués de la Ensenada; que con su pasta flora y prudencia se ganó el amor de sus súbditos; que con su amor a la paz mantuvo a España en uno de los períodos más largos sin acciones bélicas en el exterior ni motines en el interior. Pondremos en el haber madrileño de don Fernando VI la fundación de la Real Academia de Bellas Artes de San Fernando; la exaltación y práctica de la música de cámara trayendo a la Corte, cuando aún vivía don Felipe V, al famoso cantante y músico —y se dijo *que capón*— Farinelli (Carlo Broschi) para que fundara el Real Conservatorio de Música, Declamación y Baile; la erección, por complacer a su esposa, del Monasterio de las Salesas Reales. Y... ¿nada más? Que Madrid y yo recordemos, nada más. Y Madrid y yo nos damos por muy satisfechos. ¡Ahí es nada: trece años de paz auténtica y sabrosa, casi desconocida desde los tiempos de don Carlos I; dos ministros modelos y un monasterio hermoso que aún permanece en pie, y en el que están enterrados doña Bárbara —en el corillo— y don Fernando en el crucero, lado de la Epístola, en sepulcros barrocos y en los que el mármol se amerenga demasiado.

13. Un rey de pandereta, cornudo y contento

Bastante menos, por no decir nada, y aún añadiendo que en *su debe* hay partidas bastante más negras y cuantiosas que en reinados anteriores, debemos —es decir: nos debe— don Carlos IV (1748-1819), hijo de don Carlos III y de su esposa doña María Amalia de Sajonia. Por muerte de su gran padre, tan querido nacionalmente, don Carlos IV empezó a reinar en 1788. Claro está que no es sino un decir eso de que empezó a reinar, lo cual hizo, pésimo, al alimón con su esposa doña María Luisa de Parma y de los cirineos que le ayudaron a llevar la cruz de un matrimonio endiablado, en especial don Manuel Godoy y Alvarez de Faria, guapo

EL REY DON FERNANDO VI

Hijo segundo de don Felipe V y de su primera mujer doña María Luisa de Orleáns. Sucedió a su hermano Luis I, el llamado «rey fantasma» por aquello de «visto y no visto sobre el trono», pues su reinado fue «cosa de meses». Don Fernando VI, bien parecido, bondadoso, ejemplar amador de una sola mujer: su esposa doña Bárbara de Braganza— también bondadosísima, pero fea «hasta allí», picada de viruelas, fofísima de carnes— tuvo el gran talento de saber rodearse de admirables ministros y de... hacerles caso en sus decisiones, a las que inalterablemente ponía su «Visto Bueno». La melancolía tremenda de don Fernando VI se acentuó al morir doña Bárbara, y le impulsó a encerrarse en el Castillo de Villaviciosa de Odón, donde cada día echaba su partidita con la locura y con la muerte.

guardia de Corps, cuyas carreras militar y política fueron fulminantes por su rapidez y explosivas por su efectos.

Tan contento y tan cornudo, don Carlos IV, hombrachón con el que ya contaba el deporte, como ahora se recomienda a cada quisque, dedicábase a los más esforzados ejercicios físicos: luchaba a brazo partido, en las cuadras, muy de mañana, con sus caballerizos más garridos, y sentía una obsesiva pasión por la caza de las bestias encornadas. Curioso detalle: este rey nació en Porticci (Italia) y murió en Roma. Lo cual fue causa de que Madrid no sintiera hacia él ni frío ni calor.

¿Que como fueron físicamente don Carlos IV y doña María Luisa de Parma y su numerosa prole, más o menos legítima? Existen varios documentos gráficos irrefutables: en las muchas y sensacionales pinturas en las cuales Goya retrató a todos, en conjunto familiar y burgués, y por separado. Contemplándoles se sabe con dogma el físico de cada cual. Don Carlos grandullón y bobalicón. Doña María Luisa, abrujada y casi puta callejera disfrazada para una mascarada de gran guiñol. Y los hijos e hijas a cual menos atrayente, a cual más tarado. Dos de ellos, el futuro Fernando VII y el futuro *supuesto* Carlos V de España y engendrador del *Carlismo* militante por temporadas, francamente antipáticos de expresión, y con tipos apenas rozados por los vientos de la realeza. Más tarde, tanto los padres como los hijos demostraron cumplidamente cómo las caras suelen ser los espejos del alma.

Dentro de los Reales Palacios y Sitios (el de Aranjuez, el de El Escorial) se pelearon con rabia, pero sin agallas, los miembros de la familia. En la proyección de España dentro de la geografía europea, fuimos de mal en peor. Una sola victoria pálida: la del general Ricardos en el Rosellón. Después... cada catástrofe pariría otra antes de esos nueve meses que parecen ser los de rigor para los partos normales. Eso sí, casi todas las catástrofes —algunas de ellas ribeteadas de sainetes— se desarrollaron sobre escenarios madrileños y en varios actos por función. De las más importantes, la escenificada entre los años 1808 y 1814: guerra totalitaria de España contra Napoleón, y contaré con lujo de detalles cuando me refiera a los argumentos, con letra y contables, de los cuales se nutrió hasta lo universal el Madrid teatro mundial. Ahora me importa aludir a obras escénicas de menor transcendencia. Por ejemplo: la espeluznante sátira de la lucha intestina entre las reales personas y algún que otro noble de pegadizo y pelotilleo. De un lado, el rey, la reina y Godoy, un trío con valor de póker; del otro, el príncipe heredero don Fernando y su camarilla de nobles con hechuras de majos barriobajeros y de majos con hechuras de marqueses remilgados. Otro ejemplo: cierta conspiración ¡republicana!, engendrada en Francia y amozada y exaltada en el madrileño Cerrillo de San Blas, a cuyo frente se puso un tipo raro llamado Picornel; la conspiración fracasó por sobra de chivatos y falta de redaños; sus cabecillas fueron apresados y condenados a horca, aún cuando a última hora fueran indultados y proscritos. Picornel dejó en Madrid, en la calle *del Ave María*, una imprenta clandestina de libelos al por mayor, pero que todo Madrid conocía con el nombre de *Imprenta de la Verdad*.

Otro ejemplo: nueva conspiración, y esta no de índole republicana, sino dedicada cariñosamente «a cargarse» al poderoso don Manuel Godoy. Principales personajes en el ajo: la señora marquesa de Matallana, el R. P. Gil, de los frailes menores, el brigadier Malaespina y algunos otros nobles de cuarta categoría deseosos de subir a la inmediata anterior. También falló esta conspiración que apenas alcanzó la jerarquía de *conato*; mas por ser quienes eran sus cabecillas, la Justicia cambió su mayúscula inicial por una inicial minúscula y lanzó condenas benévolas: que los complicados se dedicaran a tomar aires ultramarinos durante un par de años.

El pueblo sano y cachondete de Madrid, suma de manolos, majos, chisperos, chulos, covachuelistas, cesantes, paseantes en Corte, militares sin graduación, obreros y operarios, discípulos más o menos aventajados de Rincón y Cortado, honestas damas de casa, chachas del servicio, posaderos, aguadores a domicilio, etc., etc., además de divertirse *de gratis* en cuantas funciones ponían sobre escenarios públicos reyes y magnates, jerarquía de la religión y de la milicia, hubieron de agradecer a don Carlos IV y... tercero en la concordia de regia alcoba conyugal, algunos beneficios materiales: la Real Fábrica de Tabacos, el Convento de las Salesas Nuevas, el Palacio de Buenavista, el Depósito Hidrográfico, la Ermita de San Antonio de la Florida (con la bóveda convertida en la no inferior a la de la Capilla Sixtina romana, obra de don Paco Goya, la Real Academia de Jurisprudencia y Legislación, el Palacio de Villahermosa, situado en el Prado con vuelta a la Carrera de San Jerónimo.

14. Un rey entre la opereta y el esperpento

De mal en peor: de don Carlos IV, sosegado y cornudín, pero sin ofender a nadie, a su hijo don Fernando VII (1784-1833), nacido en El Escorial y fallecido en Madrid. Perdimos en el cambio, ¡vive Dios!, y eso que don Fernando de cuernos... ni tanto así, sino impenitente encornador; pero no paternal con sus súbditos, a quienes trató a estacazo y tente tieso; ni lince en la política internacional, aún cuando pillín y feloncillo en la nacional. Eso sí: fue monarca achulado de aspecto y de condición, con sonrisa proterva y talante de perdonavidas (que las perdonó las menos veces que pudo). Si no me creen ustedes que depongan irrefutable testimonio sus retratos pintados por Goya (Museo del Prado); Vicente López, cuatro (Conservatorio Real, Palacio Real, Real Aca-

demia de San Fernando y Museo Lázaro Galdiano), Carlos
Blanco (Museo del Prado); Anónimo (Palacio Real).

El primer mérito que he atribuído a don Fernando VII,
tiene una gran pega, porque sus tres primeras esposas,
María Antonia de Nápoles, María Isabel de Braganza y
María Josefa Amalia de Sajonia, además de que fallecieron
muy jóvenes, las tres fueron feas de remate y cursiloncillas de
saldo, beatonas, estériles, ayeadoras y suspirosas, y la tercera, «de contera», poeta de un cursi subido, la mayor parte de
cuyos poemas los dedicó a cantar las glorias y virtudes de su
marido. ¡Buen ojo clínico, caramba! ¿Quién pues, había de
ser tan cretino que apeteciese seducirlas, jugándose *el tipo,*
luego de haberse jugado, y perdido, el orgullo de su hombría? Ahora bien, la cuarta esposa de don Fernando VII, su
sobrina carnal doña María Cristina de Borbón, con la que
matrimonió —1829—, rijosillo aún, pero más de mente que
de carajo, había nacido en 1806, lo cual viene a decirnos que
podía ser la hija de quien iba a ser su marido. Doña María
Cristina era, además, una realísima hembra: retrechera,
metidita en carnes blancas y apretadas, ojazos de un negro
azabache, expresión encandiladora de macheces, respingo
puro de femineidad cálida, derrochadora de incentivos amorosos. Pues bien, ¿quién podría jurar que esta realísima
hembra real, casada con un hombre cansado, desfosforiza-
do, molido pronto en las batallas del lecho amoroso y por ello
corrido siempre antes de tiempo, y en las últimas escurridu-
ras, no le encornara con el que después habría de ser su
segundo marido, aquel don Agustín Fernando Muñóz, futuro duque de Riánsares, apuesto como Apolo y elegante a lo
romántico como lord Byron?

Finiquitada —1814— la guerra de la Independencia, don
Fernando VII entró en Madrid «en olor de multitud barrio-
bajera» (que es, sí, el más penetrante, pero el más hediondo
de los olores, y el que marea enseguida), algunos de cuyos
fornidos mozos, dejado la cuba de agua a domicilio o el baúl

LA REINA DOÑA MARIA AMALIA DE SAJONIA

Esposa del rey don Carlos III. Le fue suficiente su talento femenino y su «encanto hogareño» para tener permanentemente encandilado —en cuerpo y alma— a su real y feísimo esposo. Y cuando ella murió —casi antes de gozar el reinado de España— su real y feísimo esposo creyó morir de dolor... en un tiempo en que aún nadie se moría de amor. Pero... fue el caso que don Carlos III vivió su larga viudez en una absoluta abstención de carne... femenina. Que ¡vaya si le tentaba a diario, y tomando la tentación las más seductoras formas incentivas en su máxima calidez!

EL FUTURO REY CARLOS IV

Retrato de cuando sólo era «heredero del trono español». Entonces aún no había engordado mucho y tenía aún una principesca apariencia. Y todavía ignoraba que a los reyes —creía él lo contrario— también podían «encarnarles» sus regias esposas. Con el tiempo lo comprobaría... sólo a medias.

que debieran llevar a la Posta, desengancharon los caballos del coche real (que por cierto, eran blancos impolutos y jugadores excelentes *de manos* y patas) para convertirse ellos en mulos de la tracción rodada. «¡Vivan las *caenas*!», berreaba la multitud y relinchaban los mulos bípedos. «¡Vivan las *caenas*!». Bueno, apostillo: ¡pues vivieran! Consecuencia lógica de entusiasmo tan cerril fue que don Fernando VII se ciscara en la Constitución de Cádiz —1812—, persiguiera con saña a los diputados constitucionalistas y se proclamara único y omnipotente amo del cotarro hispano. Le duró su jactancia maja hasta enero de 1820, en que se le bajó la cresta y hubo de jurar la abolida Constitución. Nuevamente se le enderezó la cresta en enero de 1823, al afirmarle sobre el trono los llamados Cien Mil Hijos de San Luis, con el duque de Angulema, fantasmón incordiante, a su cabeza. Y, por supuesto, nuevas deportaciones, entreveradas de penas de muerte, de los constitucionalistas más acreditados: duque de Rivas, Alcalá Galiano, Muñoz Torrero, Estrada, Espoz y Mina, Martínez de la Rosa, Toreno, Argüelles, Calatrava, Quintana, el actor Maíquez... Y *despenados* para los restos: Riego, Torrijos, Porlier, Marianita Pineda, «El Empecinado»...

Don Fernando VII tuvo a gracia restablecer el Santo Oficio —suprimido en 1820—; derogar la Ley Sálica, que prohibía que las hembras ocuparan el trono, y que originaría, ya él muerto, la erupción volcánica del Carlismo; simular Cortes del Reino en... caricatura grotesca. Por descontado, esta real gana, desgarrada y provocona, originó la aparición belicosa —camuflada hábilmente— de la Masonería, de los exaltados doceañistas, de los liberalotes de mítines cafeteriles, de las conspiraciones encapadas hasta los ojos y con santos y señas susurradas al oído, de las reuniones subversivas en Liceos y Ateneos, de los atentados brutales contra polizontes y curas absolutistas como el padre Vinuesa.

Fácil es imaginarse aquel Madrid fernandino en perma-

nentes representaciones que pasaban de la tragedia al sainete, de las danzas macabras al ilusionismo de las sombras
animadas, de los tiroteos callejeros a las recepciones palacie-
gas con música de cámara, retintines políticos, absorciones
de rapé, reparto de indulgencias y bendiciones a cargo de
prelados relamidos, rebrillos de charreteras, pecheras y
pechugas femeninas costeladas de joyas. El reinado de don
Fernando VII fue el primero que mereció, en la historia de
España, la frase concluyente y más expresiva que la prensa
gráfica: «¡Esta obra ha sido "La Caraba"!».

Pero conviene que apuntemos ahora, en el reducido
haber de don Fernando, a favor de Madrid, algunas buenas
obras. Que todos no son males ni el la Vida ni en cada vida,
sino que en éstas y en aquella se entreveran con los bienes ya
ganados a pulso, ya caídos *de bóbilis* sobre los mortales
desde los altos designios de la Providencia. Y por muy
camándulas o desalmado que sea un monarca, durante su
reinado, queriéndolo él o aún a su pesar, entre las calamidades nacen las gracias del vivir, espontáneamente, como las
florecillas silvestres —pongámonos cursis— que nacen sin
saberse cómo, pues que nadie se preocupó de airear sus
semillas, y parecen señales misteriosas de la Naturaleza,
jamás acabada de conocer a fondo por los hombres. Añadiendo que don Fernando tuvo en su alma y en su corazón,
como cada quisque, sus entretelas con posado polvillo bené-
fico. Que como sentenció, no recuerdo quien, pues la frase se
la disputan centenares de filósofos y sutiles ingenios, desde
hace miles de años, no existe hombre *malo del todo,* ni
hombre del *todo bueno*, pues que su existencia perfecta en el
mal o en el bien determinaría el fracaso de la Creación. (Si en
esta frase hay algo de irreverente, ¡allá penas!, pues que yo,
con mucho gusto, se la dedico a su verdadero propietario.)
Madrid, entre otros minúsculos, recibió de don Fernando el
definitivo Real Conservatorio de Música y Declamación
—que puso en 1830 bajo el patrocinio de su hermosota y bien

deseada cuarta esposa, doña María Cristina— situado en la antigua calle *de la Inquisición* (que cambió su nombre a causa del Conservatorio, por el *de Reina María Cristina* entre las plazas *de Santo Domingo* y *de los Mostenses*), Conservatorio del que «se hacían lenguas elogiosas» cuantos le visitaban —entre los visitantes, en 1831, el famosísimo Rossini— y en que se enseñaba, además del italiano, idioma como canónico del canto y de la ópera, el arte de los siguientes instrumentos: violín, viola, violonchelo, contrabajo, flauta, clarinete, oboe, trompa, arpa, fagot, piano, y, por supuesto, declamación, canto, composición; todas las clases regentadas por los más ilustres especialistas españoles o italianos. Prosigo enumerando beneficios fernandinos: Escuelas y Cátedras gratuitas a cargo de las diputaciones de barrio y de algunas órdenes religiosas —dominicos, jesuítas, escolapios); el incomparable Museo de Pinturas del Prado, para el cual cedió muchos y admirables cuadros pertenecientes al Real Patrimonio; la instalación de la Real Biblioteca en un edificio especial —1819—; el palacio que fue de Godoy, en la plaza *de los Ministerios*, con vuelta a la *de Bailén*; un Conservatorio de Artes con cátedras y gabinetes, en el edificio que hoy ocupa la Real Academia de Bellas Artes de San Fernando; la Dirección General de Minas; la Bolsa de Comercio, en edificio propio de la calle *de la Bolsa* actual; terminó las Reales Caballerizas, cuyo solar ocupa hoy, felizmente, el Jardín de Sabatini; inició las obras del Teatro Real; levantó la Puerta de Toledo; colocó la Fuente de la Red de San Luis, que hoy está a la entrada del Paseo del Estanque, en el Retiro; mandó fundir en bronce y colocar sobre su pedestal, la estatua de Miguel de Cervantes que aún vemos, en una isleta vegetal, frente al palacio de las Cortes; el Museo Militar de Artillería e Ingenieros; y, siguiendo el consejo de Mesonero Romanos, colocó una lápida conmemorativa en la casa de la calle del León, con vuelta a la hoy *de Cervantes,* que sustituyó a otra casa donde murió el «Príncipe de los Ingenios»; fomentó la limpieza de las calles y de las casas; amplió el *Paseo de las Delicias...*

15. Una reina castiza, guapetona, ligera de cascos, llamada Isabel

La muerte de don Fernando VII provocó muy distintas reacciones en los vecinos y huéspedes del Madrid de 1833. En unos, los hipocritones palatinos y políticos en el Poder: inquietud, postiza condolencia, secreto frotarse de manos como si de este frote saltaran las ideas para el mejor acomodo en flamante reinado de doña Isabel II, bajo la regencia de su madre doña María Cristina. En otros, los más, gentes del pueblo, intelectuales puros, revolucionarios al acecho, políticos arrumbados en la oposición constitucionalista, masones acaparadores de Gremios y Bancas, un regocijo que estalló como los cohetes de una verbena. Precisemos: don Fernando VII falleció el 29 de septiembre de 1833, y el 24 de octubre siguiente quedó proclamada reina de las Españas (aunque a estas Españas ya les sobraba la ese plural) bajo la tutela de su joven y apetitosa mamá doña María Cristina. La cual regente concedió amnistía política total; promulgó el Estatuto Real —10 de abril de 1834—; restableció la tan traída y llevada Constitución gaditana de 1812... hasta que fuera promulgada una nueva, que lo fue el 18 de junio de 1837, y modificada... con breves pinceladas en 1845. Y considerando cuanto había hecho como Reina Gobernadora, le pareció bien y... se dedicó a las labores más esenciales y propias de su sexo: parir los hijos que le iba haciendo, asiduo, su amado duque de Riánsares, con quien había contraído matrimonio secreto, a voces. Doña María Cristina, embriagada de amor y de optimismo, dejó que los Partidos políticos proliferasen como hongos y que se combatieran entre sí derrochando la rabia y las calumnias, para que el vencedor se encaramase en la cuñana del ordeno y mando, que era encerada minuto a minuto por los vencidos. ¡Aquello de trepar con angustias y escurrirse en un santiamén, resultaba tan divertido para el pueblo y para la Reina Gobernadora! A doña María Cristina le importaba un pimiento que gobernasen los moderados, o los progresistas, o los liberales, o los clericales. Ella paría cada añito su hijito y... Santas Pascuas. Y como ladina que era, fingía asustarse mucho ante algunos sucesos dramáticos de veras: el asesinato —18 de enero de 1835— del capitán general de Madrid, don José Canterac, ante la puerta central de la Casa de Correos, en la Puerta del Sol; la bárbara matanza de frailes —16, 17 y 18 de julio de 1834— dentro de sus residencias matritenses (San Isidro, San Francisco el Grande, la Merced, Santo Tomás...), llevada a consumación por las hordas populares, a quienes «unos cucos del ala izquierda» les habían hecho creer que el cólera morbo que se extendió por la Villa y Corte provenía de haber los frailes envenenado el agua de las fuentes públicas; la expulsión de Madrid —17 de enero de 1837— de los pocos frailes que habían salvado la pelleja, desasistidos del Martirologio, y que habían sobrenadado en las leyes desamortizadoras del ministro masón y elegantísimo don Juan Alvarez Mendizábal. A doña María Cristina «la abdicaron», sin pena suya ni gloria ajena, el 1 de septiembre de 1840. Como una oronda gallina, del brazo de su hermoso gallo y seguida de sus numerosos polluelos, se largó del corralón que era la Villa y Corte. Y quedó nombrado Regente el malhumorado y tremendo riojano general don Baldomero Espartero, quien tuvo una actuación bastante tumultuosa y sumamente divertida para los españoles a quienes no alcanzaban sus mandobles de charrasco o sus expeditivas órdenes de cárcel o exilio, pase a la reserva o cesantía, según los inculpados fueran militares o paisanos.

El 10 de noviembre de 1843 las Cortes aprobaron la mayoría de edad de doña Isabel II, de trece años de edad. A la que casaron, sin dejarle decir oxte ni moxte, el 10 de octubre de 1846, con su primo hermano y sospechoso de heterodoxia sexual don Francisco de Asís. (Fue una solemnísima *boda doble*, pues que su hermana de doble vínculo doña Luisa Fernanda contrajo matrimonio, el mismo día y en el mismo lugar y a la misma hora, con el señor duque de Montpensier, caballero de hombría acreditada, pues le hizo a su esposa, él solito, nueve hijos. Bien distinta doña Isabel II, quien necesitó, para el mismo número de hijos, varios machos de muy distinto pelaje.) ¿Qué podía hacer una muy hermosa y muy temperamental reina y mujer, más de esto que de lo primero, casada con un hombrecito muy redicho y heterodoxo sexual, rodeada de diez o doce partidos políticos que se llevaban «a matar» y organizadores constantes de alzamientos militares, zancadillas de Camarilla, tumultos callejeros, *magias* de logias, manifiestos subversivos de prensa y libelos? Pues ni más ni menos de lo que hizo: dejarse gobernar por el jaque de turno, militar o paisano; divertirse sin solución de continuidad y reírse de los chistes y triquiñuelas que le contaban los asiduos a su tertulia; llorar sus pecados, sin llanto excesivo, por supuesto, y con más atrición que contricción, ante sus confesores sucesivos, entre los que se contó el hoy santo Antonio María Claret, la danzante Sor Patrocinio y la gran señora consejera leal vizcondesa de Jorbalán; tener sus amantes y sus hijos, los más de estos muertos apenas nacidos (sólo alcanzaron la mayoría de edad las Infantas doña Isabel, doña Paz, doña Eulalia y el futuro don Alfonso XII); ser amada y vilipendiada, a turnos, por sus súbditos; caer y levantarse... como mujer y como reina. ¡Pobre doña Isabel II, tan hermosa, y que engordó pronto y demasiado, para hacer buenos los piropos populares de *castizales y repolluda*! Cuando aún no había cumplido los treinta y nueve años, y era ya una matronaza de muy alto copete. Sus propios examantes y ministros más protegidos otrora... le dieron un puntapié en salva sea la parte y la metieron en Francia, sin ¡adiós! que valga. Era el 26 de septiembre de 1868. Así terminó su reinado «la de los tristes destinos», según la llamó, condoliente, el gran señor y gran carca don Antonio Aparisi y Guijarro.

Durante el reinado de doña Isabel II, Madrid recibió no pocas mejoras (y no me referiré ahora a las conseguidas por obra y gracia del alcalde marqués viudo de Pontejos y del cronista y concejal Mesonero Romanos). Apunten ustedes, lectores míos: el Palacio del Congreso, la Universidad Central, la Casa Fábrica de Moneda y Timbre, la terminación —octubre, 1850— del Teatro Real, el Hospital de la Princesa (que ha sido demolido en 1970), el Paseo de la Fuente

LA REINA DOÑA ISABEL II
Entre sus hadas madrinas se entremetieron algunas de las peores brujas goyescas. Aquellas la concedieron dones excepcionales: belleza, simpatía, generosidad, femineidad en permanente ignición, bondad de corazón... Pero éstas «la inyectaron» un esposo marica, algunos gobernantes desaprensivos, una irreprimible afición al derroche monetario... a cuenta y riesgo de su depauperado pueblo.

Castellana, la llegada a Madrid —24 de junio de 1858— de las exquisitas aguas del Lozoya para uso general, el ferrocarril —9 de febrero de 1850— de Madrid a Aranjuez —llamado «el tren de la fresa»—, el gran Canal de Isabel II, el Tribunal de Cuentas del Reino, el alumbrado de gas...

16. De una Junta revolucionaria a una Restauración borbónica, pasando por un reinado Amadeo y una República relámpago

¿Y... qué recordar de la Junta Revolucionaria, que dio el puntapié en el pompis a doña Isabel II, encabezada por los generales Serrano y Prim, del reinado «fantasmal», pero inocente, de don Amadeo de Saboya y de la primera República española, tres efemérides acontecidas en poco más de cinco años, del 24 de septiembre de 1868 a enero de 1874, día en que el capitán general de Madrid don Manuel Pavía y Rodríguez de Alburquerque, al frente de una Compañía de Infantería, penetró en el Congreso y... barrió, desde el Salón de Sesiones hasta las calles adyacentes, a los señores diputados, sin atenerse a oratorias ni monsergas a cuenta de la conculcación que realizaba en la única, pero desacreditada entonces, Fábrica de Leyes? (Conviene puntualizar que aquel día, los señores diputados iban a votar el nombramiento ¡del quinto presidente de la República!) Sí, ¿qué decir de todo ello? Bien poco: algunos nombres, ya dichos, Serrano, Prim, don Amadeo de Saboya, y los no dichos nombres de los cuatro presidentes de la primera República española: don Estanislao Figueras —devorado por *la opinión* en tres meses—; don Francisco Pí y Margall —devorado por la idem en poco más de uno—; don Nicolás Salmerón —devorado en dos meses escasos, también por la idem—; y don Emilio Castelar, que por ser el más hombretón y riñonudo, el vociferador más atemorizante, tardó algo más en dejarse devorar.

Con tantos jaleos y tales trapatiestas, en tan poco tiempo nacidas y muertas en Madrid, la Villa no recibió otro beneficio que el tener pase de risa libre para cuando se le apeteciera reír. Que fue un día sí y sí al siguiente. Pero cuando me refiera a los *argumentos* de las principales obras representadas en Madrid, durante veinte siglos, algo más tendré que contar acerca de Serrano y de Prim, de don Amadeo y de los cuatro presidentes de la primera República española. Añadidos de los que brotará la risa a caños o el llanto a cataratas.

17.　El simpático rey que se educó en el exilio

Ya tenemos sobre el escenario, que rezuma romanticismo, a quien fue protagonista durante casi once años de una vida española que se debatía entre lo romántico en sus agonías y lo melodramático en su apogeo. Sino que este protagonista tenía mucho de lo que decaía y poco de lo que triunfaba en las costumbres de su tiempo. Por decirlo más claro: a este protagonista *no le iban* los melodramas de Echegaray, tan aparatosos y gritones y, al contrario, *le sentaban muy bien* los aires que habían dejado semidormidos Bécquer y Rosalía de Castro.

Este romántico protagonista de un teatro que había dejado de serlo, fue don Alfonso XII, hijo de doña Isabel II, nacido en Madrid el 28 de noviembre de 1857. (No olvidemos que había de morir en el Real Palacio de El Pardo el 25 de noviembre de 1885. Y no olvidemos lo que yo dije acerca de este mes nefasto al referirme a don Carlos II, como don Alfonso XII nacido y muerto en Madrid dicho mes, gran cosechero de luctuosidades y melancolías.)

Don Alfonso XII fue un monarca culto, bien educado,

muy escéptico, simpático y arrogante, muy aficionado y muy consubstanciado con su tierra nativa. Uno de sus últimos biógrafos, también nacido y muerto en Madrid, Pedro de Répide, biógrafo un poco a la ligera, pero con repajolero garbo de estilo y de lenguaje, escribió así: «Don Alfonso XII era un príncipe que tenía la ventaja de haber recibido en su juventud las enseñanzas del destierro y de haber templado su espíritu en la adversidad. Ello le hacía, sin embargo, estar dotado de cierto escepticismo. Era, personalmente, simpático y, con donaire muy madrileño, sabía juzgar brevemente personas y cosas. Y su figura que era popular en el sentido cariñoso de la palabra, se mostraba frecuentemente a pie por las calles, confundiéndose con la multitud y, si era tiempo de frío, luciendo con garbo la tradicional capa española.» Añadió a sus méritos personales, el acierto de su primer matrimonio —28 de junio de 1878— con su prima hermana doña María de las Mercedes de Orleans y Borbón, también nacida y muerta en Madrid, la novia ideal de los romances románticos contados y cantados a coro y en corro, por los niños madrileños en las plazuelas y en los jardines de la Villa y Corte, y musa de la inspiración romántica de los poetas que aún se embriagaban de luna y de melancolía, a filo de las madrugadas de hielo, en los cafetines y en los callejones. Madrileñita llena de suave irreprimible tristeza, como si presintiera su reinado y su amor de seis meses, antes de haber cumplido los veinte años. Pero que supo enamorar a un tiempo mismo a su real esposo y a su pueblo.

Gran señora, inteligente y caritativa, fue la segunda esposa de don Alfonso XII: doña María Cristina de Harsburgo-Lorena, cuyo enlace se realizó el 29 ¡de noviembre! de 1879. Pero ni don Alfonso ni los madrileños la amaron como a la Merceditas de las canciones de corro en torno «al gran caballo de bronce» de la *Plaza de Oriente*. Don Alfonso XII terminó la guerra carlista, que aparecía y desaparecía como las fiebres intermitentes en el cuerpo lánguido de una nación próxima a perder sus últimas inyecciones ultramarinas; y sufrió dos atentados contra su vida (¡él, que no se metió con nadie, que sonreía a todos y creía en pocos!): el primero, cuando regresaba de haber terminado la Campaña del Norte, que ya olía a puchero de enfermo, el 25 de octubre de 1878, a su paso por la calle *Mayor* al frente de su Estado Mayor. El segundo, el 30 de diciembre de 1879, ante la puerta del Príncipe del Real Palacio, cuando, guiando un faetón y acompañado de su segunda esposa, regresaban de pasear por el Retiro. Detalle muy digno de tenerse en cuenta: doña María Cristina, al darse cuenta del atentado, cubrió con su cuerpo el del rey, su amado y nada amador esposo. Los dos regicidas marraron en su intento, y eso que tuvieron el blanco como juran que le ponían las carambolas a don Fernando VII. Los dos regicidas fueron agarrotados. Y es que el anarquismo de entonces, en mantillas al menos en España, era torpón e impaciente. ¿Es que no se había enterado, como lo estaban todos los españoles, de que don Alfonso XII tenía ya en sus pulmones su sentencia inexorable de muerte para poco tiempo después? ¡Que fallo más increíble en las relaciones públicas del anarquismo militante de la época!

18. Esta vez no es una reina, sino un rey «el de los tristes destinos»

Meses más tarde de la muerte de su padre, el 17 de mayo de 1886, nació en Madrid don Alfonso XIII. Durante la Regencia, larga y seria, de doña María Cristina, entre el 25 de noviembre de 1885 y el 17 de mayo de 1902, en Madrid, lo que se dice en Madrid, no aconteció algo de capital interés, pues se convirtió en rutina el turno gobernante de los conservadores de Cánovas y de los liberales de Sagasta. Fuera de Madrid si aconteció algo tremendo: que perdimos nuestras últimas provincias de ultramar. Eso sí, las perdimos por imprevisión y *falta de tacto,* pero con derroche de valor militar y de sacrificio popular. Pero esta pérdida... ¡quedaba tan lejos!, que la olvidamos casi enseguida entre pasodobles marciales, chotis de merendero y verbena, chuflillas de prensa contra políticos y financieros, habitual *pasteleo* tanto gubernamental como opositor, y chistosísimas letras y músicas seductoras del llamado *género chico.* Conformes todos: nos ayudaron a olvidar la dramática pérdida, autores tan ingeniosos como Ramos Carrión, Vital Aza, Ricardo de la Vega, Celso Lucio, Miguel Echegaray, Perrín y Palacios... y músicos tan retrecheros como Chueca, Jerónimo Giménez, Bretón, Chapí, los Valverde, Torregrosa...

Ahora bien, la Regencia de doña María Cristina le reportó a Madrid algunas mejoras de importancia. Fueron redondeadas las plazas *de Cibeles* y *Neptuno* y colocadas sus bellas estatuas en el centro del ruedo, mirando, respectivamente, a la *Carrera de San Jerónimo* y a la calle *de Alcalá* hacia la *Puerta del Sol;* aparecieron —1899— los primeros tranvías eléctricos y los primeros ascensores hidráulicos en las casas de postín, los teléfonos de bocina y manija; desplegó su gran amplitud arbolada y floreada con gran arte —1902— el *Parque del Oeste;* se alargaron y ensancharon y arbolaron sus bulevares entre el barrio de Argüelles y el de Salamanca, entre la Estación de Atocha y el *puente de Toledo;* fueron asfaltadas la *Puerta del Sol* y sus diez hijas y ya calles popularísimas; empezó a presumir la Guardia Municipal, a caballo, y a funcionar a tope el Laboratorio Municipal; se alzaron algunos muy hermosos edificios: Banco de España —1893—, Palacio de la Biblioteca Nacional —1894—, Ministerio de Fomento (hoy de Agricultura) —1897—, Escuela de Ingenieros de Minas, Palacete de la Real Academia de la Lengua Española —1894—.

Don Alfonso XIII reinó hasta el 14 de abril de 1931, día en que fue proclamada la segunda República española, casi tan breve y tan desmañada, pero mucho más áspera, que la primera. ¿Cuáles fueron efemérides importantes de su reinado? Fuera de España, la interminable sangría de Marruecos. Dentro de España, la vertiginosa sucesión en el Poder gobernante de los incontables partidos y partidillos, bien por sí mismos, ya con una de aquellas llamadas *coaliciones de prohombres,* cada uno de ellos representante de una tendencia ideológica. Naturalmente, estas coaliciones de prohombres fracasaron más y antes que las *situaciones de partido único.* Pura lógica. Huelgas y más huelgas, más o menos revolucionarias. Los cimientos de una loable legislación laboral. Dos presidentes del Consejo de Ministros, y cabezas de Partido asesinados: el liberal de izquierdas don José Canalejas —1912— en la *Puerta del Sol;* y el conservador «con gotas liberales» don Eduardo Dato —1921— en la *Plaza de la Independencia.* Dos atentados contra la vida del rey: el primero, el 31 de mayo de 1906, cuando acabado de casar con la princesa inglesa doña Victoria Eugenia de Battemberg, en la Iglesia de los Jerónimos, dentro de la carroza real se dirigían a Palacio los esposos; al pasar frente al número 86 de la calle *Mayor,* desde un sexto piso les fue arrojada una bomba envuelta en flores... por un anarquista de familia pudiente catalana, llamado Mateo Morral. El segundo: en la calle *de Alcalá,* a la altura del Banco de España, cuando a caballo regresaba de presidir en la Castellana la jura de la bandera, el 13 de abril de 1913. Esta vez, no bomba, sino tiros. Conjunción *no nefasta* de 13 y 13... por excepción, cuyo premio gordo de lotería le correspondió a don Alfonso XIII.

El 13 (¡y vengan treces!) de septiembre de 1923, el teniente general don Miguel Primo de Rivera y Orbaneja dio un golpe de Estado en Barcelona, y... Media docena de años de una dictadura pronto reblandecida. Dimitido Primo de Rivera, durante dos años, nuevos gobiernos tembliqueantes y bullendo como dicen que bullen los palominos atontados.

¿Qué hacer? ¿Hacia dónde ir? ¿Con cuáles medios, métodos o componendas? ¿Quién, quiénes, me compran este lío? Fracaso tras fallo. Total: 14 de abril de 1931.

Para Madrid, el reinado de don Alfonso XIII tuvo algunas muy positivas consecuciones urbanas. El 4 de abril de 1910 fueron iniciadas las obras de la Gran Vía, que comprendió tres trozos: de la calle *Alcalá,* iglesia de San José hasta la calle de la Montera (Red de San Luis); el segundo, desde aquí hasta la *Plaza del Callao;* el tercero, desde esta hasta la *Plaza de España;* trozos que llevaron, respectivamente, los nombres de *Conde de Peñalver,* el alcalde que inició la mejora urbana de la máxima ambición; de *Pí y Margall*, el inteligente y sensato político que fue segundo presidente de la primera República española; de *Eduardo Dato,* el presidente del Consejo asesinado en 1921. El año 1919 empezó a funcionar el tren subterráneo Metropolitano, entre la *Puerta del Sol* y *Cuatro Caminos*. El 17 de mayo de 1927 se empezaron las sensacionales obras de una de las más bellas y amplias Ciudades Universitarias del mundo, en el paraje más seductor de Madrid, entre La Moncloa, La Florida y la Dehesa de la Villa, frente a la panorámica insuperable de la Casa de Campo y de la Sierra de Guadarrama. Y se erguieron los primeros «rascacielos» de Madrid; Palacio de la Prensa, la Telefónica, el Círculo de Bellas Artes, el Capitol...

19. De una República liosa que se perdió por la boca, como el pez

El 14 de abril de 1931, a las primeras horas de la tarde, quedó instaurada en Madrid la segunda República Española. Se instauró, es de justicia proclamarlo, sin disturbios ni tiritos. (Estas *cosas* llegarían poco después.) Quedó instaurada alegremente. Se desbordó el entusiasmo popular por calles y plazas, enarbolador de una desempolvada bandera tricolor y cantor de un desempolvado *Himno de Riego*. Don Alfonso XIII se limitó a decir —o a decirse— «¡Ahí queda eso!». Y salió de España. En el llamado Gobierno provisional entraban a partes: exmonárquicos muy calificados y socialistas muy recalcitrantes. Republicanos, lo que se dice republicanos de solera, un par de ellos. ¿Paradoja, verdad? Pues así fue. Como ya dije, lo *menos bueno* llegó enseguida, al mes escaso de tan alegre, flameada y coreada República. Fueron quemados algunos conventos pertenecientes a las Ordenes menos simpáticas, o que cayeron más a mano a los alharaquientos incendiarios. Quedó inaugurada la que sería larga temporada de diarios motines callejeros, algunos de ellos rubricados con sangre. En el Congreso debates furibundos en busca de una republicana Constitución. Primer presidente: el exmonárquico y católico a decir suyo don Niceto Alcalá Zamora. Y apenas jurado... ¡todos contra él! Constitución, sí, pero... ¡todos contra ella y contra don Niceto! Los regionalistas, con gotas separatistas, vascos, catalanes y gallegos; los republicanos de «cuatro ramas distintas»; los socialistas de la rama dura —acción— y de la rama flexible —teorización—; los ya tintados levemente de comunismo; los ya comunistas a cara descubierta y consignatarios de stalinismo; los empecinadamente derechistas y con resabios monárquicos y añoranzas borbónicas; los *jabalíes* con designios propios y salidos de una selva prehistórica; los ya anacrónicos reformistas de... lo que fuera reformable... ¡Dios santo, que lío! Y Madrid convertido en escenario de huelgas candentes, de religiosos de ambos sexos camino del extranjero, de un asesinato hoy y otro mañana rebozado, para beneficio de los asesinos, en *un caríz político*. Más tumultuosas reuniones de diputados, todos ellos provistos más que de razones sin vuelta de hoja, de vocabulario de mercado arrabalero. Y un Gobierno que cae de la noche a la mañana y cuando apenas se habían posado las posaderas de sus ministros en las poltronas ministeriales. Y al que le sucede, idem de idem. Y así a cuatro, a ocho, a doce. Y don Niceto destronado sin dársele las gracias por los servicios prestados. Y sustituyéndole, don Manuel Azaña, liberal de siempre, talento innegable, escritor muy singular, orador no brillante pero sí preciso como un reloj suizo, intención casi siempre de leche agriada. Pues bien, apenas juró su cargo... ¡todos contra él! Como si se tratase de un pim-pam-pum del que fueran los monigotes los señores presidentes de la República, presidente del Consejo de Ministros y ministros, y los pelotaris feroces: políticos en turno de cesantía, militares sin guerra que llevarse a la boca, los financieros de los negocios turbios, los funcionarios públicos *estabilizados* con sueldos irrisorios, los periodistas con «órganos u organillos» de opinión discrepante o de ideología dada de lado, y... el coro general: treinta millones de españoles en busca desasogada de no sabían qué, ni para qué, ni por qué. Y nuevas huelgas. Y más atentados callejeros tintados en sangre. Y una diversión fenomenal, cuyo nombre se haría famoso perdurable: el *estraperlo*, negociejo a favor de unos pocos con grave lesión económica de los más. Algo así, para definirlo por lo breve: *tomadura de pelo con merma del bolsillo del prójimo.* Y nuevos atentados en la vía pública. Y otras huelgas ya francamente revolucionarias. Y el nacimiento, muy jaleado, el 29 de octubre de 1933, en Madrid, sobre un auténtico escenario: el del Teatro de la Comedia, en la calle *del Príncipe,* de un «nuevo partido de gobierno». ¡Siempre Madrid con su tendencia teatral irresistible! Sí, sobre un auténtico escenario, levantado el telón, frente a butacas, palcos, anfiteatros repletos de personas apasionadas. En fecha tal nació la Falange Española, fundada y dirigida por José Antonio Primo de Rivera, hijo del general don Miguel, el de la Dictadura dictablanda entre 1923 y 1929. La Falange tenía un programa netamente, fieramente nacionalista, con su consigna categórica: ¡Arriba España! Y una tendencia: limpieza en las almas y en la política, exaltación permanente de los valores más tradicionales en las armas, las letras y la política.

Más huelgas. A tiro limpio en calles y plazuelas entre las juventudes falangistas y socialistas: hoy le ha tocado morir a un obrero, mañana le tocará a un señorito. A mí, por entonces, me dio el pálpito de que la conquista de la España mártir se atenía a la falta de reglas y de escrúpulos de la conquista del Oeste americano, sin que en ésta ni en aquélla los indios sólo intervinieran para hacer el indio. Y séame perdonado el retruécano en razón a su verdad contundente. Ojo por ojo, diente por diente, la razón para quien dispare antes y atine mejor. Y para colmo de tantas y tales calamidades, el asesinato, en la madrugada del 13 de julio de 1936, del líder de las derechas monárquicas: el diputado y abogado del Estado don José Calvo Sotelo. Asesinato perpetrado por una patrulla de guardias del Orden Público, los cuales creían vengar así la muerte alevosa del comunista teniente Castillo, acaecida unos días antes.

Nadie podrá negar que entre abril de 1931 y julio de 1936 Madrid se las vio y se las deseó para cambiar con rapidez inusitada, casi de vértigo, los escenarios interiores y exteriores que precisaban las miles de obras, casi siempre dramáticas, representadas a diario, ante un público nutridísimo que participaba por igual del terror y de la curiosidad. Título definitivo de este drama en cinco largos actos y más de quinientos cuadros: *La atracción del abismo.*

Cuanto desde entonces aconteció en Madrid, ya se lo contaré a ustedes al referirme a los directores de escena y a los argumentos de las obras estrenadas, con mayor o menor éxito, en este teatro mundial que siempre ha sido la capital de España. Y que Dios me coja confesado.

III. LOS DIRECTORES DE ESCENA

Quiero referirme ahora —evocándoles, retratándoles— a casi una veintena de personajes rigurosamente históricos que fueron, a la vez que directores de sus vidas, y por ende protagonistas de excepción, magníficos directores de escena de las obras por ellos protagonizadas. Ello es algo admirable que sucedió y sigue sucediendo en el teatro-teatro: primeros actores de la Compañía que simultanean su protagonización con su responsabilidad total en el montaje y desarrollo de cada obra. Ellos, sí, seleccionan los actores que han de darles réplica, eligen las escenografías y los accesorios, calibran las luces y las sombras, determinan los efectos del sonido y los matices de las voces y de los gestos, abocetan el vestuario y dan el visto bueno al equilibrio del conjunto. Diríase que estos formidables directores de escena inclusive llegan a comprometerse con los argumentos, para sacar de su desarrollo escénico los mejores efectos, que son los que consiguen hacerse inolvidables en el recuerdo de los espectadores, y que, llegado el caso, no dudan en adelantarse hasta las candilejas luminosas, y a telón echado, para explicar «al respetable auditorio» no el argumento, lo cual sería insensato y muy pernicioso para la taquilla, pero sí determinados modos atinentes a cómo debe ser presenciada la función para que nada de ella contribuya a confusión o engaño. Y llegado este caso, los directores de escena y protagonistas, ya tendrán dispuestos las melodías o los ritmos que servirán de contrapunto al tejemaneje de la acción.

1. El rey vagabundo que conquistó Madrid

El rey don Alfonso VI, hijo segundo, y el preferido, de
don Fernando I, reinó entre los años 1065 y 1109. Y fue el
primero de los directores de escena que ha tenido Madrid y
de los más afortunados. En el reparto que hizo de sus reinos
don Fernando I «el Grande», entre sus hijos, al primogénito
don Sancho le correspondió Castilla, a don Alfonso, León, a
don García, Galicia, a doña Urraca, Zamora. En un abrir y
cerrar de ojos, don Sancho II «el Fuerte» les sopló sus reinos s
sus hermanos, luego de haberlos vencido en sendas batallas.
Don García se refugió en Sevilla y don Alfonso en Toledo.
Este fue recibido casi fraternalmente por Al-Mamún, en
cuya corte, desleal, insidioso, tomó buenas notas que años
adelante le servirían para conquistar la ciudad del Tajo con
relativa facilidad.

Muerto don Sancho ante los muros de Zamora, ciudad
que sitiaba, por la saeta alavesa de Vellido Dolfos, jefe de
armas de doña Urraca, la cual siempre tuvo desmedido
afecto por su hermano don Alfonso (hasta el punto de ser
acusados de incesto), este monarca regresó a León y lo unió
al reino de Castilla. Hasta que consiguió hacerse *el amo* de
los reinos occidentales de Hispania —pues a su vez desposeyó
del de Galicia a su hermano don García, perdido a dos
bandas, a quien encarceló— don Alfonso VI fue, ¿para qué
andarse con paliativos? un caballero poco caballero y un
sujeto indeseable. Logró inclusive engañar al muy ladino y
enfático *condottiero* Rui Díaz de Vivar, «el Cid», jurándole
en falso, en Santa Gadea, que él no tomara arte ni parte en el
asesinato de don Sancho II, de quien el Cid fue poderoso
aliado. Don Alfonso coleccionó mancebas y tuvo cinco
esposas y las cinco extranjeras: Inés de Aquitania, Constanza
de Borgoña, Berta de Tuscia, la mora Zaida —bautizada con
el nombre de Isabel— (y madre de su único hijo varón, el
infortunado infantillo don Sancho, muerto en 1108 en el

descalabro de Uclés) y doña Beatriz. ¡Vaya con don Alfonso VI! Ya he dicho que, a puras conveniencias, se arrepintió de sus muchos pecados y sentó plaza de persona inteligente protagonista de nobles acciones.

En 1083 Don Alfonso VI reconquistó Madrid, e invitó a los vecinos musulmanes para que dejaran libres La Almudena y La Medina y se trasladasen al cerro de enfrente, al otro lado del Vallejo de San Pedro (calle de *Segovia*), para que fundasen La Morería, y para que los cristianos, que ya no eran «perros», pues que los perros eran los árabes, habitasen en el cerro que habían habitado éstos; los cuales, por cierto, tampoco eran ya musulmanes, sino mudéjares.

A los pocos días de la conquista de Madrid, el 9 de noviembre de 1083, se obró un presunto milagro: se desmoronó un cubo de la Almudena y en un hueco de él apareció una imagen de Santa María escondida por los cristianos dos siglos y medio antes, para evitar fuera profanada por las huestes árabes invasoras. Don Alfonso, aprovechando *la coyuntura* —como ahora se dice— que favorecía su crédito de Monarca arrepentido, mandó erigir una pequeña iglesia, la primera parroquia que tuvo Madrid, en la que entronizar la imagen milagrosamente desnichada. Segundo mandato del Monarca: que las mezquitas diseminadas en La Medina quedaran bautizadas a lo cristiano y convertidas en las otras nueve parroquias de la decena. Tercer mandato: que las más ricas mansiones árabes se repartieran entre sus nobles caballeros, fundadores así de los primeros linajes matritenses. Cuarto mandato: que se otorgaran privilegios al flamante monasterios extramuros de San Martín, con miras a que sus monjes repoblasen su amplio término. Quinto mandato: que se elevase a oriente una puerta principal: la de *Gualaxara,* para que sobre su cornisa ático ondease permanentemente su bandera victoriosa. Sexto mandato: que se limpiasen sus principales calles, cubiertas de inmundicias ya anejas. Séptimo mandato: que fueran abiertas nuevas puertas en las ciclópeas murallas, para con ello hacer posible la expansión del caserío. Octavo mandato: que los «bastardos musulmanes» permaneciesen en *La Morería,* sin pasar a tierra cristiana, ni codearse con los «experros cristianos», a los cuales podían infeccionar de sus doctrinas malignas y sensuales.

Total, que don Alfonso VI, como director de escena que baja al patio de butacas para mejor contemplar la perspectiva de la esceneografía y de la luminotecnia, aplaciose de cómo había transformado Madrid en tan poco tiempo, y que ya la dejaba por Villa de la Monarquía castellana, bien munida de defensas y apta para servir de residencia circunstancial a los Reyes ambulantes, obligados a guerrear de la Ceca a la Meca. Don Alfonso VI murió casi de ochenta años, dejando por sucesora de sus reinos a su hija Doña Urraca. Y Madrid ha dedicado a su memoria una calleja, precisamente en La Morería.

2. El buen Rey que fue emperador de «boquilla»

Segundo director de escena: Don Alfonso VII, llamado el «Emperador de León», hijo de la Reina propietaria Doña Urraca, a su vez hija ésta de Don Alfonso VI, y del conde don Raimundo de Borgoña. Nació —1105— en Galicia; empezó a reinar en 1126 y murió —1157— en Fresneda. Como su abuelo, este Don Alfonso VII tuvo una muy gran afición a las mujeres. Tuvo dos esposas: Doña Berenguela —que le obsequió con cuatro hijos y dos hijas— y Doña Rica —que le obsequió con chico y chica—; pero también tuvo dos amantes muy conocidas: la dama asturiana doña Guntruda —que le dió una hija, Urraca— y Doña Sancha Fernández de Castro —de la que le quedó una hembra, Estefanía—. Buen padre tanto de los legítimos como de los bastardos, Don Alfonso VII dejó *bien colocados* a unos y a otros, exceptuados, por supuesto, los muertos aún niños. Pero aquí acaba la *cosa amatoria* que pudiéramos calificar como de *oficial*. Pero nos quedan sospechas muy fundadas de que la *cosa amatoria* «del Emperador» se alargó y complicó bastante más.

Y sin embargo, Don Alfonso VII, luego de ocuparse muy expeditivo del mantenimiento del orden en su Reino y de meter en cintura a sus adversarios, los Monarcas de Aragón y Navarra, y a la condesa de Portugal, Doña Teresa, le quedó tiempo para preocuparse por el bienestar de sus súbditos, ciudades y poblados. Y, claro está, en el reparto de sus mercedes algunas le correspondieron a Madrid.

La primera: remediarle por completo de los catastróficos efectos, cicatrices que le dejó la rápida pero brutal visita de Yusuf-ben-Taxlin. La segunda: reexpedir a La Morería a los moros que se habían introducido en el recinto cristiano so pretexto de comerciar y otorgar préstamos. La tercera y más importante: el privilegio —otorgado en Toledo, año 1152— por el cual se daba al Concejo de Madrid carta de donación «de los montes y linderos que son y están entre la Villa de Madrid y Segovia, particular y señaladamente desde el Puerto del Berrueco y aparte el término entre Segovia y Avila, hasta el Puerto de Lozoya, con todos sus intermedios y montes y simas y valles, así de la manera que corre el agua y desciende de la cumbre de los montes hacia dicha Villa y hasta la dicha Villa de Madrid». Apostillando categórico el Monarca, que dicha enorme donación la hacía a Madrid «por el beneficio y servicio que le prestó esta Villa en las tierras de moros y *por la fidelidad* (subrayo por mi cuenta y no por la de Don Alfonso) que siempre encontró en los vecinos de Madrid».

A poco que mediten mis lectores comprenderán que el Monarca había regalado a Madrid... la mitad norte de la provincia de Madrid, trazada la línea ecuatorial entre Robledo de Chavela y Alcalá de Henares. ¡Sabrosísimo bocado! ¡Sensacional panorámica en tecnicolor, preparada para servir de escenario a sucesos mil y de lugar de acción a miles de actores, todos ellos muy puestos en la parte alta del reparto de la función, concediéndoselos así su rango decisivo!

3. Donde se cuenta acerca del fuero y del huevo de Madrid

Tercer director de escena e intérprete genial de algunos episodios: Don Alfonso VIII, «el de Las Navas», Rey de Castilla, hijo de Don Sancho III y Doña Blanca de Navarra, nacio en 1156, empezó a reinar en 1158 (bajo tutela) y murió en la aldea de Gutierre-Muñoz el lunes 6 de enero de 1214. Huérfano de padre y madre desde los dos años, fue educado por miembros del linaje de los Castros en odio hacia los miembros del linaje de los Laras. Pero con su genio muy bien puesto en ese sitio donde están los atributos de que presumen los muy machos, apenas llegó a los catorce años se coronó Rey por sus propias manos, se sacudió «las moscas Castros», sin dejar que se le aproximaran «las moscas Laras», y por su cuenta y riesgo se dedicó a recobrar las tierras que le habían robado aragoneses, navarros y leoneses. Contrajo matrimonio con Doña Leonor de Inglaterra en 1170, con la que tuvo su primera hija, Doña Berenguela «La Grande», unificadora de Castilla y León; y ya, a lo grande, se especializó en romperse lanzas y espadones contra cuantos cristianos y mahometanos le salieron al paso de sus ambiciones.

Madrid le cayó en gracia a Don Alfonso VIII, quien otorgó a la Villa, en 1202, algo así como el premio gordo de la Lotería de Navidad: un *Fuero* propio, documento transcendental para la organización, régimen y vida peculiar del lugar y sus términos, desentendiéndose por este Fuero de los mandatos «al por mayor» de otro Fueros generales como inundaban el Reino, sin que ninguno de ellos pasara de ser como la purga de Benito. El Fuero de Madrid se conserva en relativo buen estado, con su códice original en pergamino, y

ALFONSO XI FUNDA EL AYUNTAMIENTO DE MADRID
La escena resulta solemne y curiosa. 1346. El rey don Alfonso XI,
sin excesiva ceremonia y sin excesiva asistencia de regidores,
proclama —sin énfasis— la fundación del Ayuntamiento de la
futura capital de España. Lee el acta fundacional el que será
«primer alcalde» de la Villa. No parece «reinar el júbilo» entre los
«primeros concejales». Lo único cierto es que, después de seis siglos
largos de funcionamiento municipal, Madrid aún no sabe si estar
o no agradecido a don Alfonso XI.

suma veintiseis hojas útiles, sin foliación. Por este códice-
fuero nos enteramos de cosas matritenses de mucho interés:
que la Villa era regida por jueces y alcaldes; que ya funcionaban sus diez parroquias; que ya tenía en torno suyo
algunas aldeas: Balecas, Belemeco, Húmera, Sumasaguas,
Rivas y Valnegral; una gran puerta a oriente: la de Guadalaxara; un castillo; calles, portillos, *alcantariella* de San
Pedro (llevadora de la porquería de la Villa hasta las aguas
del Manzanares, calle de Segovia abajo); limpio el intenso
bosque a las dos orillas del río; plazas o azoches; molinos,
carrascales; el canal de Rivas y el arroyo de *Tocha* (Atocha);
y mucha caza mayor y menor al otro lado del Manzanares.
Entre dicha fauna ya empezaba a sobresalir el famoso oso
pardo de El Pardo, grandote, pesadote, que se emborra-

chaba a menudo atracándose de madroño, y dándole entonces por bailar y mantenerse rampante sin necesidad de pandero animador.

Me importa mucho que mis lectores reflexionen no sólo en la ampliación terrenal de Madrid, sino más aún, en cómo se iba nutriendo con detalles y pormenores muy atractivos para la escenografía total, cuyo lejano telón de fondo era *nada menos* que el fascinador Guadarrama. El Fuero de Madrid atrajo sobre la Villa un mundillo de intereses, de pasiones, de profesiones, de personajes de las más diversas cataduras y condición. No diremos que entonces, en ella devareaba la plata, pero sí que eran corrientes y molientes los maravedises, sueldos, dineros, cuartos, octavas y miajas, y los *alfonsíes,* sin duda, aún cuando el texto no los mencione. El «castiello», el corare, la ya dicha *alcantarilla* de San Pedro —en la que no se podía lavar la ropa sucia ni arrojar las tripas de los animales sacrificados, bajo la pena de una octava de maravedí— el Palacio, las tabernas, los templos, los portillos, las casas humildes y los casones pretenciosos formaban un abigarrado conjunto. En Madrid moró Don Alfonso muchas veces, pero siempre de paso; en una de estas pasadas hubo de detenerse lo suficiente para que la Reina Doña Leonor diera a luz uno de los doce hijos que tuvo el fogoso Don Alfonso, tan ardiente en la guerra como en el lecho conyugal. Y siento mucho tener que afirmar que a Don Alfonso VIII, cuando al frente de un numeroso ejército —de leoneses, castellanos, navarros y aragoneses— iba contra la morisma cerca de las Navas de Tolosa —1212—, no se acercó ningún misterioso pastor, hirsuto y con voz profética, para señalarle el camino que había de tomar para salir triunfante de aquélla magna empresa. En fin, todavía cabe aceptar que fuera el tal un pastor cualquiera buen conocedor de aquellas tierras, pero en modo alguno que se llamase Isidro, que hubiera nacido en Madrid y que llevara camino de Santo. Las cosas, claras.

4. Reina, esposa, madre, abuela... como entran pocas en Libra, y su nieto, también impar entre los Reyes

Cuarto director de escena y también admirable intérprete: Don Alfonso XI, Rey de Castilla y León, hijo de Don Fernando IV «El Emplazado» y Doña Constanza de Portugal. Nacido —1311— en Salamanca y muerto —1350— ante la plaza de Gibraltar. Pero como hasta 1325 no alcanzó la mayoría de edad, fue tutelado con amor, con talento, con clarividencia, por su abuela Doña María de Molina. (Sería injusto no recordar que durante la Regencia de esta admirable mujer y Reina, en el año 1309, Madrid prestó escenario adecuado para que en él, por vez primera en la Villa, se celebraran las Cortes del Reino. ¿Motivo de esta apresurada reunión? Declarar guerra sin cuartel al Rey moro de Granada que se había salido de cauce y pretendía inundar tierras cristianas.)

No nos importa, en relación con la historia de Madrid, las campañas bélicas afortunadas de Don Alfonso XI, ni las desafortunadas, que de todo hubo en la viña... española; ni sus amoríos y amores extraconyugales, que fueron frecuentes y no pocas veces tumultuosos, como en el caso de su terca y espléndida pasión por doña Leonor de Guzmán, que según cuentan crónicas y leyendas fue esa *mujer a la medida* que hace andar de cabeza al hombre que se la encuentra. Pero sí, y mucho, recordar que fue Don Alfonso XI monarca que vivió varias largas temporadas en Madrid, y que le preparó convenientemente para que sirviera de escenario a dos funciones a cual más interesante y transcendental. La primera, con más de drama que de comedia o farsa, fue la argumentada por las Cortes del Reino, y cuyo éxito fue tal que si el estreno se verificó en 1329, hubo que dar una segunda representación en 1335. ¿Dónde fueron puestas en escena tales funciones? Se supone que en un caserón levantado sobre el solar que hoy ocupan las Descalzas Reales. Pero también se sospecha fuera el corillo de la parroquia de El Salvador. Y una tercera insinuación: que en el coro del templo de San Martín.

La segunda de las funciones nació de una Cédula Real de 1346, por la que el Rey creaba... (¡ahí va *eso*!) el Ayuntamiento de Madrid. ¿Es que Madrid, hasta 1346 no había disfrutado o renegado de autoridades municipales? Sí, por cierto. Más unas autoridades modestitas, incompetentitas (como tantas veces otras posteriores en años, en siglos) y con muy escasa fuerza para obligar a los vecinos jaques. Eran las que formaban el *Concejo de hombres buenos*, integrado por seis nobles de segunda o tercera fila, y seis pecheros de primera, quienes nombraban al llamado *Señor de Madrid,* cabeza de la administración y de la justicia en las sesiones públicas semanales. Este Concejo se renovaba cada año. Pues bien, Don Alfonso XI constituyó un auténtico y legítimo Ayuntamiento compuesto por doce regidores y los llamados oficios: alférez mayor o guía del Concejo; alcalde de la Mesta; alcalde de la Santa Hermandad; alguacil mayor de la cárcel; dos fieles de vara; seis caballeros de montes; el mayordomo de propios; el escribano secretario del Concejo; el vocero abogado, procurador y guardasellos. Cada año, el 8 de septiembre, eran reelegidos los oficios de alcaldes, alguacil mayor y fieles de vara. Cada año, el 29 de septiembre, eran reelegidos los oficios restantes. El Concejo había de reunirse dos veces por semana: lunes y viernes. Las reuniones se celebraban en «la claustra del Salvador», según unos eruditos, y según otros (que entre eruditos está prohibida la unanimidad de criterio) en alguna mansión propia en la hoy *Plaza de la Villa.*

Pero acuerdo tan interesante como el de Don Alfonso XI, bien merece que copiemos alguna parte de su real cédula: «Porque ffallamos que es nuestro seruicio que aya en la Villa de Madrit omes buenos dende que ayan poder para ver los ffechos de la Villa e otrossy para ffacer e ordenar todas las cosas quel Concejo ffaria e ordinaria estando Ayuntados, porque en los Conjejos vienen omes a poner discordia e estorbo en las cosas que deben ffacer e ordenar por nuestro sseruicio por común de dicha Villa e de ssu término. Et por esto tenemos por fien de ffiar todos los ffechos del Concejo destos que aquí serán dichos... (siguen los nombres de los doce regidores: Nuño Sánchez, Diego Meléndez, Diego Pérez, Fernán Ruiz, Lope Fernández Arias, sobrino de Fernán Rodríguez; Juan, hijo de Domingo Pérez; Juan Estévanez, Vicente Pérez de Alcalá, Pascual Perez, Ruy González y García Sánchez). Equestos con los Alcalldes e alguazil de la Villa e un escriuano que con ellos se ayunte do es costumbre de ffacer Concejo dos dias cada semana, que serán el uno el lunes e el otro el viernes, que vean los ffechos del Concejo de dicha Villa, e que acuerden todas aquellas cosas que entendieran es más nuestro sseruicio e pro e guarda de la dicha Villa e de todos los pobladores della e de ssu término».

También ordenó Don Alfonso XI —1339— que, a más del Fuero de 1202, tuviera vigencia en la Villa el Fuero Real, de mejor idea jurídica. Pero aún hizo este Monarca algo por Madrid de la más positiva significación: por una provisión de 1346 otorgó licencia al Concejo de la Villa para establecer en esta una *Escuela de Gramática* (sí, algo así como el primer Instituto Oficial de Primera y Segunda Enseñanza que tuvo la futura capital de España) y advirtiéndole que debía señalar pensión para su maestro. Y como añadidura substanciosa: los privilegios, ordenamientos, provisiones, cédulas y cartas concernientes a las necesidades y a los intereses de Madrid, dados por Don Alfonso XI, puede irse contando casi año por año de los de su reinado.

5. El Rey del amor constante y de la tisis galopante

Quinto director de escena, e intérprete con «papel» breve pero substancioso, fue Don Enrique III «El Doliente». Bien calificado, o diagnosticado, pues su breve existencia fue una sucesión de dolencias, malestares, inquietudes nerviosas, disneas y otras chinchorrerías de las que dejan el cuerpo y el alma hechos papilla. Aún cuando bien pudo ser la suya una enfermedad única: la romántica tuberculosis, uno de cuyos síntomas más seguros es la sed insaciable de placeres venusinos de quien la padece. Hijo de Don Juan I y Doña Leonor de Aragón, nació —1379— en Burgos y murió —1406— en Toledo. Su primera esposa se la adjudicaron cuando el Rey acababa de cumplir los nueve años; se trataba de Doña Catalina de Lancaster. Por supuesto, fue matrimonio no consumado sino algunos años después. Tenemos la impresión de que ya en mayoría de edad, don Enrique *no cató* demasiadas veces, y las pocas por puro compromiso y con velocidad de gallo corralero, a su regia esposa. Enseguida se lanzó a gustar de los frutos del cercado ajeno, en cuya cata y peligro están los mejores alicientes del gusto. Pero su más grande y duradero amor, su mujer *a la medida,* encontrada a destiempo y sin la menor complacencia de la Santa Iglesia Católica, fue Doña María de Castilla, esposa del cornudo contento y sabio Don Enrique de Vilena; cuyo marquesado huele a un postizo que atufa.

Acaso para ocultar estos pecaminosos amores —de los que la Villa era conocedora y hasta *notaria*— don Enrique mandó construir un palacete «de ensueño» en el desde entonces Real Sitio de El Pardo. Por lo cual, este *buen retiro,* siglos antes que el otro, con mayúsculas: *Buen Retiro,* se convirtió en la auténtica Corte de Castilla y León. Pues no debe olvidarse que don Enrique vivió en Madrid veinte años, de los veintisiete que vivió. Y se preocupó de reedificar suntuosamente el Alcázar por dentro y sus torres por fuera. Reunió frecuentemente en Madrid las Cortes del Reino, en el templo de San Martín. En Madrid contrajo matrimonio. En Madrid se amancebó cuantas veces se lo pidió el cuerpo rebozado y fluido en libídine. En Madrid, 1391, expidió una Real Cédula por la que se reintegraba la Villa a la Corona de Castilla, sin posibilidad de que fuera de nuevo enaje·ada, florón de los más ricos y amado por él de su Cor· na.

Don Enrique III amplió el escenario matritense, hacia el norte, en casi dos leguas. Y fundó como *el primer teatro de cámara y ensayo* —por lo pequeño y exquisito— que tuvo Madrid; teatro en el que durante los siglos sucesivos iban a ser representados dramas y comedias, farsas y sainetes, gran guiñol y hasta modelos del arte de birlibirloque...

6. Tanto monta, monta tanto, Isabel como Fernando

Y llegan ahora, para serles presentados a ustedes, mis lectores, los sextos directores de escena, pues fueron dos: ella y él, Isabel y Fernando, la castellana y el aragonés, quienes también actuaron de protagonistas en varias de las funciones y merecieron las ovaciones *de gala,* que son las más apetecidas por los intérpretes geniales en el mundo del teatro. En efecto, tanto como directores de escena, como protagonistas de las obras, Isabel y Fernando consiguieron que el telón se alzara quince, veinte veces en su honor, no ya sólo al fin de la función, sino luego de cada acto de ésta. ¡Oh, los Reyes Católicos, hacedores de la unidad española, que gran pareja para la vida y para la escena! Ella, doña Isabel, hija de don Juan II y doña Isabel de Portugal, nacida (dicen que en Madrigal de las Altas Torres, ¿por qué no hemos de creerlo?) en 1451, que empezó a reinar en 1474 y murió en 1504, en el castillo de La Mota de Medina. El, don Fernando, hijo de don Juan II de Aragón y doña Juana Enríquez, nacido en Sos en 1452, que empezó a reinar en 1474 y murió en Madrigalejo, en 1516.

Me apresuro a decir que los Reyes Católicos, en un principio, no *le cayeron* simpáticos, sino todo lo contrario a Madrid. Cierto que Madrid, con frecuencia suele ser chirigotero y jaranero. Pero cuando le llega el momento —y, ¡ay!, cada día de cada año de cada siglo le suele llegar con más frecuencia y con menos ganas de jolgorio— sabe ponerse serio y tomar las cosas en sus justas dimensión y valoración. Digamos algunas de las causas que motivaron la «preventiva antipatía» con que Madrid recibió la entronización de los Reyes Católicos.

A Madrid le desagradó profundamente el modo y la ocasión y la confusión con que los Reyes Católicos se declararon Reyes de Castilla y León. Porque Madrid sintió dilección tanto por el Rey Don Enrique IV como por su hija, en Madrid nacida, Doña Juana, con quien se cebó la calumnia y la desdicha, y a quien siempre tuvo la Villa por la natural señora de aquellos reinos. Permanente e incorregible Madrid desfacedor de entuertos, entuerto gordo creyó adivinar en el decisivo acto de los Reyes Católicos, sintió ofendida su dignidad por *el cisco* que encendieron en su tierra los partidarios rapaces de la católica doña Isabel y del Católico —pero mucho menos— don Fernando; y por que estos Monarcas crearan oficialmente el Santo Oficio, como procedimiento contundente para acallar por lo trágico las discrepancias de conciencia; porque iniciaron una tenaz persecución contra los judíos, muchos de los cuales, por su ascendencia de siglos, eran castellanos y leoneses, y aragoneses y catalanes, etc., etc., eran mucho más netamente hispanos que los propios Reyes Católicos, en cuyas ascendencias había mucha mezcla extranjera.

Para demostrarles su airada protesta y su preliminar

antipatía, Madrid, muerto don Enrique IV, levantó armas y esforzados pechos contra la muy católica doña Isabel y el muy tibiamente católico don Fernando. En el Alcázar se hizo fuerte el marqués de Villena, uno de los defensores más fieles de doña Juana, refugiada por entonces, timoratilla, como dulce y suave que era, «en un quarto, en el Convento de San Francisco que caía sobre la portería vieja, con dos enrrejadas a la Iglesia y otra bentana a la capilla de San Onofre», según nos cuenta el probo cronista León Pinelo. Los que levantaban banderas por «La Beltraneja» creyeron imponerse por el miedo. Sino que al pueblo madrileño, como todas las masas incultas veletas, le dió por cambiar de parecer, y creyendo que a la postre se impondrían los Reyes Católicos... a quien podrían *pasar factura* de su cambio de opinión, se echó a la calle banderizando por doña Isabel y don Fernando. Este cambio de opinión popular motivó tumultos y jollines en calles y plazas. Entre los bravos defensores de la hermana de don Enrique IV se distinguieron don Francisco y don Pedro Díez Rivadeneira, sustentadores de la fortaleza de Chinchón, llegando a la Villa con huestes armadas a lo campesino: hoces, guadañas, puñales, navajas, tridentes de aventar la paja, estacas de afiladas puntas... Los principales caballeros de doña Isabel, en la futura Corte de las Españas, don Pedro Núñez de Toledo, don Pedro Arias y don Pedro de Ayala, recibieron desde Valladolid facultades extraordinarias, respeto a la gobernación de la Villa de Madrid en lo referente a limpiarla de rebeldes, y al modo de nombre —como pudiera hacerlo la misma Reina— dos regidores alcaldes y otros oficios del Concejo. Libres ya de los cuidados en que le había puesto Castilla y Portugal, y como supieran que Madrid estaba ya por ellos, se vinieron los Monarcas de Toledo a Madrid y aquí permanecieron varios días. Bien aprovecha esta regia vecindad el Concejo madrileño; para aminorar, en parte al menos, los daños que muros adentro habían ocasionado las luchas y banedorias acordaron sus AA.RR. liberar a los moradores de los impuestos y derramas, los cuales serían pagados por los bienes propios del mencionado Concejo. Acuerdo que se llevó a efecto con tanta rapidez como gozo tanto. Y como se promovieran nuevos pleitos con el Concejo de Segovia sobre la posesión del Manzanares, los Reyes Católicos, desde el campamento de Santa Fe, y durante el cerco de Granada, encomendaron al licenciado Francisco de Vargas el averiguamiento del derecho de ambas partes, y una vez conocido éste, la Chacillería de Valladolid falló a favor de Madrid, para que ninguna traba ni ningún impedimento se le pusiera en el disfrute de los pastos, leñas, aguas y caminos. Madrid, además, había de ser escenario de uno de los actos más conmovedores de la época: la majestad, el poder y la humanidad de la Corona iban a administrar justicia, por sí mismos, en el Alcázar de Madrid. Y en sus *Quinquagenas de los generosos e ilustres varones e no menos famosos Reyes, príncipes, duques, marqueses y conde e caballeros e persomás nobles de España*, que escribió el cronista Gonzalo Fernández de Oviedo: «...Acuérdome verla (a doña Isabel) en aquel Alcázar de Madrid, con el Católico Rey don Fernando V de tal nombre, su marido, sentados públicamente en tribunal todos los viernes, dando audiencia a chicos e grandes, quantos querían pedir justicia». En efecto, los desvalidos, los que habían sed de justicia, los airados por ella, los humillados por los poderosos, los olvidados de la fortuna podían llegar hasta los Reyes, hablarles, pedirles consolación o propiciamiento.

Por entonces don Fernando convocó en la Villa de Madrid a los procuradores del Reino, para demandarles la necesidad inaplazable de sostener la Santa Hermandad contra criminales, ladrones y demás indeseables en la convivencia social. Corresponde a este mismo tiempo otro de los más singulares favores que la Villa recibió de la munificencia de los Reyes: la fundación del grandioso Hospital puesto bajo la advocación de Nuestra Señora del Buen Suceso. Uno de los momentos más patéticos de las cada vez más prietas relaciones entre los Reyes y Madrid, fue aquel en que aquellos dirigieron al Concejo de éste una Cédula participándole de la muerte de la serenísima señora Reina de Portugal, doña Isabel, «su fija», y la necesidad de que Madrid enviara sus procuradores a Ocaña para jurar por el heredero del trono al príncipe don Miguel, «su fijo, nuestro nieto». Pero las lágrimas habían de tener su sequía, o cuando menos su tregua. Y con motivo de la fundación del Hospital de la Concepción —1499— por doña Beatriz Galindo, *La Latina,* maestra que fue de doña Isabel I, y por su esposo don Francisco Ramírez de Madrid, maestro artillero y adalid lealísimo de los Monarcas, se celebraron fiestas de mucho regocijo y se recibieron mercedes y privilegios, no sólo reales, sino también papales, ya que el español Alejando Borja, usufructuador de la tienda envió a manos llenas las *indulgencias,* cuyos efectos se notan en la tierra bastante menos que el de los privilegios, pues éstos tienen materia tangible, gozable e inclusive fuente de riquezas tanto muebles como semovientes e inmuebles.

Y en el año 1503 la princesa doña Juana y su esposo don Felipe entraron en la Villa «con la pompa y el festejo que se dejó entender, y para que fiesta fuera más célebre se dió licencia para que se sacasen sayos de seda, los que por su calidad podían traer de ella los jubones, y que se vistiesen de color los que quisiesen». Leída la anterior noticia es fácil comprender con cuán poquito se festejaban los madrileños de entonces; sobre todo con la parte del festejo que comprendía a quienes se hubiesen puesto de color. Por lo visto ni había quien concediese más ni quien se gozase con menos. ¡Delicados tiempos aquellos de los Católicos Reyes, quienes se preocuparon mucho de cultivar la sencillez y la conformidad entre sus muy amados súbditos!

7. Donde se planta ante nosotros el Rey que consagró a Madrid con bula a perpetuidad

En efecto, don Felipe II creyó de buena fe que hacía a Madrid, por medio de una Bula —que aún *no ha sido habida*— el favor inmenso, el inmenso honor de la capitalidad de España. Y lo que nos hizo a los madrileños, al menos a muchos de los madrileños fervorosos de hoy, fue la *pascua*, y no de Pentecostés, pues que la Bula a perpetuidad no nos ha proporcionado sino disgustos, ingratitudes, envidiejas, humillaciones, decepciones, indigencia de medios a favor de los no madrileños, por aquello de que Madrid es crisol de las Españas y otras zarandajas idiotas por el estilo. ¡Con lo bien que hubiera estado la capital en ciudades de rango más remoto, de condiciones geográficas más propicias: Sevilla, Valencia, Barcelona...!

Bien, dejemos de quejicosearnos, y vayamos al grano. La intención, inclusive indirecta y sin él darse cuenta perfecta de los que *nos molía,* fue buena. Perdonémosle de corazón y que Dios le tenga en su gloria.

Don Felipe II fue el séptimo director de escena en el universal teatro madrileño y un intérprete *monolegueador* de cuantas peripecias se montaron sobre los escenarios de Madrid. Hijo de don Carlos I y doña Isabel de Portugal, nació —21 de mayo de 1527— en Valladolid y murió —13 de septiembre de 1598— en San Lorenzo de El Escorial, dentro de su monumental y patético monasterio de monjes jerónimos. Empezó a reinar como Monarca absoluto en 1558. Cuarenta años de reinado, de director de escena no sólo de Madrid, sino de todo el colosal Imperio Hispánico. No podemos poner peros a mi afirmación, y que se me perdone la inmodestia, que don Felipe II fue uno de los cuatro grandes escenógrafos que forjaron un Madrid inmortal. Los otros tres: Lope de Vega, Velázquez y Goya.

La resolución de don Felipe II, como todas las suyas, fue

manifiesta más con hechos que con palabras; hechos sin posible apelación, soberanos. Si la elección de residencia, si la calidad y la intensidad del lugar elegido, si toda la grandiosa sencillez de su traslado (me refiero a la capitalidad) reflejan el genial intento del hijo del César, Carlos I, una enseñanza más emotiva aún los la proporcionan la disposición social, el claro y entrañable regocijo del Madrid de entonces, que, por supuesto, ni presentía lo que se le venía encima: un mundo que le convertiría para siempre en infortunado Atlas condenado a constantes sacrificios y a muy pocas consecuciones a su favor. No abundan los documentos referentes a esta trascendental función de la vida española. Realmente ¿no se extendieron por el Rey cédulas o provisiones referentes al ordenamiento de aquella estabilización capitalina, en país en que la capitalidad era tan ambulante como la existencia de los Monarcas, hoy en Toledo, en Sevilla, mañana en Burgos, en Valladolid, en Segovia...? Los más ilustres investigadores no se ponen siquiera de acuerdo respecto al año en que la estabilización tuvo efectividad. ¿1560? ¿1563? ¿1561? Fue el cronista León Pinelo quien primero defendió esta última fecha hoy aceptada unánimemente. Otros cronistas, Lope Deza y Juan de Xerez escribieron: «Pues cuando vió subir su monarquía a esta cumbre de grandeza, y las incomodidades y dificultades de la mudanza de corte, aviéndola traido de Valladolid a Toledo, la mandó para no mudalla el más a la Villa de Madrid, en confianza de las calidades que había (en Madrid) conocido». Don Carlos Cambronero, cronista oficial de Madrid, fijó en el mes de junio de 1561 la fecha de la estabilización. Durante todo el mes de mayo habían ido saliendo de Toledo los Consejos del Reino, la Chancillería, los Tribunales, las personas reales y su séquito...

Y no existiendo documento oficial —esa Bula a la que me he referido— que determinara por las claras y sin vuelta de hoja la decisión de don Felipe, los toledanos se quedaron, además de con la boca abierta, con las esperanzas de que un día inesperado regresaran a Toledo cuantos actores principales se habían ausentado de la ciudad imperial. Por su parte, los madrileños navegaban en los temores de que un día cualquiera, inopinadamente, por la *puente toledana,* dejaran el pueblo, los bosques y huertas, las cien jorobillas de la peana, de Isidro Santo, pues se decía que a don Felipe, atormentado espíritu, no acababan de agradar el delgado aire, el delgado cielo, las delgadas aguas de Madrid.

Es preciso admitir que la simple presencia del Monarca en una población, no le daba a ésta derecho a tenerse por Corte de calidad y persistencia. Ni siquiera la presencia del Sello Real. Concretando: toledanos y madrileños, personas reales y sus séquitos, Consejos y Tribunales, etc., etc., estaban por lo serio «con el alma en un hilo, por lo vulgar «con la mosca en la oreja». Y tenemos que suponer que sólo el gran protagonista de función tan sensacional y de consecuencias tan largas y tan complejas, sospechaba la posibilidad del *aquí para siempre,* y múdense sólo las opiniones de los hombres, pero no la seriedad de la Monarquía. Corría el año 1561. El noble y el financiero pensaron en un alto más en el camino hacia no se sabía dónde. El modesto burócrata, merodeador de servicios en torno a los personajazos, se espeluznaba recordando los tiempos móviles, cual pluma al viento, del César don Carlos I. Los clérigos, altos y bajos, buscábanse oficios y beneficios en dos o tres ciudades al tiempo, para no dejar de tener algunos cuando la Corte pintase mudanza, algo así como los ricos que colocan su capital en distintas bancas extranjeras cubriéndose de riesgos impresumibles.

Para los escenarios de un Madrid, ya capital de España, don Felipe II aportó algunas mejoras de interés. Y como él era espíritu católico por excelencia antes se ocupó de aquéllas mejoras que demandaban los espíritus; los conventos; y si sus bisabuelos levantaron cuatro, y su padre cinco, don

Felipe II dio pie y, en ocasiones, mano pródiga para que se levantase ¡17! Recordemos cuáles fueron: El Colegio Imperial de los Jesuítas (1560), el de monjas agustinas de La Magdalena (1560), el de los Mínimos de la Victoria (1561), el de los Redentores de la Santísima Trinidad (1562), el de los Mercedarios (1564), el de las monjas franciscanas de Los Angeles (1564), el de San Bernardino, para refugio y educación de mendigos (1570), el de Carmen calzado (1570), el de los dominicos de Santo Tomás (1583), el del Carmen Descalzo (1583), el de Carmelitas de Santa Ana (1586), el de monjas bernardas de Pinto (1588), el de agustinas de Santa Isabel (1588), el de agustinos de doña María de Aragón (1590), el de agustinos recoletos (1595), el de bernardos (1596), y de menores del Espíritu Santo (1597).

Más favores de don Felipe II para Madrid: el suntuoso Puente de Segovia, del arquitecto don Juan de Herrera; la restauración y decorado de algunos salones del Alcázar; el permiso para que fueran publicadas —1585— las primeras *Ordenanzas Municipales* de que disfrutó la Villa y que alcanzaron gran importancia para el desarrollo que pudiéramos calificar *con sentido urbano a largo plazo,* y que sumaban setenta y seis artículos comprensivos de cuantas exigencias cotidianas pudieran presentar las necesidades del vecindario: abastos, órden público, higiene, moralidad, viviendas, oficios...; y vale la pena recordar que reconociendo el sabio Rey que uno de los inconvenientes mayores que presentaba Madrid para su capitalidad era no tener un gran río (como París y Londres, y aún Lisboa), intentó, apenas se los permitían sus crecientes achaques y los incontables y complejos problemas de su enorme Monarquía, que las aguas del Jarama se unieran a las del Manzanares en la parte norte de la provincia y en términos inmediatos a la capital. También se debe a Don Felipe II la construcción de la primera cerca —no muralla— que tuvo Madrid, y que tenía estos límites: arranque en la puerta de Moros, calles de *Toledo,* de *La*

Colegiata, de *La Magdalena, Plaza de Antón Marín;* vuelta hacia el norte: hasta la calle de *Alcalá* (a la altura de la calle de *Peligros*) para bajar a la *Puerta del Sol, Postigo de San Martín, Plaza de Santo Domingo* (por lo más alto), entre las calles de *Fomento* y de *El Río,* para soldarse al ángulo noroeste del Alcázar. En esta primera cerca había varios portillos: de *La Latina,* de *Antón Martín,* de *El Sol,* de *San Martín* y de *Santo Domingo.*

8. Les presento a ustedes al inventor de la luz y del aire de aquel Madrid

¿Qué le debe Madrid al sevillano madrileñizado don Diego Velázquez, como gran director de escena, y uno de estos directores que se negó a representar a la vez personaje alguno en la función, quedándose tranquilo y modesto entre bastidores o en la chácena, tras el telón de fondo? ¡Casi nada!: el ámbito (espacio) y el ambiente (escenografía) para cada una de las obras a representar! La luz maravillosa *que se toca.* El aire maravilloso *que se ve.* El cielo, alto y delgado que es (despejado, por supuesto) como de papel de seda acuarelado en azul, un cielo que puede rasgarse con la mirada. Y *un no sé qué,* mezcla mágica de melancolía señora y de señor desprendimiento de los bienes materiales. ¡Casi nada! ¡La primera y la última razón *de ser* y *de estar* del madrileñismo como espíritu y como acción! ¡Casi nada! Con inagotable y fluida misericordia supo Velázquez ennoblecer a ojos vistas la panorámica de aquel Madrid; y convertir el hambre callada en señorío, en ternura atractiva la monstruosidad (de enanos, meninas y demás *sabandijas* de Palacio), en noble angustia los yerros del temperamento, en perenne afán de superación el amor de caridad, en testimonio seductor la suprema sencillez. ¡Casi nada!

9. Les presento a ustedes al mago poeta que transformó un Madrid población en la Corte de las mil y una noches

Y... ¿qué decir del madrileño de nacimiento, vida, pasión y muerte (25 de noviembre de 1562 y 27 de agosto de 1635), Félix Lope de Vega Carpio, fanfarroneador de linajes montañeses? Porque resulta que fue quien puso un teatro mundial efectivo sobre los escenarios de un teatro mundial simbólico. En frase tan cierta como inconmovible: Lope hizo de la vida toda, mundial y nacional (antigua, media y moderna) teatro; puro teatro; teatro, sin posible escapatoria para un tema, un aliento vital, de realismo neto, apresándolo con mano maga y rehaciéndolos, reavivándolos, sobre los escenarios. Sí... *la vida-teatro* y *el teatro-vida,* tan bien entreverados, tan bien ensamblados, que cuesta mucho trabajo reflexivo conocer cuando no es vida sino teatro, y cuando no es teatro sino vida; y no pocas veces, el aislamiento de cada uno de estos dos elementos es tan difícil como inútil, pues que donde más teatro hay es en el puro elemento vida, y donde más vida hay es en el puro elemento teatro.

El primer mérito de Lope dramaturgo es el de haber creado un teatro netamente español. Ninguno de los personajes de Lope puede ser traducido debidamente. Comprendemos la emoción que la lectura del *Quijote* o de *Don Juan* suscita en los espíritus de cualquier país y de cualquier lengua. *Don Juan, Don Quijote* son, antes que nada, humanos, y después, humanos, y humanos por último. Don Quijote puede llevar en la cabeza una bacía de barbero o el birrete flamenco de un personaje de Rembrandt. Es igual. El Quijote es un ideal; puede ser una virtud; pero ideal y virtud netamente de humnismo práctico. En ello, el hábito... no hace a Don Quijote. Don Juan puede vestir a la moda del duque de Mantua, cuando canta la «donna è mobile», o embutirse en el ropón negro y siniestro de un Rasputín. El donjuanismo es una pasión; puede ser una profesión; pero profesión y pasión rigurosamente humanas. Los personajes de Lope no son sino españoles. Quienes los aprecien sin ser españoles, lo harán por amor o por el conocimiento de que España tengan. Los más humanos, los más acusados caracteres del impar dramaturgo y poeta, en cuanto transponen la frontera, languidecen, se desdibujan. Y no es por falta de humanidad, sino por sobra de nacionalidad. El único clima en que puede vivir es el de su España. El primer mérito de Lope es, sabiéndose sólo en este fervor, haberse multiplicado para lograr por la cantidad y por la calidad un teatro español superior al de nación alguna. Muchos autores ingleses juntos —Shakespeare aparte—, y franceses, e italianos, no lograron un teatro nacional por excelencia, y sobresaliente de los demás, como uno solo en España: Lope. Y no se piense que este nacionalismo exacerbado redunda en prejuicio y en perjuicio de la intensidad. Lope es el genio de la absorción. De la absorción y de la asimilación.

Para presentar el inmenso teatro de Lope —que abarca todo: tragedia, drama, comedia de costumbres, comedia de enredo, historia extranjera y nacional, comedia novelesca, autos sacramentales, con acciones en varios siglos y naciones, desde el remoto Oriente, desde los temas bíblicos, hasta su tiempo— era preciso montar un colosal escenario en el que tuvieran cabida, en sus debidas proporciones, todas las diversísimas escenografías españolas y extranjeras, divinas y humanas. ¿Cuál fue este escenario? ¡Todo Madrid! Bien supo Lope que su Madrid era un lugarón con más ruido que nueces, debido a ser la capital del Imperio más colosal que ha habido. Pero convertir Madrid en el lugar más deslumbrante y rico del universo, fue para Lope muy fácil. Su portentosa imaginación, su desbordante lirismo lleno de felicísimas imágenes, consiguieron ser los mejores escenógrafos entre los más acreditados de cualquier país del occidente europeo. Y así, para la fama universal de Madrid, fuera de

España, Lope *inventó* y *dio verosimilitud* a una Villa de la que, por las solas referencias a las obras de Lope, se hacían lenguas en todas partes; hasta punto tal, que los más famosos viajeros que llegaban a la Villa y Corte, tan turbados estaban por las descripciones poéticas de Lope que... no veían el Madrid *real,* pequeño aún, pobretón aún, sino un Madrid asombroso como la urbe más asombrosa de cuantas se hace lengua la historia. Sí, Lope con su teatro consiguió la suprema magia de que *Madrid pareciera* la capital seductora de su Imperio fabuloso. Cierto: pintar es querer. Pero no menos cierto: poetizar con genio *es pintar la realidad.*

10. Del Rey que adoró el teatro y a las mujeres

Don Felipe IV, hijo de don Felipe III y doña Margarita de Austria, nacido —1604— en Valladolid y muerto en Madrid —1665—, que empezó a reinar *de boquilla* el 21 de marzo de 1621, y a dejarse gobernar *de verdad* desde el mismo día del mismo año por el poderoso Conde-Duque de Olivares, para terminar (luego del casi fulminante derrumbamiento del valido) haciendo del reinar y del gobernar lo que le dió su real gana, hizo en Madrid precisamente lo contrario que había hecho su coetáneo Lope de Vega: convertir el *teatro* en *vida,* así, con mayúsculas. Entre don Felipe IV y Lope se las apañaron tan ricamente para que los españoles todos, los madrileños nativos o de adopción en particular, se *hicieran un taco,* a diario, no logrando discernir cuando estaban viviendo o cuando estaban representando. Hasta punto tal Madrid se convirtió, entre 1621 y 1665, en una sensacional e ininterrumpida función teatral. Porque cada edificio, cada calle y plazuela, cada jardín recoleto, cada templo, cada paseo, *daban la impresión* de estar preparados para hacer las veces de decorado acorde con un tema en prosa o verso. Porque cada decorado teatral *imponía la sospecha* de ir a dejarse hollar por el realismo más apremiante. Entre 1621 y 1665, los vecinos y habitantes de Madrid tenían la seguridad de que cuanto hablasen en vulgar prosa, se transformaría súbito en esmerado lirismo. Y los autores tenían la convicción de que sus recitados en verso salían al escenario convertidos en prosa corriente y moliente. Tan poderosa y eficaz era esta transmutación del *teatro* en *vida* o de la *vida* en *teatro*. Precisaré más: *teatro vida,* autor: Lope de Vega. *Vida teatro,* autor: don Felipe IV.

¡Cómo se divirtieron uno y otro en trastocar las esencialidades del imaginar por las esencialidades de la existencia, y viceversa! Y es que entre 1621 y 1665, el TEATRO y la VIDA fueron uno y lo mismo. Y las gentes, estupefactas, llegaron a dar su «visto bueno» para vivir como haciendo teatro, o para hacer teatro como si estuvieran viviendo. En ninguna época le sucedieron efemérides tan curiosas —que parecían ficción para la escena— como durante el largo reinado de don Felipe IV; poeta él, dramaturgo él, obsesivamente inclinado a meterse en el maravilloso mundo de lo teatral. Muchas de sus amantes fueron cómicas; de una de ellas, Juana Calderón —¡y no María Calderón, como empecinadamente aseguran los historiadores de mayor o menor envergadura mental!— tuvo a su bastardo el segundo don Juan de Austria. En el Real Sitio del Buen Retiro quiso él hubiese un teatro de cámara, diminuto y suntuoso, en el que, cuando menos quincenalmente, se representaron obras de los autores más admirables que ha tenido nuestro teatro. (Dato para no ser olvidado: los decadentes años políticos, diplomáticos, bélicos del reinado de don Felipe IV coincidieron con la apoteosis inverosímil casi de las letras españolas, en el llamado, con justicia, Siglo de Oro.) En verdad su reinado empezó y terminó con dos desenlaces netamente teatrales: el 21 de octubre de 1621 se celebró en el escenario de la *Plaza Mayor* función pública, gratuita y dramática: don Rodrigo Calderón, marqués de Siete Iglesias, fue degollado sobre un alto y bien centrado estrado (¡sí, estrado, que a tal reo de lujo una tarima fuera ofensa!—. Esta función dramática fue muy del agrado de los cuarenta mil espectadores que asistieron a ella, quienes la comentaron vivamente y con voces altas. Detalle curioso: cuando el protagonista aún no había aparecido sobre el estrado, cuando ya había aparecido, cuando la cuchilla le rebanaba el pescuezo como a un gorrino, cuando su cuerpo desangrado yacía mal cubierto con una manta, los vendedores de romances impresos, precisamente con el tema *de la vida soberbia y muerte infamante de don Rodrigo*, no dejaron de vocearlos, como se hace en las plazas de toros con el programa completo de la corrida.

El 17 de septiembre de 1665 tuvo desenlace funesto, en función privada a la que sólo asistieron escasos invitados de honor, en un suntuoso lecho del Alcázar. Debiéndose apostillar que esta defunción tuvo *preliminares* que la hicieron aún más dramática, porque S.M., ya con los dos pies en la agonía, debió de tener alucinaciones espeluznantes, visiones terroríficas, remordimientos terribles de conciencia, ya que lanzaba ayes desgarradores, suspiros como catedrales y palabras incoherentes que le espumaban la boca. Sí, fantasmas vengadores debieron estar infernándole la agonía, sin que nada consiguieran para espantarlos ni las altas preces gorigoris de las altas jerarquías allí presentes, ni las lágrimas y quejumbrosidades desgarradas de los familiares que entornaban el lecho suntuoso bajo el palio dosel. A don Felipe IV le sacaron de la escena ciertos espíritus —malignos o benignos, que eso sólo Dios lo sabe—, nada respetuosos con los desenlaces teatrales, que piden la medida y la altisonancia de los versos más patéticos. No es exageración pensar que el pueblo de Madrid que, en los alrededores del Alcázar, esperaban el funesto desenlace de aquel monarca que lo había divertido tanto, y *de gratis*, aún tenía esperanzas de que se alzase el telón para que don Felipe, ya terminada la solemne función, se adelantase hasta las candilejas para recibir la ovación de gala por lo feliz que había sido su interpretación protagonista en obra tan sensacional.

En puridad, como don Felipe IV perdió su existencia sobresaltada y pecadora entre decorados y tramoyas de pon y quita, apenas tuvo tiempo para dejar en Madrid, capital de su aún colosal monarquía, monumentos sólidos, capaces de enfrentarse firmes con los siglos venideros. Entre los pocos que dejó, recordemos dos seglares: el actual Ministerio de Asuntos Extranjeros y el actual Ayuntamiento de Madrid. Entre los religiosos: las Comendadoras de Santiago, las benedictinas de San Plácido, las mercederías de Góngora...

11. Se fue el último Austria y ya tenemos aquí el primer borbón

Don Felipe V de Borbón, segundogénito del Gran Delfín Luis de Francia y de la princesa María Ana de Baviera, nació en Versalles el 19 de diciembre de 1683, fue proclamado rey de España el 24 de noviembre de 1700 y falleció en el Palacio del Buen Retiro, de Madrid, el 9 de julio de 1746.

En guerra durante más de doce años, por tierras de España, contra el archiduque don Carlos de Austria («el primer Carlos III», y no válido para el cómputo histórico), pretendiente al trono español, desde que hizo su entrada en la Villa y Corte el 14 de abril de 1701, puede decirse que, turnando con el archiduque, como quienes juegan *al ratón y al gato,* salieron y entraron en y de la capital varias veces. ¿Que llegaba por las Ventas del Espíritu Santo el archiduque al frente de sus huestes circunstancialmente triunfadoras? Pues don Felipe, al frente de las suyas, circunstancialmente derrotadas, se largaba por Chamartín de la Rosa o por Fuencarral, hacia Francia. ¿Que don Felipe al frente de sus tropas, circunstancialmente triunfantes, entraba en Madrid por Fuencarral o Chamartín? Pues don Carlos, al frente de

EL REY DON FELIPE V

Con él se entronizó la Casa de Borbón en España, luego de catorce
años de «luchas fratricidas» frente al pretendiente de la Casa de Austria:
el que hubiese sido —de triunfar— nuestro primer Carlos III.
Pero... triunfó don Felipe V, nieto del «Rey Sol», Luis XIV de Francia.
y que trajo a España, además de su sangre y de su estilo francés,
su amor por la cultura, por la música, por los placeres exquisitos;
su espiritualidad poco vaticana; sus ejercicios de amor rebozados
en galantería; sus afanes por ser retratado en atuendos de
una auténtica teatralidad más raciniana que molieresca. Puso su
gran voluntad en ser un excelente rey español. Y lo consiguió.

las suyas, circunstancialmente vencidas, escapaba por las
Ventas del Espíritu Santo, hacia Guadalajara. Y así una vez,
y otra. Hasta que don Felipe, el 13 de diciembre de 1710, se
instaló en Madrid, en definitiva, desfilando por las calles
madrileñas más canónicas en su historia ante un griterío
popular entusiasta, atronador repique de campanas, estalli-
dos de cohetes, callejar incansable de charangas.

Naturalmente, don Felipe V hubo de convertirse en un
gran escenógrafo. Tenía que liquidar, por derribo, el arte, la
literatura, las costumbres, el urbanismo de los Austrias.
Llegado de un París «versallesco» y ya gran urbe para la
ostentación universal, puntualizado de jardines maravillosos
y de monumentos asombrosos, el Madrid más bien modesti-
to, tirando a pobretoncillo, le desplació hasta el dengue y el
arrugue de entrecejo. Y, claro está, lo que es muy francés: se
propuso *civilizarlo*, calcándolo, en lo posible, de los mejores
grabados de escenografías parisinas. Su Versalles particular
lo creó en San Ildefonso de La Granja. En Madrid... No le
desagradó, sino todo lo contrario, que un voracísimo incendio convirtiese en cenizas el Regio Alcázar, con todos sus
maravillosos tesoros, durante la Nochebuena de 1734. Se
ahorraron los trabajos de la demolición. Sobre su solar, en la
alta peana denominadora del Campo del Moro, del Manzanares y de la Real Casa de Campo, dos reales arquitectos, el
turinés Abate Juvara —que planeó de firme, pero hidrópicamente, pues que su sueño de Real Palacio llegaba desde la
montañita del Príncipe Pío hasta San Francisco el Grande,
pasando sobre el barranco de la calle de Segovia— y Juan
Bautista Sacchetti —que recortó en más de la mitad aquellos
planeos «de águila»— levantaron el actual y hermoso Palacio
Real, con un *acento artístico* de más allá de los Pirineos.

Aún cuando habitó en su Palacio —lo menos que pudo,
pues le atraía irresistible su Versalles particular—, don
Felipe V dejó que el Buen Retiro fuera perdiendo pedazos de
su extensión, como jirones que se desgarran de un traje de

lujo, y feneciendo sus mejores tradiciones literarias y artísticas. Don Felipe V cambió radicalmente el *panorama escénico* de la capital. En la que ya no nacían sino autores dramáticos de quinta categoría, y cuyas obras se desnutrían o se malograban antes de ser estrenadas. Se acabaron las relaciones entre el Real Palacio y Talia. Ni se subían ni se bajaban telones a diario. Se imponía de nuevo la VIDA-VIDA. Pero en compensación «nos salió» don Felipe V adorador tozudo de Euterpe (Musa de la Música) y se trajo a su Corte cantantes y músicos italianos, entre ellos el director de escena y tenorino —y sospechoso de heterodoxia sexual— Carlo Broschi «Farinelli», y los compositores Cordelli, Corradini, Mele, Giovanni Sisi, Luichi Boccherini...

Encenizada y hasta aventada la escenografía austria en Madrid, don Felipe V —que jamás reinó, pues que lo hicieron por él, a turno sucesivo, sus dos esposas: la *Saboyana* y la *Farnesio*, mucho más mandona ésta que aquella— dedicó alguna atención a la Villa para irla regalando instituciones y monumentos «con aire y acento francés». Entre las primeras: las Reales Academias de la Lengua —1713— y de la Historia —1738—; el Seminario de Nobles; la Real Fábrica de Tapices de Santa Bárbara; la Biblioteca Real; el Real Gabinete de Historia Natural; el Teatro de los Caños del Peral, dedicado plenamente a la ópera italiana... Entre los segundos: el Monte de Piedad (a instancias del sacerdote don Francisco Piquer); el Puente de Toledo (obra de Pedro de Ribera); el Hospicio Nuevo (también obra de Ribera, en su templo y partes nobles los templos de San Cayetano, Montserrat (igualmente de Ribera) y la ermita de Nuestra Señora del Puerto (la obra de Ribera, y el puerto... sobre el Manzanares).

12. El buen rey y además, el mejor alcalde de Madrid

Tengo los mayores y mejores gusto y honor en presentarles a ustedes a uno de los más incansables y admirables directores de escena que ha tenido Madrid desde los tiempos en que Madrid ni sabía que le iban a llamar Madrid: don Carlos III de Borbón y Farnesio, hijo primero de don Felipe V y de su segunda esposa doña Isabel Farnesio, nacido —30 de enero de 1716— y muerto —14 de diciembre de 1788— en la Villa y Corte de todas las Españas. Y se lo acabo de presentar a ustedes valiéndome de irrefutables testimonios —y aún pensando yo, y recomendándoles a ustedes que se unan a mi pensamiento, que los tales, por tratarse de modelo tan soberano, pudieran inclinarse al suave halago de paliar los defectos físicos—: los retratos magníficos pintados por artistas de la talla de Antón Rafael Mengs —cinco o seis—, Alarcón y Goya. Más los de artistas anónimos que se conservan en las Descalzas Reales, Colección del conde de Muguiro, Museo del Ejército, Palacio Real de Riofrío, Real Palacio de Madrid. Más los bustos de escultores anónimos conservados en el Museo Provincial de Toledo y Real Monasterio de San Lorenzo de El Escorial. Más el tapiz del Real Palacio de Madrid.

Pues... Bien a la vista que don Carlos III fue criatura irremediablemente, de cabeza a pies, fea. Enteco. Acelgada la color de la piel tirante sobre los huesos prominentes. Narizotas. Boca sumida a causa de la mala dentadura, con más mellas que colador de puchero. Cabeza pequeña, de muchas prominencias, que le bailaba debajo de las pelucas mejor hechas a su medida. Sólo los ojillos enrrabiscos o zumbones daban interés a su pergeño. En fin, que bien poquito de su persona física debía don Carlos al Supremo Hacedor, a quien, por lo visto en el soberano madrileño, también le salen birrias de sus escultoras manos de vez en cuando, de cuando en vez.

También fue fea y de aspecto nada atractivo —lo testimonia el arte del susodicho pintor de Cámara Antón Rafael Mengs —su única esposa doña María Josefa Amalia de Sajonia. Pero... ¡Dios Santo y cuanto y cómo se amaron este par de feos coronados! Salieron, por mis cuentas, a hijo por año de matrimonio: María Isabel, María Josefa Antonia, otra María Isabel (para reemplazar a la primera, muerta de dos años), otra María Josefa (para sustituir a la anterior fallecida de pocos meses), María Luisa, Felipe (duque de Calabria y que salió loco de remate), Carlos (el sucesor en el trono), María Teresa, Fernando, Gabriel, María Ana, Antonio Pascual, Francisco Javier... Muerta la fea y bondadosa doña María Josefa Amalia, apenas llegaron —ella y su marido— a Madrid, para que ocupara don Carlos —1759— el trono de España, su feo esposo la guardó recuerdo y

EL REY CARLOS III

Nunca fue don Paco Goya capaz de adular ni «al lucero del Alba». ¿Cómo iba a hacerlo a favor de don Carlos III que de lucero no tenía nada? Y ahí lo tienen ustedes en vera efigie: feo, narigudo, bocaza, huesudo, con expresión de campesino ladino que mira fijamente a quien pretende gastarle un bromazo. Y sin embargo esta fealdad sin remisión era la máscara de un indudable talento político, de una humanísima comprensión para los fallos de sus súbditos de ambos mundos. Y, además, fue el mejor alcalde que Madrid ha tenido.

respeto permanentes, y fidelidad de la que jamás, en ningún reino, se estiló nunca. Ni quiso binubar, ni siquiera se le conocieron devaneos viudales con damiselas, esposas frívolas, viudas a buen consolar de su Corte; muchas de las cuales le gatearon los sentidos con arrumacos.

Llegaba don Carlos III de dejar —como rey— el Reino de Nápoles «tal que los chorros del oro»; empresa gigantesca en la que le ayudó como un atlante, decisivamente, el marqués Bernardo Tanucci. Y, naturalmente «cuando hizo su entrada —la escenografía de las calles le costó al Consejo un ojo de la cara— en la capital de su nuevo Reino, el 9 de noviembre de 1759... «se le cayó el alma a los pies», por cuanto fue atisbando bajo los afeites y colorines de la Villa. Como salió muy adolescente de su tierra natal, desde su deslumbrante Nápoles se la había imaginado bien distinta; por supuesto, en más, en muchísimo mejor, como ombligo que era de una Hispanidad aún de muy buen ver. Y la realidad le ponía delante de sus ojillos perspicaces una ciudad cochambrosilla, pobretona, un gran corral para grescas y romances de... ciegos. Y es que las bien intencionadas reformas de su hermano consanguíneo don Fernando VI no habían sido sino —¿para qué ocultar la verdad?— remiendos en hábito de lego franciscano. Remiendos, eso sí, vistosillos, pero por ello más declarados en el hábito que, por esta vez, sí hacía al monje.

Pero entre que don Carlos III era tenaz, voluntarioso, incansable director de escena y que, como en Nápoles, tuvo la suerte de encontrar excelentísimos colaboradores en sus ministros como Esquilache, el conde de Aranda, Campomanes, Floridablanca, y en artistas meritísimos como Ventura Rodríguez, Juan de Villanueva, Sabatini, Sacchetti, en pocos años consiguió que Madrid pareciera... lo más parecido a una ciudad monumental, capital de un Reino que aún contaba en la política europea de Occidente.

Entre sus obras monumentales cuentan: el actual Minis-

terio de Hacienda (Aduana al nacer), el templo de San
Francisco el Grande, el Jardín Botánico, el Hospital Gene-
ral, la Puerta de Alcalá, el Observatorio Astronómico, la
Fábrica de Platería de Martínez, el Prado de San Jerónimo
con sus bellísimas fuentes: Apolo, Cibeles, Neptuno; la Real
Fábrica de Porcelana del Buen Retiro, el Banco Nacional de
San Carlos (matriz del actual Banco de España), la Puerta de
San Vicente, el Museo del Prado, la Casa de Correos...

Y fundó las Escuelas Pías, con clases gratuitas para los
hijos de familias menesterosas; los Cinco Gremios Mayores;
los Pósitos; la Compañía de Filipinas; la Sociedad de Amigos
del País; la Real Academia de Medicina —1773—; Diputaciones de Caridad; Cátedras de Segunda Enseñanza. Abrió
el Canal del Manzanares; transformó en bellísimos y amplios
paseos los de La Florida, las Delicias, Recoletos; multiplicó
las carreteras y caminos por los que se entraba a la Corte y,
naturalmente, se salía de ella; pavimentó las principales
calles, amplió el alcantarillado y el alumbrado público; creó
el Cuerpo de serenos (y a la vez, lo que no es hoy, vigilantes
armados). Ordenó al geógrafo y topógrafo real, don Antonio
Espinosa, el levantamiento del *Plano topográfico de Madrid*
—1769—; y la terminación de la Visita y Planimetría del
casco urbano iniciados en el reinado anterior.

¿Hay quien de más en menos tiempo? Pues aún dio más
don Carlos III: alas a las ilusiones de los madrileños al crear
la Lotería Nacional en 1763.

13. El que puso la letra para los jolgorios y bailables matritenses

Don Ramón de la Cruz, que nació —1731— y murió
—1794— en Madrid, no fue precisamente un director de
escena, pero sí como un figurinista y decorador de la más
alta categoría, y uno de los más indispensables colaboradores

del gran director de escena que fue don Carlos III. Coincidieron así, por repajolera chamba, director y figurinista, típicamente populares y con la chiripa de haber colaborado siempre en obras alegres y multicolores, asainetadas en un neto localismo: el de su tierra nativa que los dos adoraron.

Los «tipos», los personajes que pululan en el vastísimo mundo teatral de don Ramón de la Cruz, fueron y los siguen siendo, los madrileños más legítimos que tuvo la Villa y Corte durante el siglo XVIII. ¡Bueno era don Ramón I (don Ramón II lo fue Mesonero Romanos, y don Ramón III lo fue Gómez de la Serna) para que pasara el fielato de su perspicacia matritense cualquier matute ajeno a la ortodoxia de la Villa! Y, claro está, nadie sino don Ramón I supo recoger, para inmortalizarlos, los tipos, las costumbres, los plantes y desplantes, el decir crudo y respingón de sus paisanos. Seres, casos y cosas al parecer insignificantes, en las que nadie había reparado antes: una charla taurina bajo la oscilante bacía denunciadora de una barbería. La riña de unas castañeras picadas en greñas y grescas. Los achares de un chulo a una barbiana. Los donaires de una maja sobre el tabladillo de un figón. Las controversias de unos abates redichos y sin casi volterianos. Las pejigueras de unos usías vejetes aspiradores de rapé. El idilio de unos petimetres con polvos hasta en los dengues y reverencias. Las argucias picarescas y rondeñas de unos chisperos capa al brazo y bicornio ladeado. Los espumarajos y gritos «puestos en el quinto cielo» de un calesero burlado. Los orgullos «en jarras» de una friegaplatos. Las incidencias y retozos de una mascarada de costanilla o en un fandango de candil.

Todos aquellos tipos, casos y cosas que don Ramón de la Cruz sorprendió el primero, le sorprendieron porque tenían «chispa», majeza, manolería, las «tres gracias» de los tres barrios más agradecidos de la Villa y Corte: Barquillo, Maravillas y Lavapiés. Don Ramón I fue el primer notario que tuvo Madrid. Y dejó sus actas tan puntuales y coloreadas que, poco después, leídas por Goya le convirtieron en su ilustrador más formidable, pues que se contagió del garbo y de la humanidad calentona con que había sido redactadas. Y le imitaron sus seguidores, Lucas y Alenza, en el dibujo coloreado de una vida pintoresca como pocas. Y tampoco se olvidó el lince don Ramón I de todos aquellos tipos y tipines que siendo madrileños hasta las cachas adoptaban postizos afrancesados.

Durante el siglo XVIII quedaron perfectamente definidos en Madrid, pues que los interesados se preocuparon mucho por definirse, quienes eran *manolos,* quienes eran *majos* y quienes eran *chisperos* (los *chulos* aparecieron en el siglo siguiente, y eran como recuelos de las tres castas anteriores). Las gentes de entonces, y las de ahora, creyeron, y creen, que los tres términos son sinónimos. Errónea y hasta insensata creencia. ¡Señor, lo que gritaban los interesados en definirse: «¡Aún hay clases!». Y las había, porque un manolo sentíase herido en lo más vivo de su honra si se le llamaba majo o chispero. Y éste, si se le confundía con un majo o un manolo. Y el majo, si de chispero o de manolo se le calificaba. Los manolos eran vecinos de Lavapiés. Los majos, los vecinos del barrio de Maravillas. Los chisperos, los vecinos del barrio del Barquillo. Diferenciábanse en los colores y cortes de sus trajes, lazos, redecillas, forma de las patillas y de los tupés y de los tufos, vocablos y voquibles, canciones y bailes, aficiones profesionales. Entre los manolos abundaban los honrados menestrales y empleados de comercio y burocracia. Los majos preferían el cultivo de las artes amatorias y de la milicia. Los chisperos eran, como hoy se dice, los vividores de las aventuras inesperadas. Con los manolos pudo escribir don Ramón de la Cruz un centenar de sainetes bailables. Pero con los manolos no se hubiese podido representar la epopeya del 2 de mayo de 1808. La sangre caliente y brava la pusieron los majos y los chisperos. Don Ramón de la Cruz fue manolo. Goya fue chispero. Luis Candelas fue majo.

EL «RASTRO» HACIA 1880

Escenario: el «canónico» —desde siempre y para siempre— de la
Ribera de Curtidores. La oferta comercial es variadísima:
lo más raro, lo más insospechado, lo más inverosímil. Pero lo más
sorprendente en este encantador grabado son esas dos señoras,
muy enseñoradas, que se pasean sosegadas y que disfrutan
de lo único que allí se da gratis: el sol.

Ahora bien, lo de convertir una casa de vecindad en la «de
Tócame Roque» estuvo al alcance cotidiano de chisperos,
majos y manolos. Porque en reñir, vociferar, salirse por
seguidillas y tonadillas, éstos, ésos y aquéllos eran unos y...
los mismos.

14. Y aquí llega un sordo cuyas voces serán eternas

Gran director de escena, protagonista, argumentista y
figurinista fue don Francisco Goya Lucientes, nacido
—1746— en Fuendetodos (Zaragoza) y muerto —1828— en
Burdeos.

Achaparrado, cabezota, abombada la frente, malhumorado casi siempre y sin casi genial. La cabeza de Goya
recuerda la de otro genial personaje: Beethoven, ¿verdad que
sí? El genio que les hinchó el cráneo y la sordera que los aisló

en un mundo propio fenomenal, les otorgó este aire de familia semidiosa. El baturro Goya, apenas puso sus pies y sus retinas oculares en la Villa y Corte, se convirtió en el definidor y en el oráculo de los madrileños. Cabe dudar entre si fue Goya quien enseguida se aflamencó en Madrid, o fue Madrid quien enseguida se hizo goyesco. ¡Qué más da! El resultado es el mismo. Fue conocerse Madrid y Goya y decirse: «Yo para ti, tú para mí». Goya, como Velázquez siglo y medio antes, comprendió que su destino glorioso era el de Madrid. Y estudió con atención morosa y amorosa los tipos, los casos y las cosas matritenses. Los estudió a fondo y los comprendió por el derecho y por el envés. Y los sacó su trascendencia, tanto social como humana. Madrileño *de lujo*, e irrepetible, le proclamó la Villa y Corte. Tengo que jurar de Goya, don Paco, lo que ya juré orgulloso de Velázquez. Como don Diego, don Paco, cuán estupendamente *sintió y explicó* Madrid con sus pinceles. Pero mientras don Diego andaba como sonámbulo entre la realeza, en escenarios deslumbrantes, don Paco se jaleaba barriobajero, entre gentes de rompe y rasga. No creo que a nadie se le ocurra encontrar parecidos —salvo en el realismo impresionante de ambos, pulido en don Diego, desgarrado en don Paco— entre los dos genios madrileñizados a tope. Y, no obstante, a las pinturas de uno y de otro, quitadles las ropas a sus figuras, y quedaros con el resto: seres palpitantes, paisaje, luces, aire, cielo, sombras, y veréis... ¿Qué veis? Nada menos, o nada más, que el cuerpo y el alma de Madrid. Sus gentes peculiares en cada época. Su cobertura celeste impar. Su luz única que se toca. Su aire exclusivo que se ve. Su panorámica irresistiblemente seductora.

Por conjuro goyesco, las frases históricas, desde entonces, tuvieron esa que se dice «carne de gallina», porque es una carne de repeluznos. Goya fue el inventor del madrileñismo envuelto en los calandrajos de la angustia. Goya fue quien declaró canónicas, como características nacionales, el que unos humildes paisanos —brazos de terror, caras ensangrentadas— cayeran fusilados en La Moncloa y en el Prado, y el que otros paisanos, vestidos de rasos y desplantes, se partieran el corazón contra las astas de un toro. Y el que unas brujas cachondas formaran corro en torno al gran cabrón, brujo máximo de los aquelarres. Y el que unas duquesas y unos duques se disfrazaran de majos para meterse en el torbellino de las Carnestolendas, de los bailes de candil y de las juergazas del entierro de la sardina en la Pradera del Corregidor. Y el que unos toreros machos saltaran a la garrocha por encima de los cornupetas y capearan con un garbo petitorio de tiranas y seguidillas. Y el que unas alcahuetas melladas y moños al trote zurcieran virgos y engatusaran a los pretendientes de sus niñas de alquiler.

Y, sobre todo, Goya fue quien enseñó al pueblo de Madrid, hasta entonces sólo espectador simple en el teatro de la Vida, a que se encaramase a los escenarios, se hiciera dueño de ellos y no consintiese ya representación alguna en la que él no tuviera representación legal; algo así como fueron ayer los diputados y son hoy los representantes en Cortes. Cierto, don Paco enseñó al pueblo de Madrid a que entrara en el juego escénico nacional, y no como simple comparsa, sino como uno de los protagonistas más acreditados y merecedores de cerradas palmas.

15. Donde Madrid convierte una pareja de sotas en una pareja de reyes

Excelentes directores de escena durante el siglo XIX fueron un alcalde: el coruñés don Joaquín Vizcaíno, marqués viudo de Pontejos, y el cronista y concejal madrileño don Ramón de Mesonero Romanos. El marqués viudo ocupó la alcaldía de la Villa entre los años 1834 y 1836. Sin pertenecer a partido político alguno, y ello fue lo grande, dedicó su talento y su cultura a menesteres de la buena administración local. Y tuvo el singular acierto de pedir asesoramiento al bondadoso caballero don Ramón II, cuando ya preparaba las oposiciones a Cronista de Madrid, plaza que ganaría con matrícula de honor pocos años después. Y en menos de dos años increíble parece cuanto hicieron por ennoblecer y engrandecer la escenografía matritense. Desaparecieron los cajones y tinglados mercadillos de las plazuelas; las calles quedaron pavimentadas, y sus casas numeradas con los pares a la derecha y los impares a la izquierda, tomando como inicio de aquella su mayor proximidad a la *Puerta del Sol*, eje y corazón de la capital; alumbrado de las vías públicas por medio de reverberos; aceras más elevadas que las calzadas para la seguridad del peatón; retirada de las basuras, desde los portales, en carros herméticamente tapados; el albergue de San Bernardino para mendigos y golfantes; la Caja de Ahorros anexo del Monte de Piedad, fundado por Piquer en 1724; nuevo y admirable plano de la Villa en el que, «además de todos los accidentes exteriores, se marcaban interesantes detalles del alcantarillado»; alcantarillas comunicadas o caminos secretos, y cuantos pormenores pudieran contribuir a ilustrar las decisiones del Gobierno y del Concejo; el servicio permanente de alerta contra los incendios, en brigadas de bomberos perfectamente adiestrados; el *Paseo de la Fuente Castellana* o *Delicias de Isabel II;* el Mercado de los Mostenses, especializado en pescados y frutas; la reorganización del Cuerpo de Serenos; la plantación de muchos miles de árboles —entre ellos, con profusión las humildes, graciosas y bienolientes acacias del pan y quesillo primaveral— por todo Madrid; la exigencia del buen gusto y hasta de la elegancia en las portadas de los comercios y demás establecimientos públicos.

Ya deshecha, por el inoportuno imperio de las políticas rastreras, la afortunada comandita Pontejos-Mesonero Romanos, este último, jamás desanimado, obseso permanente por el urbanismo de su ciudad natal, siguió logrando para ella mejoras en verdad admirables. Fue uno de los fundadores y mantenedores más firmes de instituciones culturales como el Ateneo —1835— y el Liceo Artístico y Literario; contribuyó a la permanencia definitiva en Madrid de la Universidad Complutense y a la ubicación congruente de cuatro mercados cubiertos, a que se levantaran el Teatro-Circo y el Monumento a las víctimas del Dos de Mayo en el Prado, el Colegio de Medicina, el Obelisco de la Castellana. Por sus gestiones se decidió la conservación de la casa natal de Lope de Vega en la calle *de Francés* (hoy, *de Cervantes,* y

EL PASEO DE LAS DELICIAS

Estamos en la segunda mitad del siglo XVIII, el llamado «siglo de la Ilustración». El Paseo de las Delicias es largo, amplio y hermoso. De sol a sol en él se dan cita las juventudes de la aristocracia y de la burguesía. Dialogan —de los más diversos y candentes temas sociales. Las damiselas y los petimetres lucen sus más ricos figurines. Cotilleos. Murmuraciones. Escenografía y personajes están preparados para la representación de una comedia moratiniana.

la colocación de una modesta lápida conmemorativa en la casa de la calle *del León*, con vuelta a la *de Francos,* que sustituyó a la anterior casa donde murió el autor del *Quijote.* El Concejo le admitió sus planes para la formación de una docena de plazuelas bien arboladas y con bancos rústicos para el descanso: la de las Comendadoras de Santiago, la del Conde de Toreno, la de las Cortes, la del Carmen, la del Matute, la del Rey... A él se debe el acondicionamiento —exigido municipalmente— de Cafés, Casinos, Institutos, Sociedades Recreativas; y la ampliación y conformación (en lo posible) de la *Puerta del Sol*, en 1857, para lo cual hubieron de desaparecer mugrientos callejones como los *de la Duda, Cofreros* y *de la Zarza,* y casas cochambrosas que estrangulaban las entradas de las calles *Mayor* y *el Arenal.*

Puede afirmarse que tanto Pontejos como Mesonero Romanos fueron los directores de escena y los escenógrafos del seductor Romanticismo tanto social como literario.

IV
ARGUMENTOS DE LAS PRINCIPALES OBRAS —DRAMATICAS Y JOCOSAS— REPRESENTADAS SOBRE LOS ESCENARIOS MADRILEÑOS ENTRE LOS SIGLOS XI Y XX

Año 1083. Un rey conquistador y devoto a medias

Hace muy pocos días que don Alfonso VI ha conquistado Madrid para unirlo definitivamente a su corona. Jolgorios estrepitosos con cánticos y bailables procesiones con gorigoris, evaporación del mieditis entre los cristianos. Los moros que habitaban en la Medina —aproximadamente donde hoy se alza esa birria de catedral, cuya construcción es el cuento de nunca acabar— han sido reexpedidos, a través del tobogán del *Vallejo de San Pedro* (hoy calle *de Segovia*) a la actual Morería, enlazada con las Vistillas. Y es entonces, un día cualquiera, cuando un tormentazo que se sacude a manotazos truenos y centellas descarga sobre Madrid; y cuando más horrísono es el jaleo de relámpagos, rayos y truenos, se desmorona parte del muro de la Almudena y, en un hueco anichado aparece, tosca e intacta, una imagen de Santa María que, se dice, fue emparedada entre los años 720 y 730, en el 815, o en el 925, que así son de imprecisas las tradiciones orales, por los cristianos, para librarla de la profanación de los musulmanes, y precisamente cuando aquellos habían sido invitados a dejar como libre a éstos, en la margen diestra del Vallejo de San Pedro, para aglomerarse sobre el cerro de Las Vistillas. Bien hecho, si se hizo así y con tan pías intenciones.

La aparición de la imagen causa la general estupefacción, y boquiabre a los más ingenuos, siempre papando milagros. El rey don Alfonso VI se compunge, pues su conciencia de rey cristiano de súbditos cristianos está que es un asco y empapada a todas horas de libidine. Y con ánimo de expiar, sólo atrito, sus pecados de la carne y de la espada, ordena que sea construída una pequeña iglesia —aprovechando algunas partes de una mezquita— y que en ella sea entronizada «con pompa y esplendor» Nuestra Señora Santa María, la cual por haber aparecido en el nicho de la Almudena llevará este sobrenombre y quedará proclamada patrona de la Villa.

Tan teatral es el suceso, que con su argumento escribe el madrileño don Pedro Calderón de la Barca uno de sus mejores Autos Sacramentales: *El cubo de la Almudena* (1651).

Año ¿1108? Un santo y su convenio colectivo angelical

A Madrid le nace su futuro santo patrono: Isidro, de humilde cuna labradora y desde niño él labrantín en los predios de Iván de Vargas, a otro lado del Manzanares, en tierras que hoy ocupan cientos de miles de huéspedes permanentes de las Sacramentales de San Justo y Pastor y San Isidro. Isidro crece y crece, hasta hacerse un hombrachón a lo ancho y a lo alto. Y trabaja la tierra ajena, de amo severo, a lo negro que... trabaje. Que ya los hay que no dan golpe. Se casa con María de la Cabeza, nativa torrelagunera, y, como él, alma piadosísima y corazón maduro en la caridad. Tienen un hijo y no más. Pues hacen voto de castidad de por vida. Isidro realiza pequeños y suaves milagros. El más chocante de los cuales es formar sindicatos y firmar convenio colectivo con los ángeles, para que éstos, con frecuencia, apechuguen con el arado del santo y rejen y binen las tierras de labor, mientras Isidro, ya de cúbito supino, bien de cúbito prono, con cabecera de santo, sestee ensueños celestiales durante los cuales la sonrisa le rezuma babas dulcísimas de deliquio.

Tan teatral es la existencia humana de Isidro, que el

madrileño Lope de Vega, su devoto, le toma como héroe de tres de sus mejores comedias: *San Isidro, labrador de Madrid* (hacia 1615), *La niñez de San Isidro* —1617— y *La juventud de San Isidro* —1622—.

Año 1434. El rey doliente y el mago cornudo

Muere en Madrid don Enrique de Aragón, marqués de Villena... «de boquilla». Y digo de «boquilla» porque el título nobiliario se lo concedió *de palabra,* sin subsiguiente ratificación oficial, el rey don Enrique III, como para compensarle así de haberle puesto los cuernos, soplándole a su esposa, la bellísima y ardiente doña María de Albornoz o de Castilla. Para cobijar sus amores con ella, cumplirlos hasta la extenuación —nota esencial: don Enrique era un tuberculoso galopante, enfermedad que excita la libidine hasta límites que asombran—, mandó construir el Real Palacio de El Pardo, en 1404, a catorce o quince kilómetros de la *Puerta del Sol* y a 670 metros de altura, en el centro de un frondosísimo bosque de encinas, hirsuto de vegetación enana y gran paraíso de conejos y perdices, puercos salvajes y venadillos saltarines. Pero el monarca y sus nobles dedicábanse a una caza más seductora y a la que podía sofaldarse sin tener que acudir a las faldas de cerretes y colinas.

Parece ser que don Enrique de Villena, que tenía fama de nigromante y aliado de mengues y trasgos, lector sapiente de libros de alquimia y de filosofía esotérica, supo concretar hechizos poderosos, embutiéndolos en el enfermizo cuerpo de don Enrique y abreviándole así la expedición de su pasaporte para el otro mundo. El de Villena sobrevivió muchos años al monarca y a su esposa (la del marqués postizo). Al fallecer éste, y en el claustro del monasterio de Santo Domingo, el energúmeno prelado de Cuenca y dominico, fray Lope Barrientos, por su propia mano, y ante un coro gesticulante y orante de frailes, prendió fuego a todos los manuscritos y libros de don Enrique de Villena. Mientras la hoguera crecía y crepitaban los papeles y pergaminos, fray Lope de Barrientos hisopaba a diestro y siniestro, para así asegurar la terminación de los maleficios encerrados en aquellos libros como el diablo embotellado de quien nos cuenta hazañas Vélez de Guevara en su *Diablo Cojuelo.* Sino que el estudiante don Cleofás Leandro Pérez Zambullo hizo lo contrario que el señor obispo de Cuenca: dejar vivir al demoniejo, para que este le sirviera de consejero y guía.

En la quema de los libros y papeles formularios de don Enrique de Villena se achicharraron a grandes gritos unas docenas de duendes, sabandijas malignas, endriagos de alguna jerarquía y diablillos de ninguna. Tan netamente teatral fueron estos acontecimientos que dieron argumento a varias obras teatrales de mucho éxito: *Lo que quería ver el señor marqués de Villena,* de don Francisco de Rojas Zorrilla, *La cueva de Salamanca*, de Alarcón, y *La redoma encantada,* de don Juan Eugenio Hartzenbusch.

Año 1444. La nieta monja del rey pesadilla

Doña Constanza de Castilla trae a Madrid, casi de tapadillo (pues los Trastámaras no se andan con chiquitas) a la Villa, los restos mortales de su abuelo el rey don Pedro I, y los deposita, sin pompa ni estruendo, en el Monasterio de Santo Domingo el Real, situado en la Cuesta hoy dedicada al mismo santo, cuyos compañeros fundadores llegaron a Madrid en 1217, para preparar la llegada, en el año siguiente, del mismísimo fundador de los Dominicos; y hasta se dice que el propio santo y sus compañeros trabajaron manualmente, duran varios meses, en la erección de un pequeño monasterio con una capilla pequeña que, años después, fueron engordando y estirándose merced a la protección de

los reyes San Fernando, Sancho el Bravo, Alfonso XI y Pedro
I. El jardín conventual ocupó muchas hectáreas. Y el templo
acogió los sepulcros, además del de don Pedro I, los de su
hijo don Juan de Castilla, bastardo habido con doña Juana
de Castro, y los de la hija de ésta, la priora doña Constanza.
También yacieron aquí los despojos de la infanta doña
Berenguela y de otra doña Constanza, hija de don Fernando
IV; y por fin, durante algún tiempo, hasta que fueron trasladados a El Escorial, los del famoso y escandaloso príncipe
don Carlos, hijo de don Felipe II, a quien le quemó la sangre
—empresa harto difícil en rey tan ecuánime— mientras vivió
de venate en venate.

Don Pedro I sintió singular dilección por Madrid, reformó su Alcázar y en este pasó no pocos días de sus largos y
deleitosos amores con doña María de Padilla. Y en Madrid le
acontecieron sucesos tan dramáticos que, basándose en ellos,
Lope de Vega, escribió uno de sus más hermosos dramas: *El
rey don Pedro en Madrid* (1618).

A este monasterio de dominicas le rondan dos leyendas
espeluznantes. Parece ser que en su cripta fue enterrada, en
estado cataléptico, doña María de Cárdenas, biznieta de don
Juan de Castilla; la cual despertó aterrada, desgarró morta-
ja, rompió el ataúd y quiso huir de la cripta, dando gritos
aterradores y sin que nadie la oyese. Tres meses después,
cuando fue abierta la cripta para sepultar otro cadáver,
quedó la comitiva petrificada por el espanto al contemplar
tras las puertas abiertas el cuerpo ya corrompido de doña
María.

También se cuenta que ante este convento había una cruz
de piedra, puesta en el mismo lugar en que había muerto,
asesinado por la mano del rey don Pedro, cierto clérigo
reprochón permanente de la disoluta existencia de aquel.
Pues, continúa la voz de la leyenda, parece ser que poco
antes de expirar tuvo palabras entrecortadas el clérigo para
profetizar a su asesino que el rey don Pedro sería *piedra en*

Madrid. Vaticinio que se cumplió. El sepulcro del monarca tuvo una bella estatua orante, sobre la lauda, trasladada al Museo Arqueológico.

Año 1455. El maestre de Santiago y su paso honroso

Don Beltrán de la Cueva, maestre de Santiago, valido de don Enrique IV, gran maniobrero de la espada y de la lanza, mantuvo victorioso el *paso caballeresco* en el camino de El Pardo, defendiendo contra los esforzados adversarios malandrines el honor de su dama, cuyo nombre no reveló, pero que iba de labios en oídos de todos, altos y bajos en calidad social: el de la hermosa hembra y reina doña Juana de Portugal, vilipendiado por los partidarios de los hermanos del rey don Enrique: don Alonso y doña Isabel. En memoranza de tan singular y descomunal hazaña, el monarca mandó levantar allí mismo, sobre el campo en que había quedado limpio, provisionalmente, su honor, el monasterio de El Paso, trasladado años más tarde por los Reyes Católicos —que no recordaban la conmemoración sino con disgusto y desasosiego— a un altozano de El Prado de San Jerónimo.

Año 1471. El rey calumniado en su amor y en su sangre

Muere en Madrid, a 12 de diciembre, y en Madrid es enterrado, en el Convento de San Francisco, el rey don Enrique IV. Y a su lado, algunos años después, se esposa, la ya mentada real hembra, por partida doble, doña Juana de Portugal. Suceso extraordinario para la Villa este de dar mármol, por vez primera en su historia, a un monarca y a su cónyuge.

Pero esta muerte determinó una auténtica tragedia: la

relativa a la rebatiña entre la princesa doña Juana y sus tíos
doña Isabel y don Fernando en busca de la corona de León y
Castilla. Los partidarios de doña Juana, capitaneados por el
levantisco y auténtico —este sí— marqués de Villena, se las
tuvieron tiesas, durante muchos días, bien parapetados en el
Alcázar, a las huestes aguerridas del matrimonio ejemplar-
mente católico que acaudillaba el señor duque del Infantado.
¡Cualquiera sabe si ganaron los malos o los buenos! Yo me
inclino a creer que los malos; malos en relación con la fuerza
de sus derechos. Pero es bien sabido que el tiempo justifica, y
hasta santifica, el triunfo de los malos cuando éstos son más
y cuentan con mejores armas que los buenos, y terminada la
contienda se quedan dueños de todos «los resortes del Poder»
y de las arrobas de mercedes pingües para ser repartidas
entre cuantos lucharon a su favor. Y, lógicamente, los que
eran buenos quedan transformados en malos por los siglos
de los siglos. Y filosóficamente apostillo que ni existe el
blanco como posibilidad de todos los colores, ni existe el
negro como imposibilidad de todos los colores, sino que el
color depende del cristal con que se mira. Y cristales hay que
blanquean sobre el negro y que negrean sobre el blanco.

Año 1520. El rey «flamenco» traducido al castellano

Acontecimiento turbulento «al canto», y de cara y cruz,
en Madrid. Las Comunidades de Castilla pretenden imponerse, flamencas ellas, al flamenco don Carlos I los privilegios de
que gozaban por reales concesiones durante muchos años. El
vecindario madrileño —aclarando: sus clases baja y media—
se ponen a las órdenes del bizarro comunero toledano don
Juan de Padilla. En las calles y plazuelas madrileñas se
levantaron barricadas y se cavaron trincheras. Se lucha a
hierro y fuego, a gritos y denuestos, durante varios días, de
noche y de día. Los muertos y los heridos se cuentan por

CARLOS DE AUSTRIA

Pretendiente al trono español durante catorce años: 1700-1714.
Con don Felipe de Borbón, el otro pretendiente, jugó «al ratón y al gato»
sobre los escenarios de Madrid. Cuando él, al frente de su ejército,
penetraba en Madrid por las Ventas del Espíritu Santo, don Felipe,
al frente del suyo, se largaba por Cuatro Caminos. Cuando por
los Cuatro Caminos regresaba, con nuevas aguerridas fuerzas,
don Felipe, don Carlos se largaba por las Ventas con sus fuerzas
necesitadas de reponerse. Y así entraron y salieron en cuatro turnos.
Pero Madrid, contemplando entre atónito y cachondón este llegar
y salir de Austrias y Borbones, tomó la resolución de que más le valia,
para subsistir, cambiar de postura: y apostó, y ganó, por los Borbones.

centenares. Por fin se imponen las disciplinadas tropas de
don Carlos I. Otra vez ignoro si triunfaron los buenos o los
malos. Me inclino a creer que éstos. Pero lo ya certificado...
a domicilio: al año estaban santificados los pecadores, por
aquello de que habían plantado miles de árboles frondosos y
frutales a los que arrimarse con regodeo de buena sombra y
de sabrosos jugos.

Año 1525. El rey francés que estuvo en Madrid... preso

El viernes 10 de marzo llega a Madrid la sensacional
noticia de la victoria de España sobre Francia en los campos
—del prójimo— de Pavía. El ejército español, acaudillado
por el Gran Capitán don Fernando Fernández de Córdoba,
aplasta a los franceses, a cuyas tropas acompañaba el rey
don Francisco I. Captura a éste *en vivo,* teniendo sobre su
pecho, y yaciendo de cúbito supino dentro de la hojalata de
su armadura nielada en arabescos de oro, la espada del
soldado español Juan de Urbieta, y el pie nada ceremonioso,
se arriesgó a pronunciar su enfática frase: «¡Todo menos el
honor se ha perdido!». Frase a la que añadió el Gran
Capitán: «¡Y la vida que se ha salvado!». Custodiado con
tanto aparato como respeto, el monarca francés fue remitido
a Madrid. Inmediatamente de llegar a la Villa la fenomenal
noticia, su Concejo determinó que «por la victoria tan
admirable y grande que Dios Nuestro Señor fue servido dar
al emperador nuestro señor y a España, era muy justo que
Madrid y sus territorios fiziesen muy grandes y solemnes
alegrías y procesiones (¡si éstas no podían faltar!)».

¿Cuáles festejos cívicorreligiosos fueron organizados?
Una procesión descomunal al Santuario de Nuestra Señora
de Atocha, en la que se gastaron cuarenta y ocho libras y
media de cera —doscientas treinta y nueve velas que se
dieron a otros tantos frailes y clérigos seculares, cuyo coste

fue de cuatrocientos veinte maravedises— un almuerzo de gala dedicado a los nueve ministriles, cuyo importe superó los quinientos maravedises; una corrida de seis toros bravos que se celebró en los altos de San Jerónimo y en la que intervinieron lanceadores muy diestros; el acuerdo de librar a un centenar de presos por deudas y pagar de oficio dichos débitos más sus intereses. Sencillos y honrados festejos que hoy todavía conservan íntegros en sus programas de Patrón celestial y ferias muchos villorrios, aldeas, lugarejos y anejos de España. ¡Ah! Y otro festejo que se me iba a quedar en el tintero: mi Concejo felicitó públicamente y entregó un obsequio de cincuenta ducados al capitán don Rodrigo de Peñalosa, madrileño de cuna y leche, que fue quien trajo a la Villa —rompiendo varios caballos en su loca carrera— la despampanante noticia desde los campos de Pavía.

Un día muy caluroso de muy mediados del mes de agosto de aquel año 1525 entró en Madrid, por la puerta de Balnadú el egregio si que también fanfarrón monarca francés, que en verdad era un real tipo de hechuras, físico, aliño y vestuario. Tantas gentes de los suyos iban rodeándole que casi parecían prisioneros los soldados españoles. Francisco I llegó a caballo, bien plantado, bien vestido, guasona la sonrisa. Más de cincuenta mil madrileños le hicieron calles y plazas de aspavientos, ya que se trataba de un espectáculo gratuito nunca visto, ya que hacía de *bicho raro* nada menos que el rey de Francia, que siempre andaba a la greña con don Carlos I, bien solo, bien acompañado del pontífice o del rey de la *Inglaterra*. Al monarca galo parecíale agradarle aquel papanatismo popular que tenía más de asombrado que de orgulloso. Un caudillo conquistador no habría provocado tantas miradas de amistosa bienvenida. Con don Francisco I llegaron don duques, dos chambelanes, seis mayordomos, quince generales, diez asistentes, dos poetas épicos, un cronista, camareros y cocineros y... ¡hasta un bufón! Luego se supo que también habían llegado de tapadillo, entre dos luces y en suntuosas carrozas, varias damas de mucho lustre todas y algunas de ellas de singularísima belleza. El equipaje de aquella *troupe* de espectáculos se componía de más de quinientos cofres. En alguno de ellos venían juegos de cartas, ajedrez, bolos, cañas, divisas... Se trataba, pues, de unas cortas vacaciones estivales en España, en Madrid concretamente, durante las cuales los veraneantes pensaban pasárselo lo mejor posible y sin pagar los gastos de hoteles y transportes.

En efecto, los madrileños inteligentes se dieron pronta noción de que aquellos franchutes llegaban dispuestos a poner en práctica las siguientes conclusiones: divertirse a calzón descosido, manducar a boca de sultán y «tomar el pelo» a los anfitriones. ¡Y vive Dios que consiguieron todos sus propósitos! A Madrid le costaron aquellos gorrones muchos miles de ducados. Don Francisco I y sus brillantísimos satélites —bailables en torno del planeta astro sol— ocuparon las mejores salas del Alcázar. Las mejores. Las más fresquitas durante el estío de bochorno y moscas. El propio don Carlos I mandó descolgar de sus salas unos maravillosos tapices que le habían regalado ciertos nobles de Gante y Malinas, para que fueran llevados a la que iba a ocupar el mayestático huésped y prisionero de lujo. Esto, o algo semejante, es lo que ahora llamamos «hacer el primo».

Apenas apuntaba el alba de un día zurcido de hielos y de nubes bajas —como las que le hacían feliz al Greco— del segundo mes del año 1526, don Francisco I con sus docenas de damas, galanes y servidores, y con equipaje de más de quince cofres, sumándose a los quinientos con que llegó a Madrid unos meses antes —joyas, regalillos, fruslerías acaparadas a título gratuito— salieron de la Villa precediendo a un ejército de fantasmas que había desasistido de sobresaltar al vecindario. Unico tanto apuntado a favor de don Carlos I: que el veraneo de su regio primo se había alargado algunos meses más de los que este hubiese deseado.

Año 1561. A Madrid le empieza a doler la capitalidad

Un día cualquiera de este año, comprendido entre el 20 de mayo y el 15 de junio, Madrid quedó ungido por el carisma político de la capitalidad de España. Ungido, al parecer, para siempre. Aún cuando entonces, ni el propio don Felipe II, ni sus principales ministros y consejeros, pararan mientes en la transcendencia del hecho. Hasta hoy no ha sido encontrado *documento oficial* alguno que pruebe, sin lugar a dudas, la intencionalidad regia de aquella unción. Quiero recordar que don Felipe II vivió en la Villa el menos tiempo que le fue posible. Y apenas estuvo terminado el palacio dentro del Monasterio de San Lorenzo de El Escorial, don Felipe, «como ciervo acosado» por las jaurías de las pasiones propias y de las insidias ajenas, se refugió en este palacio escurialense, del que apenas salió ya. Me da el corazón que Madrid debe su capitalidad aparente a que la auténtica era una pequeña sala monacal. Sino que, para respirar «a sus anchas», en la pura y muy amada compañía de su hija Isabel Clara Eugenia, creyó conveniente dejar en Madrid como quien deja la capa en las manos de la mujer de Putifar, sus Consejos, su Chancillería y Real Sello, sus Tribunales, sus Secretarías de Estado, que le pesaban en el alma como en las espaldas al infortunado Atlas la bola mole del mundo. «¡Ahí queda eso!» —debió de pensar el monarca. Y ese *ahí,* era Madrid. Y ese *eso* era la terrible burocracia en que se rebozaba la monarquía desde los años de los Reyes Católicos, descubridores, sí, de dos nuevos mundos: América y Burocracia.

Conviene advertir que, «por el momento», ni secretarios, ni magistrados, ni consejeros, ni nobles en reposado ocio, creyeron a Madrid capital definitiva de las Españas. Sí, durante mucho tiempo, después de 1561, los toledanos siguieron creyendo que, cuando a Dios y al rey les pluguiera, volverían a entrar por el puente de Alcántara los príncipes y

magnates de gorgueras y golas sobre alazanes o en literas de
platerescos recargados; los consejeros embutidos en negros
terciopelos grecos; los reyes de armas con solemnidad de
romance caballeresco; los maestros de cetrería empuñando
enguantados los halcones y aguiluchos; los peones, detrás de
los alfiles, con sus largas lanzas y sus chambergos de plumas
tremendas. Y los madrileños en tanto, pasada la primera
impresión de gozoso orgullo, navegaron en el proceloso mar
de los temores, pues temían que un día cualquiera, por la
madrileña puente toledana, hacia Toledo, dejara el pueblo,
la huerta, el bosque y el monte de Isidro santo, el rey don
Felipe II, atormentado espíritu al que, se decía, desplacíanle
precisamente los mayores encantos de Madrid: su aire sutil
visible, su luz delgada tocable su cielo de sedas y rasos
descubierto posteriormente por el Greco y Velázquez.

Don Felipe II no tuvo gran afecto ni por nobles, ni por
plebeyos. En Madrid, cuando salía del Alcázar, hacíalo en
carroza cerrada, cubierta de embreada tela, y casi siempre
de noche, o entre dos luces lívidas, para pasar inadvertido.
¿Podía este monarca soportar las etiquetas, jolgorios y fiestas
siempre a punto en la imperial Toledo o en el nativo
Valladolid? Llegó a Madrid en 1561. ¿Le traían intenciones
de fijar en él la definitiva capital de sus reinos? Creo sinceramente, ya lo he dicho, que no. Llegó a Madrid... Pero su
corazón y su alma, turbados por extrañas preocupaciones y
rebozados en una incurable melancolía, buscaban otra residencia ideal, una especie de mansión sobrenatural en la que
él sólo se moviese y *se oyera* sus pensamientos... teniendo, sin
embargo, a mano las riendas de la gobernación absoluta.
Según el historiador primero del Monasterio de El Escorial,
padre José Sigüenza, «don Felipe miró... donde estaría bien
asentada la fábrica que traía en su pecho». Y enseguida nos
cuenta las comisiones que fueron nombradas, y las pesquisas
y los trabajos que se realizaron, por orden del monarca, para
encontrar el lugar apropiado. En una de las laderas de la

Carpetana, a siete leguas enderezadas desde Madrid, dintornado por aguas frías abundantísimas y bosquecillos prietos, en una gran copia de hermosa piedra cárdena, fue hallado El Escorial. Cuentan que a tan feliz hallazgo sonrió, enigmático, el rey. Cerca, cerca quedaba El Escorial de Madrid, Villa esta ya importante, en el corazón de España. ¿Capital Madrid para residencia de él? ¡No! Lugar Madrid propicio a quedarse con cuanto a don Felipe le estorbaba: nobleza engreída, consejeros enfáticos, secretarios oficiosos, magistrados reservones para sí de la auténtica justicia, militares ilustres con las agallas capadas por el ocio que la edad les imponía, jerarquías eclesiásticas, frailes y clérigos insaciables en sus demandas y propensos a excomuniones y *bulas* en su beneficio. Sin poderse explicar con neta clarificación su reconcomio, don Felipe iba a buscar en la soledad del Monasterio la más increíble ambición: gobernar quieto y callado el mayor imperio del mundo. Ciertísimo: mover con sólo sus dedos, como si el mundo real fuera sólo un globo de juguete sobre una peana con eje móvil, su propio mundo hispano... en aislamiento y en reposo. Sin necesidad de dar explicaciones a nadie de por qué hacían sus dedos moverse al mundo diminuto ya de izquierda a derecha, ya al revés. Sonrió don Felipe II al llegar a El Escorial, y subir un poquito monte arriba, para señalar inapelable: «¡Aquí!». Como sonrió, encogiéndose de hombros, al encontrar en las habitaciones de su díscolo heredero don Carlos, un papelillo, de su puño y letra, en el que se comentaban «los portentosos viajes del poderoso monarca D. Felipe II: de El Escorial a Madrid, de Madrid a El Escorial...» Sus pesadillas, creadas entre las desnudas paredes de su alcoba celda, durante las noches largas, eran espantadas al alba por las pisadas paralelas de dos en dos, a lo largo de las dos filas paralelas, sobre las losas del claustro, de los monjes jerónimos encaminados a coro.

DON FELIPE II ENTRA EN MADRID

Entra con solemnidad —gentío espectante, colgaduras abalconadas, banderas y pañuelos flotantes—; pero su estancia en Madrid será «vista y no vista». A don Felipe le urge refugiarse definitivamente en el Monasterio de San Lorenzo de El Escorial, para desde él gobernar el inmenso mundo hispano. Su rápido paso por Madrid fue para contemplar si aquí podría centralizar todos los poderes de su omnipotencia... ¡Ay, y aquí nos los dejó, centralizados, para «probarnos» a los madrileños... secularmente!

Año 1601. En el que a Madrid le descapitalizaron

Malos vientos en Madrid. Amenazan arrasarlo. Amenazan dejarlo, como vulgarmente se dice *para el arrastre*. Pues... ¿qué acontece? Adivina, adivinanza: lo que pasa, no pasa, pues que pasa como un amago de algo que puede pasar sin deber de pasar. Dejándome de adivinanzas: que el pavisoso y piísimo monarca del Felipe III, hijo de la Villa y Corte, piensa irse con la música —Corte— a otra parte, a la vera de otro río de más ínfulas que el Manzanares. No está, para que cada palo aguante su vela, el monarca decidido a la mudanza. Sin embargo, a sentir de muchos historiadores, se le empuja a ella, haciéndole ver sus fines puramente, santamente, benéficos. Por el mentidero madrileño —que en ocasión tan sensacional pasa de las Gradas de San Felipe a las Losas de Palacio, y de estas al Patio de los Representantes— circula con rapidez la nueva, comentada, corregida y aumentada, como es lógico, cuando del humano discutir se trata. Y como se pretende, sin convicción, disculpar la flaca voluntad del monarca rubianco y belfo, prognato y ojizarco desvaído, se ataca con saña al verdadero fautor del desaguisado: el duque de Lerma. El procurador de la Villa en las Cortes, don Diego de Barrionuevo, da la voz de alarma el 4 de enero de 1600, es decir, un año antes del acontecimiento. ¡Vaya olfato el de don Diego! Los deseos y prisas, muy a las claras manifiestas, del duque valido, buen hacendado en Valladolid y más interesado aún por cierta comisión del Concejo pinciano que llega a verle, lanzan a los cuatro vientos, cruz de la rosa, la decisión tomada, con el pío amén de S.M. «Y cuentan las historias más veraces de entonces que es esta resolución y mala medida de gobierno causa de universal protesta y de clamores a coro de ópera wagneriana, no ya entre los cortesanos, sino entre los madrileños todos.» Sólo alguna opinión pelotillera, como la del cronista Baltasar Porreño, se atreve a declarar que ha podido presumir S.M. «muchas y grandes conveniencias y bienes generales del pueblo y de todo el reyno, en esta mudanza.» Pero la *vox populi*, sin el menor recato ya, lanza maldiciones contra el sansirolé monarca, su sansirolesa esposa, y su camándulas favorito, y aún se cuenta de personas que por estas manifestaciones arriesgadas han sido encarceladas. Más tarde trócanse las maldiciones en pullas que pican como chile y decires salmuerados. Los poetas, historiadores y cronistas madrileños nativos y de adopción libran sus plumas de toda traba, y aquí es de publicarse poemas y memoriales enderezados, con todos los santos de la Corte Celestial por valedores, a mover el ánimo pacato de S.M. y avieso ánimo del de Lerma. En Concejo madrileño toma cuantas medidas cree pertinentes para evitar el trance. Para empezar, como la *causa interesada* del valido es el peligro inminente, se pide licencia a S.M. «para ofrecer al señor duque de Lerma una casa en que se avezinde en Madrid, o cien mil ducados para ella, quedándose la Corte en esta Villa. O al interesado duque le parece parva la oferta, o Valladolid le espera con dones mucho más crecidos. El caso es que no se toma en consideración el no disfrazado desparpajo del Concejo madrileño.

Dice el refrán que los malos tragos, pasarlos pronto. No sé si el abandonar la Villa es sorbo de hiel para el ingrato monarca. Pero que traga pronto la hiel es indudable. El día 10 de enero de 1601 se publica el decreto del traslado definitivo; y al día siguiente, previstas a la carrera las perentorias necesidades de viaje, don Felipe III, sin lastre alguno —pues que se deja en Madrid esposa, secretarios, consejeros y criados— toma camino de su nueva real vecindad, a grandes jornadas, rindiendo caballos, como quien huye de su sombra llevándola pegada a los talones. Su última disposición es la de nombrar una Junta que lleve a cabo todas las diligencias de la mudanza dejándola firmada para su desempeño una orden muy expresiva que rezuma hipocresía *made in Lerma*. En ella se otorga ayuda económica a cuantos por sus cargos precisan marchar a Valladolid; se asignan cantidades para que los aposentadores se adelanten a la real comitiva y cuiden del aderezo (sic) de los caminos —sobre los que ha helado el crudo invierno— y de las yuntas necesarias para los relevos; se provee, con cúmulo de medidas de toda laya, a cuantos imprevistos puedan surgir en la disparatada y disparada fuga. En esta orden se adivina la interesada previsión y el despotismo nada sutil del duque de Lerma, tan osado siempre como siempre ofuscado.

El cuadro que ofrece Madrid, luego de abandonado por la Corte, es desolador. Desde el Sotillo de la Real Casa de Campo, sobre el altozano que domina el Manzanares y el Campo del Moro, más allá del soberbio Alcázar, la Villa es un abigarrado conjunto de templos de chapiteles esbeltos y de casas con buhardillas ciegas, de callejones esbozados entre los inmuebles y de plazoletas entecamente arboladas. Toda ella como desalojada de vidas humanas, y envuelta en un silencio sobrecogedor. A primeros de febrero escribe desde Valladolid S.M. —donde le acogieron con apoteosis digna de Alejandro el Magno o de Ciro de Persia, que son las apoteosis que mejor decoran los grandes tapices palaciegos— para que se pongan en marcha las Cámaras y los Consejos. El día 20 se inicia la desbandada general de cuantos bailaban en torno al aliguí de la Corte. Si donde no hay harina todo es mohina, donde hay hogaza hasta el gato se harta. Cúmplense en 1601 todos los refranes netamente castellanos, pues que si en Madrid se queda sólo mísera y entristecida gente, la de Valladolid se entrega al alborozo en regocijo, de Carnestolendas en Pascua de Resurrección, dilapidando su patrimonio y derrochando sus energías. Y del mal, el menos, pues si han abandonado la ex Corte SS.MM., príncipes y altezas, nobles y altos funcionarios, jerarquías eclesiásticas y demás personajazos del gran cotarro monárquico, abandonáronla también busconas de relance, celestinas untadas de beaterío, zurcidoras de virgos, madres de embelecos, mancebas de esquinazo, pícaros, ganapanes, rufianes, bravos y demás escurridizos seres, polillas de la honradez y piojos de la sociedad.

El acontecimiento más importante que protagonizaron SS.MM. en Valladolid fue que les naciera su heredero —1604— a orillas del Pisuerga.

Año 1606. En el que recapitalizan a Madrid

Pasados los primeros ardores vallisoletanos de don Felipe III, a este le empezaron los remusguillos de pisar su tierra nativa. Varias veces, entre 1603 y 1605, se ausentó de Valladolid para recorrer, «bebiendo los vientos carpetanos», el encanto frondoso de la Real Casa de Campo, La Florida y El Pardo, el característico rincón de La Morería, el espléndido Alcázar al que con el moho de las ausencias le iban creciendo los repeluznos fantasmales, los Monasterios —relicarios de arte y devociones fastuosas— de las Reales Descalzas y de la Encarnación... Aún antes, en 1602, SS.MM., luego de visitar Madrid pasaron cerca de cuatro meses en Aranjuez.

Claro está que, por su parte, no cedían los madrileños en sus pretensiones de que regresara la Corte después de una cautividad «semejante a la del pueblo de Dios». Y en este forcejeo distinguiéronse no menos que los regidores, los poetas y dramaturgos. Estos, afilados los dardos de su sarcasmo, rimaron romancillos, silvas y coplas de las que Valladolid salía vilipendiado. Recuérdense los sonetos lechiagriados de Góngora; en uno de ellos, luego de alabar a Madrid, exclama:

La envidia aquí su venenoso diente
cebar suele a privanzas, importuna...,

aludiendo al capricho ducal de Lerma. En otro reprocha a Valladolid:

Pisado he vuestros muros calle a calle
donde el engaño con la corte mora,
y cortesano sucio os hallo ahora
siendo villano un tiempo de buen talle...

No se quedó atrás don Francisco de Quevedo, poniendo dinamita a su buído romance:

De Valladolid la rica...
de arrepentidos de verla,
la más sonada del mundo
por romadizos que engendra;
de aquellas riberas calvas
adonde corre el Pisuerga

> *entre frisones nogales*
> *por éticas alamedas;*
> *de aquellas buenas salidas,*
> *que, por salir de él, son buenas,*
> *do a ser búcaros los barros*
> *fuera sin fin la riqueza...*

Y los regidores, propalando las continuas epidemias que se cebaban en Valladolid —causa de la muerte del mayor de los príncipes de Saboya, en 1605, y de las enfermedades de la reina doña Margarita y de la infanta Ana Mauricia—, redactaron incontables memoriales pidiendo el regreso de la Corte «rotas las cadenas de su esclavitud en tierras tan infernales».

No tanto estos memoriales ni aquellas poesías, como saber que el duque de Lerma «compraba fincas en Madrid y sus alrededores»... a pago diferido, alarmó al Concejo pinciano. No ocultándosele que a un capricho interesado del valido debía Valladolid el suceso memorable, era de temer que otro interés de tan voluble personaje volviera las cosas de su derecho, pasado el motivo de haberlas vuelto de su envés. ¿Remedio eficaz? «Siguió (el Concejo de la ciudad del Pisuerga) el sistema de halagar al duque. Ofreciéronle sobre magnífica bandeja de oro las llaves de la plazuela que se hizo detrás de su palacio (palacio que se había apropiado el monarca, en un insólito acto de ejercicio de su real gana), una para él y otra para S.M.» Y por lo que toca a la fama de insalubre reprochada en versos a Valladolid, comisionó el Concejo a los doctores Soria y Martínez Polo para que informasen de la salubridad de la ciudad, y estos, a 21 de febrero de 1605, dieron dictamen de que Valladolid era una ciudad muy sana.

Pero el remedio en éste, como en la anterior ocasión, de 1601, no estaba en voluntad ni en anhelo de poetas y regidores pincianos. Y tampoco esta vez el cielo teológico se rindió a tantas rogativas levantadas entre el Esgueva y el Duero, como antaño a las puestas en el cielo teológico también, y más alto, desde las riberas del Manzanares. Dice un proverbio hindú «que el hombre debe escribir en su corazón lo que está escrito en el libro del destino». Un mismo motivo se llevó la Corte, de Madrid a Valladolid, y la trajo de Valladolid a Madrid: el oro acuñado en ducados. Oro para el rey, quien supo su cantidad enseguida. Oro para el favorito, cuya cuantía no se supo nunca. Cedió don Felipe III en regresar a Madrid, pues que lo estaba deseando y le facilitaba este deseo suyo el mucho que tenía Lerma en que el Concejo de Madrid le cumpliese sus económicas promesas. Y el día 4 de marzo de 1606 entraron los reyes en la confirmada para siempre capital de las Españas. El pueblo se excedió jolgorío servil, como si el asentar la monarquía y el poder centralizador fuera una ganga y apenas un honor. Siglos después le pasaría a la Villa esta capitalidad como castigo de Sísifo. En fin, el gran escenario se abría a la expectativa de la Historia. En su ámbito y escenarios —ya para siempre sometidos a la servidumbre cortesana— iban a representarse los más truculentos dramas y los más regocijantes sainetes y bailables. Lo que jamás tendría función escénica en ellos sería el auto sacramental, tan propio de la monarquía austríaca, olvidado en la Villa y Corte, y en la Villa y ex Corte, pero palpitante con fuerza y sugestión en uno de los más hermosos y espirituales monasterios del mundo: el de San Lorenzo de El Escorial.

Año 1616. En el que se nos murió un genio llamado Miguel

El día 23 —o el 22, que ya está echada la duda en la fecha, pues que entonces las parroquias extendían la partida de defunción no el día de la muerte, el 22 la de Miguel, sino en el día del entierro, el 23 el de Miguel—..., sí, el día 22 o el

23 de abril murió en un piso de la calle *del León,* con vuelta, entonces, a la *de Francos* (hoy, *de Cervantes*) don Miguel de Cervantes, aquel Miguelillo azoguillo que había asistido a la Escuela de la Villa, siendo su muy querido maestro el licenciado don Juan López de Hoyos, y hecho sus pinitos poéticos *panegireando* en treno fúnebre a la muerte de la reina doña Isabel de Valois.

Nada de particular tiene que en 1616 nadie, en Madrid, supiera que estaba viviendo un hecho transcendental; pero, como es de rutina desde que el mundo es mundo, las cosas y los casos se suceden a la chita callando, y es la posteridad la encargada de poner casos y cosas en su punto de valoración. Pocas gentes de Madrid, y todas ellas afectas a las letras, se conmovieron con la muerte de don Miguel, cuyo *Quijote* era sin embargo famoso y había dado mucho que reflexionar, que reír y que conmoverse a miles y miles de criaturas y en media docena de idiomas. Sigo afirmando que nadie, entonces, fue capaz de intuir que se le acababa de morir a España

DON RODRIGO CALDERON
Apunte del natural. Con la hopa y la cruz de los condenados a muerte, el que fue favorito del gran favorito real duque de Lerma, don Rodrigo Calderón, marqués de Siete Iglesias, es conducido al patíbulo, levantado en la Plaza Mayor, donde será degollado, eso sí: con muchísimo respeto, el 21 de octubre de 1621.

el más alto espíritu de sus letras y al mundo uno de sus cinco
o seis más afamados autores de todos los tiempos. ¡Quien lo
iba a sospechar de Miguelillo, de Miguel, de don Miguel, tan
necesitado siempre, tan desventurado siempre, tan melancólico siempre, tan escéptico siempre, lampando cada día por
el mendrugo y por sacudirse de encima su mala fortuna...! Si
alguien hubiese sido capaz de dar la gran voz de la revela-
ción, cómo consentir aquel entierro a lo pobre, con preces
mínimas, en el convento de las monjas Trinitarias de la calle
de Cantarranas (hoy, de Lope de Vega). ¡Cómo despreocu-
parse de que sobre sus restos mortales, una lápida, con
inscripción laudatoria, pregonase el lugar de su reposo,
desconocido aún! En fin, supongo que mis lectores se darán
cuenta de mi bochorno cuando recuerdo el suceso, y sabrán
hacerse cargo de la inconsciencia de aquellos madrileños de
1616 que no llegaron ni a sospechar que el autor del *Quijote*
no era precisamente un novelista más...

Año 1621. De una tragedia a la que sólo pudo darse una representación

El 21 de octubre, jueves por más señas, sobre un alto
cadalso, centrado en la Plaza Mayor, fue degollado por
mano del verdugo, don Rodrigo Calderón, marqués de Siete
Iglesias y gran amigo de los validos duque de Lerma y de su
hijo el duque de Uceda.

Ampliaré noticia tan sensacional. Don Rodrigo, durante
algún tiempo, mandó en quienes mandaban en don Felipe
III. Al pueblo de Madrid le *cayó gordo* don Rodrigo, por su
mucha soberbia, por el desparpajo con que aireaba sus
riquezas aumentadas si no a diario, al menos semanalmente.
Por si este bienestar ya no fuera motivo justo de envidias y
resquemores, don Rodrigo era descortés y agarrado de bolsa
para los humildes. Al declinar el poder de sus ducales

valedores, don Rodrigo fue apresado en su mansión de Valladolid, donde se había escondido asustado por el cariz que iban tomando los sucesos en la Corte, y traído sin miramiento alguno a Madrid, ya declarado reo de alta traición. Durante el juicio sustanciado en su contra, se le atribuyeron... ¡nada más de 244 delitos!

A su muerte —anunciada en muchas fachadas de la Villa, con papeles untados en engrudo, como si se tratara de obra escénica de Lope o de «Tirso»— asistieron muchos miles de personas, pues que para aquella trágica función cada habitante de la Villa tenía vale gratuito de entrada y asistencia hasta la caída del último telón. De tantos seres morbosamente curiosos, el único más digno: el reo, por esta vez sin soberbia alguna, haciendo así doblemente falsa la frase que ha prosperado a través de los siglos: pues que ni el soberbio don Rodrigo llegó con orgullo al cadalso, ni fue ahorcado, sino degollado. Por ello, ¡cuán necia la frase de «con más orgullo que don Rodrigo en la horca»! Llegado al pie del cadalso, don Rodrigo se apeó de la mula que le había conducido allí, desde los sótanos cárcel de su mansión de la calle *Ancha de San Bernardo* y subido los seis peldaños del tablado, donde ya le esperaba con expresión grave y aptitud compuestita, con el dedo índice de la mano diestra sirviendo de señal en el breviario, el padre Pedrosa, religioso que se había especializado en sostener la voluntad de los condenados a muerte en el trance de pasar de una vida a otra, y muy apegados a la conocida que se iba a dejar y temerosos de la desconocida, aunque les jurasen con crucifijo y breviario que esta desconocida era la mejor.

Tomaron los dos asientos en la tarima sobre la que estaba clavada la silla trágica de la degollina, y esperaron pacientes a que los doce frailes que rodeaban el cadalso en coro circular y genuflectos, entonaran las recomendaciones del alma. Quiso el reo encomendar su alma y le pidió al P. Pedrosa su manual. Y ya éste en su mano rezó el *Miserere* y el *Credo* en latín. Y habiéndolos terminado con ahoguíos en su pecho como quien es víctima de un fuerte catarro bronquial, se lanzó a decir las *Letanías* acompañado amistosamente por todos los frailes, diciendo estos el *ora pro nobis* y don Rodrigo el *ora pro me*, con voz que se le iba acanguelando ostensiblemente. Reconciliado don Rodrigo con el Supremo Hacedor a través del oído del P. Pedrosa con muchas pausas y reojos despavoridos hacia los espectadores que llenaban el *teatro*, cada vez más interesados en la función, recibida la absolución, besó la madera del falso suelo en vilo y la mano del religioso, y se fue a sentar en la silla tropezando con sus propios suspiros y ayes. ¡Pues no hagan ustedes caso a los historiadores que ponderan el valor ejemplar del reo! La verdad es que murió antes del miedo que de la cuchilla. Le ató el verdugo todo el cuerpo y le vendó los ojos. «¡Diga vuecencia, Jesús mío!», le instó el P. Pedrosa. Susurró don Rodrigo un «¡Jesús!» echo añicos. Al punto le echó el verdugo la cuchilla a la garganta y se la rebanó, desangrándolo a borbotones que salpicaron la tarima y la hopalanda del ejecutor y sus manos y rostro. Redoblaron los tambores. Se alzó un clamor de gargantas abroncadas. Se rompieron algunos sollozos de las espectadoras más sentimentales. Entre el verdugo y el muñidor de las Cofradías cogieron el cuerpo caliente y lo extendieron sobre un paño de bayeta negra; sobre el pecho una cruz; el rostro ya descubierto y tomando el hielo del mármol; en las cuatro esquinas del cadalso cuatro hachones amarillos y encendidos, cuyas llamas oscilaban a los soplos benignos del viento...

Se dio el pregón de que nadie quitase aquel cuerpo bajo pena de muerte. Y hasta el crepúsculo estuvo velado por los muchos religiosos, de distintas órdenes, que se iban sucediendo en aplicarle responsos coreados por los espectadores.

Año 1622. En el que a un labriego le canonizan y a un conde le «despenan»

En el mes de junio se reprisaron en Madrid los festejos celebrados en el 19 de junio de 1620 para enaltecer la beatificación de Isidro, madrileño tocado por la más alta gracia del Señor. Los festejos de la Beatificación fueron celebrados en el templo de San Andrés. Pero la *reprise,* para celebrar la santificación de Isidro (por el Pontífice Gregorio XV) amplió los festejos, sino que siguiendo el mismo programa y, en escenarios distintos: la *Plaza Mayor,* la esplanada ante el Alcázar y los Corrales de Comedias *del Príncipe* y *de la Cruz.* Se corrieron toros y cañas. Se adornaron balcones y ventanas con tapetillos y mantones, y de noche con incontables luminarias de cera metidas en fanales. El certámen Poético, como el de 1620, fue organizado, manejado y fallado por Lope de Vega, quien, luego de otorgar los premios a varios amigos se premió a sí mismo, concurrente con el seudónimo de «El Maestro Burguillos», y se volvió a premiar, en la persona de su hijilla Antonia Clara... ¡que contaba poco más de cinco años! Cobró, además, Lope, del Concejo, por la redacción de dos comedias: *La niñez de San Isidro* y *La juventud de San Isidro.* También hubo fuegos de artificio, cortejos por las calles, jardines artificiales, altares en las calles adornados con retablos y tramoyas de inédita pompa. Gentes —con sus Gremios, alcaldes, alguaciles, estandartes, cruces y pendones— de cuarenta y seis ciudades y lugares. Puestos callejeros de frutos secos. Músicas y danzas a todas horas en las plazuelas.

Se conserva una carta de Lope de Vega, el mangoneador omnipotente del teatro español, en que defiende la creencia de que la muerte repentina del conde de Lemos —¿veneno en la noche del 19 de octubre de este mismo año?— y la trágica, a estocada «en las agujas», la noche del 21 de agosto anterior, del conde de Villamediana, fueron a sugerencia del flamante

don Felipe IV, por lo que el historiador La Barrera escribió
con acierto «que el reinado de don Felipe el poeta se.
inauguraba entre el cadalso (para don Rodrigo), el estoque
(para Villamediana), el veneno (para el conde de Lemos) y la
canonización de cuatro bienaventurados (Santa Teresa, San
Isidro, San Francisco Javier y San Felipe de Neri)».

El asesinato más «sonado y comentado» fue el del famoso
don Juan de Tassis y Peralta, conde de Villamediana, nacido
en Lisboa, en 1582. La noche del domingo del 21 de agosto
de 1622, como a las veintitrés y media, iban dentro de un
coche don Luis de Haro, hermano del marqués del Carpio,
este y el conde de Villamediana, gran poeta, gran cortesano,
famoso «don Juan» un poquitín calvo, audaz pretendiente,
ingeniosísimo maldiciente en prosa y verso y expertísimo
espadachín. Murmuraban con malicia. Reían apicarados.
Fanfarroneaban. Al llegar el carruaje frente a las Gradas del
Mentidero de San Felipe, lateral ya al portalón del Palacio de
Villamediana, en la gran soledad de la calle *Mayor,* un
individuo enmascarado saltó al estribo y dando unas roncas
«¡Buenas noches!», clavó un estoque, lasta la empuñadura,
en el pecho de Villamediana. Aún tuvo fuerzas éste, como un
bravo toro herido de muerte a volapié, para saltar al arroyo,
desnudar su espada, para lanzar varios pesias... Se desan-
graba a chorros. Se dobló sobre las baldosas. Entre el
marqués del Carpio y varios criados que acudieron a los
gritos de aquel y de su hermano, el cadáver fue metido en un
amplio zaguán. Ya estaba muerto. Al «lugar del suceso»,
como escriben los redactores de sucesos, en aquella calurosí-
sima noche, «acudió toda la Corte a ver la herida, que
cuando a pocos dio compasión, a muchos fue espantosa».

¡No quieran ustedes saber el escandalazo y los comentarios levantados y corridos con ocasión de aquella muerte a
mano airada y anónima! Nobles y menestrales, poetas y
militares, clérigos y mercaderes, todos se dieron a pensar
quien había dado aquel *impulso secreto,* a aquella mano

misteriosa y certera para aquel alevoso asesinato. Las gentes aún se acordaban de que en el pasado mayo, en la *Plaza Mayor*, durante una función de toros y cañas, se presentó Villamediana con su vestido «o librea sembrada de reales de a ocho, con esta letra: *Son mis amores, reales.*» ¡Qué audacia! ¡Aquello era tentar a Dios! Las gentes aún se acordaban que, unos días antes, en los Jardines de Aranjuez, mientras se representaba la comedia —de intriga y confusa— del propio Villamediana, *La gloria de Niquea*, estando presentes SS.MM., estalló un incendio de origen sospechoso y que, a pretexto de librarla de las llamas, el conde tomó en brazos a la bella reina doña Isabel de Borbón... ¡Qué audacia! ¡Qué bárbaros retos a los *invisibles poderes*!

«Decidme: ¿quién mató al conde?». Durante semanas, y meses, esta maliciosa pregunta que se hacían los madrileños como si fuera expresión de un usual saludo... Y a continuación recitaban por lo bajo los dos últimos versos de la emponzoñada décima de Góngora...

> ... *que el matador fue Bellido*
> *y el impulso «soberano»*

Coletilla: el matador *no fue habido*. Se había esfumado en la noche como un «negro fantasma salido del Averno».

Año 1635. En el que se le muere a Madrid su idolatrado hijo Lope

El 27 de agosto, o el 26 (tengamos lo que tuvimos al referirnos a la muerte de Miguel de Cervantes) falleció en su Madrid y en su casa de la calle *de Francos* no sólo el creador del teatro español, sino algo mucho más importante: quien convirtió Madrid en teatro mundial. La magia de Lope consiguió que los madrileños se transformaran, apenas alcanzaban el uso de razón, en actores de cada uno de los argumentos que se iban eslabonando en sus vidas. Si el de Cervantes fue un entierro venido *a menos,* el de Lope fue un sepelio imposible de superar en solemnidad. Como que fue declarado calamidad pública. Se verificó a las once de la mañana del día 28. Todo Madrid se echó a la calle, ya que presenciarlo en lugar estratégico, ya para sumarse al cortejo. Y es que el todo Madrid se dio por invitado a la ceremonia fúnebre. Nadie faltó a la lista. Y sí muy pocos acudieron por simple curiosidad, los más tenían el alma afligida, y la pena delatábase en las humedades que fluían de los ojos femeninos y en las expresiones compungidas de los varones de más «pelo en pecho». Los alrededores de la calle *de Francos* estaban colmados de cofradías con estandartes y velas luminarias; de religiosos y clérigos con sobrepellices y hachones; de terciarios franciscanos con roquetes y linternillas; de Caballeros de las Ordenes Militares con hábitos deslumbrantes y volantones; de familiares del Santo Oficio con caras de purga; de soldados de los Tercios en expectativa de destino y soldada; de consejeros graves como caballeros del Greco, y canudos y acelgados de expresión como éste; de nobles rebultados de gorgueras y de capichuelas; de los cleros de todas las parroquias madrileñas con cruz alzada y ciriales, cantores incansables del oficio de difuntos; de damas y comediantas desprovistas de dengues y coqueterías.

A Lope se le amortajó con el hábito de Caballero de San Juan. Está de más que yo diga que Lope «parecía dormir dulcemente», porque esto es lo que se dice de casi todos los cadáveres «en estado de merecer el tópico». Pero era la verdad. El itinerario de la comitiva, orante y llorona, fue este: calle *de Francos,* calle *del Niño* (hoy, *de Quevedo*), subida por la *de Cantarranas,* para que pasara el muerto, llevado en hombros y destapado el ataúd, por delante del Convento de las Trinitarias, a petición de Sor Marcela de San Félix, la hija bien amada del poeta; calle *del León*, plazuela *de Antón Martín,* calle *de Atocha*, hasta la iglesia

parroquial de San Sebastián. Fue tal el número de los concurrentes, que cuando aún no había salido el féretro de la casa mortuoria, ya había llegado la cabeza del cortejo a la parroquia. Todas las calles del trayecto estuvieron alfombradas de olorosas ramas de las tierras madrileñas de La Florida, de El Pardo y del Prado. Y sobre el cuerpo de Lope yerto llovían desde los balcones flores, ayes y gemidos y desgarrados sollozos. Los sacerdotes naturales de Madrid llevaban, revestidos de roquetes, en hombros los restos mortales del más celebrado de los sacerdotes madrileños. En el templo de San Sebastián esperaba la Real Capilla —enviada por don Felipe IV— con música y los gorigores de rigor—. El féretro, abierto, quedó colocado sobre un túmulo cubierto de terciopelo negro con galones dorados. Y comenzó la misa de *corpore insepulto,* a la que siguió como medio centenar de responsos; tantos como conventos, monasterios y parroquias había en Madrid. Aquello, todo hay que decirlo, se puso un poco pesado y espantó a bastantes de los asistentes. Terminados los oficios, allí mismo, Antonio de Herrera, escultor del rey, vació en cera la cabeza del genio. Y a la salida, se comentaba que el señor duque de Sessa había prometido sufragar los gastos del entierro y del enterramiento perpetuo (aclaro que fue *ennichamiento*) de quien había sido su inapreciable secretario y tercero en amoríos, y aún levantarle un monumento funerario que sería pasmo de los siglos. Las promesas del señor duque quedaron en agua de cerrajas, y los huesos y carne agusanada de Lope *se traspapelaron* en una de las bárbaras mondas llevadas a cabo por el clero parroquial para dejar libres tumbas y nichos productores de pingües estipendios.

Año 1648. Una conspiración de pacotilla

Conmocionó mucho a la opinión pública, como ahora se dice, una conspiración descubierta a tiempo y que iba dirigida contra la vida, bastante bellaca, de don Felipe IV. El director escénico de la misma fue don Rodrigo de Silva, duque de Híjar. En su casa, situada al final de la calle *de Atocha*, se reunía «a cencerros tapados» las conspiraciones de opereta —seguramente con música *y todo*—, como si estuvieran ensayando para el buen decir y el mejor accionar un simulado coro de conspiradores. Entre los metidos *en el ajo* figuraban don Carlos y don Juan de Padilla, don Pedro de Silva (marqués de la Vega de la Sagra) y el portugués Domingo Cabral, perito en estos menesteres al decir de testigos en el juicio sumarísimo que se siguió. Los tales eran, en verdad, las partes cantantes. Hoy se les hubiese dado nombre mucho menos poético: el Comité directivo.

Siempre ávidos de truculencias —inyecciones de estupefacientes deletéreos *a la larga,* pero necesarios para un persistir inmediato—, los madrileños se desbordaron en las calles pretendiendo *pulsar* el ritmo del suceso. Sí, el despampanante suceso era rigurosamente cierto. Los conspiradores, sacados a la vergüenza pública merced a un *soplo misterioso*, se mostraron en su salsa: salón apenumbrado, mascarillas negras tapa rostros, voces engoladas y envalentonadas, gestos propios del argumento, juramentos proferidos ante una cruz colocada sobre un altar portátil revestido de negro funerario. ¡Qué impresionante final de segundo acto, los justicias penetrando en el antro con faroles desnudos, espadas desnudas y clamoreando: «¡Daros presos, caballeros, en nombre de su majestad!».

Don Pedro de Silva quedó detenido en casa del alguacil Bermejo; el duque de Híjar, en el palacete de licenciado don Pedro Barrera, casa llamada *del Rincón,* y que se levantaba en la calle *de Toledo* con vuelta a la *Cava de San Francisco.* Don Carlos Padilla —su hermano Juan se encontraba en Nápoles— y don Domingo Cabral, como no tenían padrino de rumbo, habían sido metidos en una de las torres de la Cárcel de Corte, el hoy llamado Ministerio de Asuntos Extranjeros. La causa se llevó con mucha rapidez y recato. El director de escena y argumentista, duque de Híjar, fue condenado a prisión perpetua y al pago de 10.000 ducados. El de Híjar era la parte más gorda de la cuerda. Cabral, que era la más delgada, murió de repente en la prisión *ahogado* por los remordimientos, según se corrió por la Villa y Corte. Silva y Padilla fueron degollados en la *Plaza Mayor*, el viernes 5 de noviembre. La doble ejecución conmovió profundamente a los espectadores; quienes, durante mucho tiempo, comentaron la trágica función. Los dramas suelen acabar así. Luego, baja el telón.

Año 1662. Otra conspiración aún más barata

Otra conspiración contra don Felipe IV. Y también ésta, más que drama, melodrama y de los malos. Conspiradores feroches, dirigidos por el marqués de Liche, hijo del leal ministro don Luis de Haro. Se trataba de cavar una mina debajo del palco regio en el Coliseo del Buen Retiro, para colocar en ella, unos barriles de pólvora que habían de estallar cuando el monarca estuviera presenciando una representación. La mina quedó cavada. Colocados los barriles de pólvora con largas mechas. S.M. en el palco. Mediada la representación. Las mechas son encendidas y las llamas empiezan a correr por ellas. Expectación de los conspiradores ocultos en el Laberinto. Pasa el tiempo. Los conspiradores se miran aterrados. ¿Qué pasa con las mechas? ¿No han llegado a los barriles? ¿Estaba húmeda la pólvora? ¿Se ha obrado algún *milagro* atribuido a San Isidro, de quien don Felipe IV es fiel devoto?

Se dice que delató la conspiración uno de los comprometidos en ella, y que varios alguaciles penetraron en la mina y llegaron a tiempo para apagar las mechas. Y sobre la mina, en el palco regio, S.M. seguía presenciando el espectáculo «como un bendito».

El monarca perdonó la vida al cabecilla de la conjura en recuerdo de su padre y fiel ministro don Luis de Haro. Una vez se cumplió el sabio dicho de que sólo se rompe la cuerda por su parte más débil, ya que los restantes «encartados» fueron degollados sin la menor ceremonia pública. Tengo bien observado en el estudio de la historia a lo largo de muchos siglos, que en España jamás *pagan el pato* los que lo han guisado, sino quienes sirvieron, cuando más, de pinches y marmitones.

Año 1733. La alucinante Ronda del Pecado Mortal

El 20 de diciembre apareció en la *Gaceta* el decreto correspondiente a la fundación en Madrid —a imitación de la que ya funcionaba en Sevilla, y función esta que fue muy del agrado del hipocondríaco don Felipe IV— la *Santa y Real Hermandad de María Santísima de la Esperanza y Santo Celo de la Salvación de las Almas*. El 16 de enero de 1734 quedaron aprobadas las *Constituciones de la Hermandad*. El Cardenal Astorga, arzobispo de Toledo, confirmó sus reglas. Y el Pontífice Clemente XII la concedió puñados de gracias y puñados de mercedes, enviadas a voleo. El 4 de febrero de este último año se celebró la primera Junta de la Hermandad en la Iglesia de San Juan Bautista, parroquia por aquel tiempo de Palacio.

¿Misión de esta Hermandad? La más noble y necesaria que puedan ustedes, lectores míos, figurarse. Arrancar de manos del tercer pecado capital los cientos de miles de almas que, al parecer muy placenteras, no podían, o no sabían, o no querían liberarse de sus terribles y, a la vez, seductoras garras. ¿Medios para conseguir esta salvación, mucho más urgente para el rey y la iglesia que las que imponían los otros seis pecados capitales juntos? Misas y misas, rogativas y más rogativas, limosnas y más limosnas a favor de cuantos se encontrasen —que eran el ochenta por ciento de los habitantes de Madrid— en pecado mortal de la carne (carne esta que estaba, en la Villa y Corte, más barata por entonces que la carne comestible de inocentes animales). Y con las limosnas se costearían misiones públicas que lograran saludables efectos y se sostendría una casa-refugio para cuantas jóvenes habían caído en la prostitución por engaño, violencia, sorpresa, fragilidad o... gusto. También procuraría la Hermandad que se pasasen por la vicaría y algún templo cuantos vivían amancebados.

Pero no terminaron aquí los celos ardientes de los Hermanos. Quienes se impusieron la obligación de salir todas las noches, en cuadrilla y al filo de la medianoche, por las calles de Madrid más leprosas y recónditas de mancebías, con farolillos y campanillas en las manos, formados en dos filas paralelas y sin dejar de sacudir ferozmente las campanillas ante cada mancebía, y de pronto, en el silencio de la noche, a coro bronco y abroncado, cantar coplillas tan optimistas como éstas:

¡Esa falta que cometes,
mira atento, y considera
que podrá ser la postrera!

¡Para los cuerpos que pecan
con tactos y viles gustos,
hay los eternos disgustos!

EN MADRID, SE CAPAN CAPAS Y SOMBREROS

El Señor marqués de Esquilache, ministro omnipotente del rey don Carlos III, el 19 de marzo de 1766, ordenó que los madrileños renunciaran a sus chambergos de alas gachas y a sus capas de «grandes vuelos» y aceptaran las capichuelas y los tricornios.
A los madrileños les irritó aquella orden imperativa de un ministro extranjero odiado, y «armaron la de San Quintín», amotinándose con furia el domingo 28 de marzo. Esquilache regresó a Nápoles. Carlos III, enfurruñado, se exilió en Aranjuez. Y los madrileños... se dejaron capar las capas.

¡Mientras dais gusto a los cuerpos,
la eternidad os prepara
los horrores del infierno!

Por mucho que gocen juntos
él con ella, ella con él...
¡mucho más goza Luzbel!

Entre coplilla y coplilla, nuevos zurriagazos de campa-nillas, oscilación de farolillos, pisadas fuertes de quienes están como marcando el paso en la instrucción militar, comentarios en voz alta para más reconcomer a cuantos estaban acurrucados en los lechos del pecado y ponerles el vello de punta. En ocasiones se echaban a las calles sombrías gritos de horror y de histeria. Entonces se sonreían los Hermanos y guardando el paso recio y sacudiendo fuerte las campanillas se iban... con gorgoritos y música a otras partes. Con el tiempo la *Ronda del Pecado Mortal,* nombre que daban los madrileños a la Hermandad que así pregonaba sus pías intenciones, hubo de duplicar y aún de triplicar estas Rondas nocturnas, pues las mancebías y figones eran tantos, y tan empedernidos se mostraban en sus vicios, que con una Ronda había para muy poco recorrido. Y no puedo dejar de decir, que hubo muchos pecadores insolentes que se asoma-ban a ventanas y balcones, y sin disimular sus paños meno-res, para gritar: «¡Eh, *Pecados,* ahí va eso y dejadnos en paz!». Y lo que caía era alguna moneda que, luego de botar con estruendo en algún pedrusco de las calzadillas, desapa-recía en la mano de alguno de los rondadores. Quienes no parecían hacer ascos al dinero de la prostitución. Acaso —¿y por qué no pensar en lo mejor?— estas monedas eran puestas a disposición de la Hermandad para que así esta pudiera lanzarse a la lucha con nuevos bríos.

Año 1766. Cuando el motín de las capas... capadas

El conocido por el *Motín de Esquilache* estalló en Madrid, y en la *plaza de Antón Martín*, a las tres de la tarde del domingo 23 de marzo de 1766. Casi nada... Que el señor don Carlos III, a quien Dios guarde, y su ministro Esquilache, a quien Dios confunda, los dos, al alimón, determinaron privar al pueblo de uno de sus gustos sentimentales: su genuina vestimenta. El sombrero gacho de alas largas y amurcielagadas y la capa larga de amplísimos vuelos y revueltas de embozos. Capa y sombrero muy propicios para ocultar el rostro, «el aire» y las intenciones de sus usuarios. El monarca y el ministro deseaban que los madrileños perdieran su desmedida afición a los tapujos, bien en las callejas rinconeras, bien en los portales penumbrosos, bien dentro de sus capas y bajo sus sombreros. Pero... ¡a los madrileños *fetén* con imposiciones por el contundente método de «¡Porque lo mando yo!». Sí, sí... Los cuales madrileños sin pararse en pelillos, ni en barras, formando grupos tumultuosos y armados «a lo contundente», durante varios días, dedicáronse a las muy gustosas tareas de apalear a corchetes y alguaciles, romper faroles, desarmar a mílites sin graduación, asaltar viviendas de nobles y ministros, y saquear comercios; y en las inmediaciones del Palacio Real, lanzar mueras y canciones picantes contra Esquilache, entonar responsos con acompañamiento de cencerros...

Hubo algunos muertos y bastantes heridos y contusos. Esquilache huyó a Aranjuez. El rey don Carlos se enfadó mucho, cosa extraña en él, y... también se marchó a Aranjuez. Y en Aranjuez se refugiaron dos centenares de personajazos pelotilleros. Y, claro está, en Aranjuez subió el precio de los alimentos. Después de la tempestad, la calma. El 13 de abril, Esquilache embarcó en Cartagena con rumbo a Nápoles. Después de varios meses de exilio, Carlos III regresó a la capital, aún enfurruñado. Pero como era un monarca tan requemadrileño y tan bonachón, los madrileños salieron a recibirle... con las capas y los tricornios, a rostros y cuerpos bien al descubierto.

Años 1808-1814. De cuando el Pueblo de Madrid armó la de Dios es Cristo

Durante casi siete años fueron representadas en Madrid acaso las obras más dramáticas, significativas, emocionan-

MODELOS PARA UN MOTIN

A la derecha, un madrileño oculto bajo su sombrero de alas gachas y dentro de los largos vuelos de su enorme capa. A la izquierda, el mismo madrileño con su sombrero tricornio y su capada capa. Ahí están para que juzguen, imparcialmente, cuantos contemplen los dos modelos. Entre éste y aquél hubo un tremebundo motín callejero, con muchos heridos, entre paisanos y soldados, un largo enfado real y un ministro italiano que salió de Madrid «a uña de caballo».

tres, transcendentes de toda su historia. Ya he dicho más de una vez que fue precisamente el 2 de mayo de 1808, muy de mañana, cuando la Villa y Corte decidió dar aquellos gritos tremendos, taladradores de conciencias y de voluntades para, a renglón seguido, acreditarlos como el hecho sensacional, como la lección magistral insuperable por los siglos de los siglos. Algo, sí, que sólo la capital de una nación puede representar, trasunto de la realidad más viva, convirtiéndose por derecho propio —y no seguir siéndolo por concesión graciosa— en capitán general de *la acción* y del *simbolismo* del país. Sí, fue el 2 de mayo de 1808, a las ocho de la mañana y ante el Palacio Real. Fue... cuestión de un grito estridente que estalló de pronto. Fue cuestión de un gesto despreciativo salido en ojos y en labios y en gestos extranjeros. Fue cuestión de que los primeros actores hasta entonces, y en todas las funciones de alguna ambición —reyes, príncipes, infantes, nobles, poderes gubernamentales, altas jerarquías eclesiíasticas— se negaron a salir a escena para pechar contra una casi imposibilidad nutrida de monstruos, anubarrada de presagios enloquecedores. «¡Ahora! ¡Ahora!», pensó Madrid. «¡Ahora o nunca¡» «¡Ahora, o yo, una vez más, comparsa para siempre!» Y Madrid reaccionó y accionó ante las candilejas de la batería. Se dió noción de que al grito aquél, alerta del tramoyista que levantara el telón ante la espectación mundial, debían de seguir otros gritos igualmente espantables, y a éstos los alaridos y los insultos más feroces lanzados como pedruscos contra los enemigos, y a los insultos, los golpes, los navajazos, el hacer frente a los fusiles con viejas escopetas, con pistolones, con hoces y guadañas, y palos y palas y picos y azadones... Sí, había llegado el momento de matar y de morir, a cara y cruz, con más probabilidades para lo primero, como así sucedió. Pero... ¡morir importaba poco al pueblo de Madrid cuando sólo se buscaba, ante las candilejas del escenario, las grandes ovaciones y los sollozos de emoción de la posteridad!

Jamás había visto el ojo frío, ni entendido la fría razón, que se pudiera morir *en masa* y sin salir del anonimato, jugando a morirse en actitudes de tanta belleza y de tanto color, como si la muerte que corta el soplo vital nada pudiera contra la alegre conformidad de exhalarlo cuanto antes. ¿Duda alguien de que aquella lección de Madrid se agarra más a la emoción recordatoria *precisamente* por su desbordante entusiasmo en su mano a mano con la muerte violenta? No se hurga en la inmortalidad con frases hechas —por muy ingeniosas que sean—, ni con fatalismos rimados —por mucha poesía que contengan para lo épico—, ni con trémolos religiosos de miserere entre piedras y vidrieras antiguas. Se araña en el pasmo infinito con coplas desgarradas, con jolgorios de navajazos y de apaleamientos; se gana la cátedra de capitalidad a fuerza de derrochar carácter y de desperdiciar naturalidad. Los altillos de La Moncloa y El Prado de San Jerónimo, la plazuela del Parque de Monteleón, quedaron cubiertos con una hermosa mies de sangre derramada y sin agavillar. Los capitales Daoíz y Velarde, el teniente Ruiz, Manolita Malasaña y su padre, hombres de pelo en pecho y sus novias fieles hasta recibir la muerte a su lado, centenares de manolas y majas, de majos y manolos y chisperos sableados y arcabuceados mientras ellos mataban franceses de a pie y de a caballo con navajas y facas y hoces, arrojándoles tiestos y ollas de aceite hirviente desde los balcones. Sí, hasta que Madrid no gritó con toda la fuerza de sus pulmones el «¡Ahora!», España entera no contestó, con iguales rabia y estridencia: «¡Pues ahora!»

El 1 de diciembre de 1808, llegó Napoleón a Chamartín, alojándose en el Palacio del afrancesado Duque del Infantado, desde el cual exigió la rendición incondicional de Madrid. Exigencia que Madrid «dió por no oida». En la Villa estuvo el emperador los días 5 y 7, y las dos veces entró aprovechando las livideces del alba, como los ladrones de gallinas, dirigiéndose al Palacio Real. En cuya escalera

principal, se volvió hacia su hermano José, coronado Rey de
España, para decirle: «Vos, hermano, vais a estar mucho
mejor alojado que yo».

José I, prudente y caballero finolis, muy apegado a las
faldas cubridoras de bellezas juveniles, bien intencionado,
vivió sobresaltado en Madrid entre pasquines y libelos tremebundos, coplas difamatorias, groseras canciones y trágalas,
chascarros brutales y despectivos respingos, todos ellos dedicados a su persona, a las personas más allegadas de su
familia y a su séquito de franceses urracas y de españoles
(¡qué pena, don Leandro Fernández de Moratín, madrileño
de pro!) serviles de tomo.

> —*Pepe Botellas*
> *baja al despacho.*
> —*No puedo ahora,*
> *que estoy borracho...*
> . . . .
>
> *¡Ya viene por la Ronda*
> *José Primero,*
> *con un ojo postizo*
> *y el otro huero!*
>
> . . . .
>
> *¡No quiere Pepe*
> *ninguna bella;*
> *quiere acostarse*
> *con la botella!*

Y, sin embargo, José I (mi máxima irrespetuosidad es
quitarle el Don), que ni era tuerto, ni borracho, se dedicó a
requebrar a Madrid, pues que no podía hacerlo con toda

España, con muy buenas obras. Restableció en todo su esplendor las corridas de toros: el gesto y el desplante más españoles. Dio licencia para que los cafés y las botillerías permanecieran abiertos hasta la madrugada. Organizó Salves y Tedéums diarios en las Basílicas de La Almudena y Atocha. Y diarias funciones de teatro gratuitas para gentes de economía débil, unos días en el Teatro del Príncipe, otros en el de La Cruz, y otros en el de los Caños del Peral. Prohibió la Inquisición y a los inquisidores, casi oficialmente, les mandó a tomar... aires de provincias. Derribó incontables conventos y templos parroquiales para convertir sus solares en plazuelas ajardinadas, pulmones del vecindario; de las más estratégicas fueron las de Santa Ana, San Miguel, del Rey, los Mostenses, San Ildefonso, de la Cebada, de Santa Bárbara, del Celenque, de Oriente (dejando en perspectiva maravillosa al Real Palacio), de Santa Clara, de la futura Isabel II, de la Bolsa, del Callao... Entre los conventos demolidos estaban los de Santa Ana, Santiago, San Juan (entonces se *traspapelaron* los restos de don Diego Velázquez, que aquí yacían), San Martín, Santa Catalina, San Miguel, Santa Clara, Premonstratenses... Y, como podrán ustedes, lectores míos, comprobar, tuvo el gesto cordial (¡él, masonazo!) para con los tan devotos madrileños de conservar a las plazuelas los nombres de los santos y santas que advocaron los derribados inmuebles sacros.

El año 1811 fue llamado en Madrid *El año del hambre.* Desde diciembre del año anterior, los vecinos de la capital, y los avecindados de ocasión, apenas encontraban qué llevarse primero a la boca y después al estómago que tuviera siquiera equis número de vitaminas para la subsistencia más indispensable que no determinara caquexia y muerte rubricándola. Un pan de dos libras llegó a pagarse a trece reales de vellón. Y la mortandad igualó a la miseria. Desde septiembre de 1811 hasta julio de 1812 —según confirman los registros parroquiales matritenses— fueron enterrados ¡más de

20.000 víctimas de la inanición y de las enfermedades infecciosas! Los madrileños devoraron la totalidad de los gatos, perros, burros, ratas; los papeles nuevos y viejos, limpios y escritos, las flores lozanas y marchitas, los tronchos de las verduras más innobles, las hojas y raíces de cualesquiera plantas, la cal de las paredes... Y se tumban para morir —con la dignidad del cicutado Sócrates y del desangrado Séneca— en las calles y plazuelas, tirados sobre el barro o apoyadas las espaldas sobre las fachadas, ya sentados en el lodo o en el polvo sin proferir un grito, ni un ¡ay!; sin tender una mano en ademán suplicatorio ante los soldados franceses que les mostraban panes tiernos, verduras frescas, jamones curados, pollitos dorados, y que iban de casa en casa con la esperanza de que alguna familia, para salvar a sus hijos pequeños, aceptara las dádivas de los fanfarrones galos. ¡Dios Santo: vinos «generosos», tajadas de corderitos lechales, frutas zumosas llegadas de aquel Aragón, de aquella

EL REY DE ESPAÑA JOSE BONAPARTE
Rey «postizo», por supuesto: rey, por descontado, «a la trayala». Pero, en definitiva, rey. Sino que los españoles «la tomaron con él» acusándole de cien vicios que no tenía; negándole las virtudes que poseía indudablemente. A los españoles les hubiera convenido no cambiarle por Fernando VII. Pero, según dicen, Dios ciega a quien quiere perder.

Andalucía que ellos, los fanfarrones y cruelísimos, habían robado! ¡Qué se creían los gabachos! ¡Tumbados, desplomados ya, hacían frente a las tentaciones deliciosas con una tenue sonrisa despectiva y tornaban a cerrar los ojos, muchos de ellos para no volver a abrirlos! Sólo muy pocos, antes de morir, cometieron la *traición* de olfatear con codicia, de pasarse por los labios resecos la lengua estropajosa...

> *Ya se va por las Ventanas*
> *el Rey Pepino,*
> *con un par de botellas*
> *para el camino*

Y se fue, en efecto, José I, no por las Ventas del Espíritu Santo, como decían fiscales los propaladores de la copla, sino por Chamartín. Y se fue José (verán ustedes, lectores míos, que si siempre les privé del don de tratamiento, ahora ya le privo de la ordinal cabecera de dinastía), marchó a marchas forzadas, con los temores pisándole la sombra, sus generales, sus cortesanos, sus tropas, llevándose *un equipaje* muy superior al de los cuarenta ladrones de la Cueva de Alí Babá: doscientos quince grandes cofres pletóricos de... fruslerías: cuadros, tapices, alfrombras, cornucopias, relojes, porcelanas, marfiles, miniaturas, joyas exquisitas, vajillas de oro y plata... de cuantos tesoros estaba tan prodigiosamente abastecido el Patrimonio de los Reyes de España.

Posiblemente no habría llegado aquella nutrida tropa de indeseables a las puertas de Alcobendas, cuando por el Puente de Segovia y por el Puente de Toledo entraron triunfantes los ejércitos aliados: españoles e ingleses, a cuya cabeza marchaba —también fanfarrioso y, además, impertinente— el señor Duque de Wellington, arropado de generales, seguido de una caballería no precisamente engalanada para un desfile, que si los jinetes presentaban pruebas inequívocas de polvo, sudor y sangre, los caballos avanzaban derrengados... Particularmente pienso que la historia ha sido excesivamente benévola al enjuiciar al Duque de Wellinton. A la postre de su carrera militar, en las inmediaciones de Waterloo, le tuvo derrotado Napoleón, y sólo la vertiginosa llegada del mariscal alemán Brückner, con su vendaválica caballería, logró sacarle «las castañas del fuego». Y sus acciones en la Península Ibérica encontraron unos aliados «con ansia de venganza» y unos adversarios que ya combatían, *desde lo de Rusia,* de capa caída y sin hacerse demasiadas ilusiones. Y me importa decir que el cacareado equipaje del ex-Rey José, la mayor parte del cual quedó abandonado en Vitoria, pasó a posesión y propiedad de las huestes del flamante Duque de Ciudad Rodrigo y, por supuesto, los bocados mejores del botín pasaron a la particular hacienda de éste. A los que añadió el también Duque de Talavera (para el mundo inglés, Sir Arthur Wallesley) enorme acopio de objetos artísticos, de valor inapreciable que *se fue regalando* por donde pasaba y cuando se le antojaba, en toda la geografía española. Posiblemente los ingleses defensores se llevaron de España muchos *más regalitos* que los enemigos franceses se llevaron.

Años 1814-1820. Farsa y licencia del Rey Felón

La marimorena absolutista en Madrid (y en el resto de España, por supuesto). El 13 de mayo de 1814 hizo su entrada triunfal en Madrid don Fernando VII (al que la Historia, con mayúscula, ha motejado de Felón, también con mayúscula, y no sin falta de razón) ¡Y tan triunfal! Como que unos tan forzudos como cretinos mozos de mulas, y manolos de cuarta mano, desengancharon los seis caballos de la carroza real, para convertirse ellos en mulos, tirar de la carroza y vociferando a la par: «¡Vivan las *caenas* que nos ponga nuestro Rey Fernando!» Y el Rey Fernando, que llevaba años cis-

EL 2 DE MAYO DE 1808 ANTE EL PALACIO REAL
En aquella fecha reina despóticamente en Madrid el napoleónico
general Murat. Quien ha ordenado que desalojen el Real Palacio
los últimos inquilinos de él: un infante viejo y un infante niño.
La orden de Murat prende la mecha en el odio madrileño hacia
los franchutes invasores; y el estallido «de la bomba» queda
recogido en este sugestivo y realista grabado.

cándose en sus palabras de honor, sentando plaza inclusive
de *parricida en ciernes* (sólo le faltó la *práctica*, que no las
intenciones), sintiose transportado al Olimpo y empezó a
derramar a uno y otro lado de la carroza sonrisas camándulas y miradas prometedoras de muy próximos festejos. Y los
hubo, y enseguidita. En provincias salieron mejor librados...
por la distancia. Pero en Madrid la marimorena consistió en
apaleamientos callejeros de constitucionalistas liberales, de
afrancesados recalcitrantes, (¡ay don Leandrito Fernández de
Moratín, que algún tiempo antes, para librar la pelleja,
había tenido que huir, gateando por los tejados de la calle de
Fuencarral, en cuyo inmueble pequeñín, señalado con el
número 17, vivía...!), de cuantos hubiesen ingresado en la
masonería dentro de la que se incubaba una buena raíz del
romanticismo literario... Los ministros y nobles «casi compa-
dres del Monarca», no tuvieron la menor piedad de los españoles adoradores de la «sacrosanta Constitución de Cádiz».
Garrote y garrotazos. Juergazo patibulario casi todas las

mañanitas, en la Plaza de la Cebada, «con la fresca». Durante muchos días alternaron los dramas y las cachupinadas por todo lo grande. Cohetes. Corridas de toros. Bailoteos barriobajeros por seguidillas y por boleros, por tiranas y por cachuchas. Sobre el letrero de la *Plaza Mayor* que decía, por acuerdo de las Cortes de Cádiz, para todas las Plazas de España que llevaran dicho aumentativo, Plaza *de la Constitución,* sobre el de la de Madrid se colocó una plancha de madera que rezaba en caracteres de caligrafía de a palmo la letra: *Plaza de Fernando VII.* Y los manolos, majos y chisperos venga a desgañitarse gritando de punta a punta de la Villa: «¡Viva la Religión Sacrosanta! ¡Abajo las Cortes! ¡Viva Don Fernando VII! ¡Viva la Inquisición!»

S.M. dió de buena gana su venia, para que un grupo de absolutistas capitaneados por el Duque de San Carlos y reunido en la Basílica de Atocha, redactara el Manifiesto llamado *de los Persas* porque comenzaba así: «Era costumbre en los antiguos persas pasar cinco días en anarquía después del fallecimiento de su Rey, a fin de que la experiencia de los asesinatos, robos y otras desgracias les obligase a ser más fieles a su sucesor». En el presente caso, ni había fallecido Don Carlos IV, ni su sucesor precisaba prueba tan palmaria, ni los días de pillaje de las hordas fueron cinco, sino bastantes más. Lo primero de que procuraban enterarse los madrileños cada día, echándose muy de mañana a la calle y removiendo los corrillos, era de los liberales que habían sido apresados, y cuántos de ellos desterrados, por órdenes categóricas del Monarca cumplidas muy a gusto por el vizcaíno don Francisco Eguía y Letona, más tarde recompensando por su vergonzosa labor con el título pelotillero de Conde *del Real Aprecio.* Entre los desterrados abundaban los españoles ilustres y de gran jerarquía intelectual y moral: los ex-regentes Agar y Ciscar, los ex-ministros García Herreros y Alvarez Guerra, los diputados Oliveros, Muñoz Torrero, Martínez de la Rosa, Calatrava, Canga-Argüelles, Gutié-

LOS FUSILAMIENTOS EN LA MONCLOA

Muchos de los patriotas madrileños que lucharon «con rabia inmensa»
contra los huestes fanfarronas del fanfarrón Murat, fueron apresados
y fusilados —al amanecer del 3 de Mayo de 1808— en el Prado de
San Jerónimo y en los altillos de «La Moncloa». La «rabia genial»
del genial don Francisco de Goya los inmortalizó genialmente.

rrez de Terán, el actor Maiquez... Otros habían podido huir sin sufrir infamante proceso: el Conde de Toreno, Juan Nicasio Gallego, Istúriz, el afamado poeta Quintana... Y en un periodiquín libelo titulado *La Atalaya de la Manca,* redactado en su casi totalidad por el fraile escurialense P. Agustín de Castro «se recomendaba el exterminio de los liberales», acusándoles de estar preparando el advenimiento de la República.

En realidad no fue solo el único culpable de la marimorena triunfante en aquellos años, sino su famosa *Camarilla* integrada por Escóiquiz, el Duque de Alagón, Ramírez de Arellano, el bárbaro Pedro Collado, Artieda y Segovia, el Duque de San Carlos, el nuncio Gravina... Según Mesonero Romanos, «el Rey de este modo improvisó una consulta *sui géneris* en que figuraban desde los aventureros codiciosos y enredadores hasta los guardarropas y mozos de retrete de Palacio». De ellos, el Duque de Alagón era *el tercero* más eficaz en los picos pardos amatorios y achulados del Monarca, y Pedro Collado el guardaespaldas más expeditivo de Don Fernando; guardaespaldas armado hasta los dientes y llamado por el pueblo *Chamorro,* quien lo mismo tundía un cráneo de un garrotazo, que saltaba los sesos de un pistoletazo, a quien se atreviera a odiar al Rey *sólo con la mirada* o a no gritarle, llegado el caso, «¡Vivan los reaños del mejor Rey de España!» Al cual supuesto mejor Rey de España, pareciéndole benignas las penas impuestas por sus tribunales a determinados personajes, de sendos plumazos mandó a don Agustín Argüelles al presidio de Ceuta; a don José María Calatrava, de Melilla; a don Francisco de la Rosa al Peñón de Alhucemas; y condenó a muerte al Conde de Toreno, sino que éste, avisado a tiempo, se largó al extranjero. Y para que se recuerde, una vez, que en todas partes *cuecen habas,* don Pedro Macanaz que empezó siendo ministro de Gracia y Justicia en el primer Gabinete nombrado por Don Fernando, muy poquito después fue encerrado en el castillo coruñés de

San Antón, acusado de prevaricación y cohecho. Y por ser acusados de quedarse en la *línea menos dura,* como ahora se dice, el canónigo Escóiquiz fue confinado en Andalucía, y el ministro de Policía, Echavarri (cuando ya se le había cansado la mano de firmar penas de muerte, y se tomó un respiro, pues por respirar) fue confinado a la Villa de Daimiel. Eso sí, lo mismo que condenaba por una futesa S.M. premiaba por otra; al estúpido ministro de Gracia y Justicia don Juan Lozano de Torres, le concedió la Gran Cruz de Carlos III, ¿por qué dirán ustedes? ¡Por haberle anunciado *el embarazo de la Reina,* su segunda esposa, Doña Isabel de Braganza! Pronto quedaron restablecidos el Consejo de Estado, el Consejo Real y la Inquisición (21 de julio de 1814) y abolidas todas las Instituciones creadas por las Cortes de Cádiz.

Años 1820-1823. En los que el Rey Felón «se solapa» a... la espera y al ex-general Riego le cuelgan

Otra marimorena, sino de signo contrario. Estalló la revolución constitucional elaborada pacientemente en las logias, en las botillerías, en las tertulias clandestinas, en los cuarteles con oficiales y jefes hartos hasta la coronilla de los poderes absolutistas, en los círculos políticos del extranjero (Portugal, Francia, Inglaterra), desde los que enviaban sus consignas los más ilustres e ilustrados desterrados liberales. El grito de la revolución lo lanzó Riego, el 1 de enero de 1820, al frente de sus tropas, en Cabezas de San Juan. El día siguiente se sublevó el coronel Antonio Quiroga en la localidad gaditana de San Fernando. Y, enseguida, sublevaciones por todas partes. Y se inició el pavor de los absolutistas, siendo Don Fernando el más empavorecido. Porque el mismo pueblo madrileño que le había colmado de piropos y servilismos, una mañana se levantó liberal y se echó a la calle, gritón, decidido inclusive hasta asaltar el Real Palacio.

Fue el día 10 aquel en el que aparecieron unos pasquines con la copia del *Manifiesto Real* cuyas palabras finales eran éstas: «*Marchemos francamente, y Yo el primero, por la senda constitucional*». Por supuesto, regresaron a Madrid casi todos los emigrados: Toreno, Martínez de la Rosa, Istúriz, Calatrava, Alcalá Galiano, Argüelles... Y de propina, pudieron regresar todos los afrancesados, entre los que se contaban igualmente ilustres españoles: Cabarrús, Campo-Alange, Estala, don Alberto Lista, Miñano, Juan Antonio Llorente, Javier de Burgos, Meléndez Valdés, abate Marchena, Moratín...

Fueron entrando en la Villa los principales jefes militares sublevados: a las doce de la mañana del 18 de abril, don Felipe del Arco Agüero; el 23 de junio, don Antonio Quiroga; el 31 de agosto, don Rafael Riego. El pueblo de Madrid les dispensó calurosísimos recibimientos, ondeando banderas y cantando feroces letrillas, como la burda «*¡Trágala, perro!*» (El perro, Don Fernando, era quien debía tragar la *morcilla* que le daban con la Constitución) o entonando a coro general el *Himno de Riego.* La *Plaza de Fernando VII,* volvió a ser llamada de *la Constitución.* Quedó abolida la Inquisición. Proliferaron los cafés donde tenían sus reuniones los liberales *de la línea dura:* el de *La Fontana de Oro* (Carrera de San Jerónimo), el de *San Sebastián* (calle de *Atocha* con vuelta a la *Plaza del Angel),* el de *La Cruz de Malta* (calle del *Caballero de Gracia...*). Como es lógico, el *Gran Oriente* de la masonería reclamaba su puesto preeminente a la hora del triunfo. Los energúmenos liberales del bajo pueblo, como antes los energúmenos absolutistas, cometieron abominables asesinatos callejeros, haciendo víctimas de ellos principalmente a curas y frailes. El asesinato, en la Cárcel de Madrid, del padre Vinuesa —4 de mayo de 1821— fue modelo de crueldad y sadismo. Don Matías Vinuesa era capellán de honor del Monarca y antiguo cura de Tamajón. Este asesinato provocó una reacción rabiosa entre los absolutistas. Quienes maniobraron con eficacia para que el general don Rafael del Riego fuera destituido de la Capitanía General de Aragón. A Madrid llegaban noticias terribles acerca de los desmanes que cometían varios guerrilleros del absolutismo: Mosén Antón, Fray Antonio Marañón, llamado «El Trapense» porque era monje de La Trapa, «El Misas». El *Trapense* dirigía su banda de forajidos con un crucifijo en la mano izquierda y un látigo en la derecha. Para oponerse a estas intrigas y facciones absolutistas cada vez más numerosas, en Madrid, el 7 de julio de 1822, estalló una revuelta; los guardias reales se dirigieron contra la Milicia Nacional que se había hecho fuerte en la *Plaza Mayor* y que se defendieron tan heroicamente que los guardias reales hubieron de retroceder. Pero hubo muchas víctimas. Y en los barrios bajos, durante varios días se entablaron batallas feroces a palos, pedradas y navajazos entre los partidarios de la Constitución y los del Monarca.

A primeros de abril de 1823 llegaron a Madrid las noticias acerca de haber entrado en España los llamados *Cien Mil Hijos de San Luis,* mandados por el Duque de Angulema, que llegaban a terminar con los constitucionales y a imponer de nuevo el absolutismo de Don Fernando VII. Sin apenas sino venciendo en pequeñas escaramuzas los *Cien Mil de San Luis* —que no eran cien mil, ni hijos de San Luis, sino descendientes de veinte leches, legionarios suizos, holandeses, alemanes, italianos— entraron en Madrid el 23 de mayo. Tres días antes de esta entrada espectacular, grupo de manolos y chisperos, cuyo santo de devoción era el felón Monarca, con garrotes que habían cogido en los tendederos del Manzanares, recorrían las calles dando a entender que *corría de su cuenta* el que no se opusiera resistencia alguna a los Cien Mil Hijos de... su padre. Ocupada la capital de la nación, los tres días siguientes reinaron, más absolutamente, que lo pretendía Don Fernando, la rapiña, el desorden y la venganza. *El Locho, El Orejitas, Palillos, El Bizco de la*

EL REY DON FERNANDO VII

Ahí está, rodeado de casi todos los símbolos de la realeza y, sin embargo, desprovisto él de las más elementales. Don Paco Goya lo retrató, impío, así. Quienes le contemplen no pueden quedar engañados de cómo fue Fernando VII en cuerpo y alma: una birria física y una basura moral.

Arganzuela y otros héroes de tan ilustre calaña, saqueaban los palacios y las casas de los más notables caballeros liberales. Las manolas, en bandas blancas formadas de pañuelos que terminaban en un lazo del mismo color, recorrían las calles cantando con voces aguardentosas la *Pitita* (con letras brutales y deshonestas contra los constitucionales), quitando de los retablos de algunos templos las imágenes de los santos para colocar el retrato de Don Fernando VII. La plebe más soez cubría de improperios a cuantas personas circulaban por las calles con disimulada prisa. Muchos curas y frailes excitaban al vulgo al desorden y aún celebraban con sonrisas feroces los atentados que se cometían contra los liberales. Fue preciso que el propio Duque de Angulema —que ya andaba «echando el ojo» a los regalos *que iba a hacerse*— dictase un bando el 26 de mayo prohibiendo bajo severas penas los expolios, broncas y asonadas.

Nuevo suceso vergonzoso. El 2 de octubre llegó a Madrid, ya barbaramente apaleado el general Riego, capturado en Vilches (Jaén) por el jefe realista de Arquillos. Su domingo de Ramos y Palmas, de más de tres años antes, tenía el correspondiente martes de pasión. Y fue preciso entrar de noche, en Madrid, al cabecilla, para evitar que fuera linchado por la masa; sí, por la misma masa que le había aclamado y jaleado. Quedó preso en la Cárcel de Corte. Fue juzgado por la Sala de Alcaldes de Casa y Corte; el fiscal le acusó de *infame delito de lesa majestad* y pidió para él la pena de horca y el desmembramiento de su cadáver, colocando la cabeza en el pueblo donde, en 1820, dió el grito de la libertad, y los pedazos del cuerpo en Sevilla, Isla de León, Málaga y Madrid. ¡Pero qué bestia de fiscal, caramba! La Sala oída y no habida cuenta la truculencia del fiscal, le condenó a la ordinaria pena de horca, a la que sería conducido arrastrado dentro de un enorme serón por las calles de Madrid, de tránsito hacia la *Plaza de la Cebada,* con la confiscación de todos sus bienes y las costas del proceso.

El día 7, desde que clareó el día, un grupo de plebeyos borrachos se puso a cantar, ante la Cárcel, con música del *Himno Nacional,* una melopea canalla:

> *Así como Arco Agüero*
> *murió colgado,*
> *justo será que Riego*
> *muera arrastrado;*
> *y que a su hora,*
> *le siga López Baños,*
> *después Quiroga*

El feroz general absolutista Verdier cubrió con sus tropas el macabro itinerario. El pueblo *en masa* no se perdió la función ni escatimó los insultos bestiales arrojados sobre el reo, como pedradas. A las nueve de la mañana, de un serón del que tiraba un borrico, fue arrastrado Riego por las calles, hasta la *Plaza de la Cebada,* donde se había levantado la horca sobre un tablado más alto que los de costumbre. Hubo que subirle al patíbulo en volandillas. Un fraile vociferaba las recomendaciones del alma al pie de la horca. Y le ahorcaron. Se balanceó grotesco, con las pupilas saltonas y el rostro morado. Enseñó al pueblo espectador —que masticaba altramuces, chufas y chochos— el desprecio de su palmo de lengua.

Año 1834. La plebe levanta la veda para «la caza» de frailes

Año famoso en los anales de Madrid por la matanza general de frailes que el populacho, irritado y engañado como un chino, realizó con métodos de una crueldad que espeluzna. El día 15 de julio se corrieron por los barrios bajos (Lavapiés, La Latina, San Francisco) la noticia de que la peste asiática que empezaba a hacer estragos en la Villa debíase a que los frailes habían envenenado el agua potable que surtía las fuentes de aquellos barrios. La noticia, de una maldad ejemplar, denota a la vez la supina incultura de las clases menesterosas de la Villa y Corte. Las cuales *picaron* el cebo que les pusieron los masoncetes y resentidos liberales de baja estofa a su vez. Y ya se sabe cómo las gasta una multitud enloquecida por la furia. Diferentes grupos de energúmenos, bien con pantalones, bien con faldas, armados de pistolones, palos, facas, hoces... *se repartieron* algunos de los conventos más próximos para asaltarlos y asesinar a los desdichados religiosos. Algunos de estos fueron crucificados, otros decapitados en la guillotina a escala reducida, que era la hoz. Muchos, a tiros en la nuca. Bastantes arrastrados por escaleras y templos mientras recibían pedradas y estacazos. No pocos traspasados por unos lanzones tomados de algún cuartel... ¡Vaya si corrió la sangre inocente en los Conventos de San Francisco, San Isidro, la Merced, Santo Tomás...! ¿Ustedes pensarán, lectores míos: qué hizo la fuerza pública para contener con severidad, cuando no reprimir drásticamente tales crímenes? Pues, sí: hizo menos que poco. Parece ser buena medida de gobierno, cuando cambia una situación política, dejar que el *pueblo soberano* se desahogue siquiera parcialmente de sus instintos, para luego, cuando ya esté cansado de hacer burradas, darle azotitos como a niño malo y meterle en vereda.

Año 1836. Donde nos quieren convencer de que están «muertas» unas manos vivísimas

Se comprobó que la gente baja, media y la alta política la habían tomado con los frailes. ¿Qué brotaba y se propagaba la peste asiática? ¡Pues matanza de frailes! ¿Que a la política mandona y masoncilla les faltaba *el numerario?* Pues facilísimo arreglo; se les expropiaba sus abundantes y sabrosas propiedades a los frailes y para evitarse... reclamaciones más menos legales, luego de exclaustrales se les aconsejaba con gran prudencia que colgasen los hábitos o que se fueran a lucirlos, puestos, en otros países.

Pocos meses antes, el señor ministro don Juan Alvarez Mendizábal, uno de los *mandamases* del Gran Oriente había dictado las órdenes draconianas de la Desamortización. ¡Fuera los bienes de las manos muertas! ¿Por qué llamarlas así, cuando eran de una viveza insuperable? Y ordenado y empezado a cumplir lo expeditivo. El jefe político (gobernador civil) de Madrid, el masonazo don Salustiano Olózaga, conminó a los alcaldes de barrio para que expulsaran a los frailes de los conventos enclavados en su circunscripción «a la mayor velocidad». Anécdota pintoresca: don Salustiano se enfadó mucho con don Manuel Cantero, que ejercía funciones de alcalde suplente en los barrios de Bilbao, Almirante y Caballero de Gracia, porque cuando los demás alcaldes de barrio habían terminado su faena de aventar frailes y monjas, el señor Cantero aún no había terminado la suya. Pero éste tuvo una ingeniosa respuesta: «Señoría: los demás sólo han tenido que quitarles los hábitos y vestirles *de paisano;* yo he tenido, además, que afeitarles». Y tenía razón el señor Cantero; porque en sus barrios vivían más de un centenar de capuchinos barbadísimos, la mayor parte de ellos enclaustrados en el Convento de *La Paciencia,* cuya demolición permitió la apertura de la actual plaza de *Vázquez de Mella,* antes de *Bilbao.* La verdad es que en menos de quince días quedaron vacíos los conventos de la Victoria, Agustinos Recoletos, la Magdalena, los Angeles, La Pasión, Pinto, San Bernardo, Agonizantes, la Merced, Jesús, el Salvador, las Baronesas, Caballero de Gracia, Santa Rosalía, San Felipe el Real...

¿Qué se pensaba hacer con los bienes cuantiosos —muebles, inmuebles y semovientes— que habían pertenecido a las vivarachas órdenes religiosas? Cómo es habitual en España, se empezó por el expedienteo y el burocratismo. Fue creada una *Junta de Demolición,* mangoneada por don Salustiano Olózaga; quien no se apresuró a comunicar los resultados de aquella que esperaban con impaciencia los señores procuradores que por entonces celebraban sus reuniones en el *Casón* que había formado parte de la red residencial de *El Buen Retiro.* Y es que el inventario de tales riquezas exigía más tiempo del previsto en un principio por quienes, una vez repartidas, se las prometían muy felices para... ¡el bien de la nación, por supuesto!

Año 1841. Es el de la batalla de la escalera de Palacio y de su trágico remate

Se iba a representar en la Villa y Corte el tremendo melograma en dos partes titulado *La batalla en la escalera de Palacio*, original de varios autores en prieta colaboración, todos ellos militares de alta graduación; O'Donnell, Montes de Oca, don Manuel de la Concha, Narváez, Pezuela, Lersundi, Marquesi, Nouvilas, don Diego de León, Córdova y otros varios. Parece ser que aportaron detalles, frases, determinados efectos escénicos, y hasta alguna amenidad, varios políticos paisanos: todos ellos ex-ministros de la ex-regente Doña María Cristina. En realidad el título de *La batalla en la escalera de Palacio* sólo le convenía a la primera parte del melodrama. A mi juicio el título más justo y significativo debió ser: *La batalla en la escalera de Palacio o La tragedia espantosa de un general honrado*. Y ya se enterarán ustedes, en la segunda parte del dramón quién fue el general honrado protagonista de ella.

Pero no yo, sino un testigo ocular —e interventor— de la máxima solvencia, será quien nos cuente el argumento de la primera parte del melodrama: Doña María Juana de la Vega, condesa de Espoz y Mina, allá en ejercicio en aquel año de la Reinita Doña Isabel II y de su hermana la Infanta Luisa Fernanda. Y nos lo va a contar en carta escrita por ella a don Agustín Argüelles, tutor de las niñas, quienes, por cierto, eran preciosas. La carta decía así:

«Excmo. Sr.: cumpliendo con lo que V.E. se sirvió prevenirme en su oficio del 8 del actual, a fin de que manifestase lo que hubiese observado en la aciaga noche del 7, tanto acerca de los designios de los sediciosos y el comportamiento de las personas que se hallaron conmigo acompañando a S.M. y a su augusta hermana, debo decir a V.E. que, alarmada por varios gritos que oí hallándome en mi habitación, poco antes de las ocho de la noche, corrí precipitadamente a donde mi deber me marcaba que me hallase, que era al lado de las reales personas, y tuve la fortuna de encontrar en su cuarto, satisfecha del peligro que corrí por consiguiente.

«Tranquilizadas ya algún tanto S.M. y A.R. por los repetidos esfuerzos de las personas que las rodeábamos, y no sin gran trabajo, pudimos dedicarnos a observar que continuaba el fuego en la escalera principal del Palacio, de cuya mayor parte se hallaban ya dueños los sublevados cuando yo atravesé la barandilla para entrar por la galería denominada el Camón.

«Casi al mismo tiempo se percibió gran rumor y ruido de picas en la habitación del entresuelo, y no pudo quedarme duda de que los sediciosos la ocupaban, porque las personas

MINITRAGEDIA EN LA ESCALERA DE PALACIO

Durante la noche del 7 de octubre de 1841, los militares sublevados contra el Regente del Reino don Baldomero Espartero entraron en el Palacio Real con ánimo de «raptar» a las niñas Isabelita y Luisa Fernanda. Mandaba a los sublevados el bizarro general don Diego de León. Y defendía a las niñas el no menos bizarro coronel de Alabarderos don Domingo Dulce. Campo de la minibatalla: la escalera de Palacio. Arengas inflamadas, pesias, tiros, mandobles... Por esta vez triunfaron «los buenos» ángeles custodios de Isabelita y Luisa Fernanda.

que acompañábamos a S.M. conocíamos que demolían el tabique, lo que nos hizo sospechar que buscaban la entrada de la escalera que desde el entresuelo conduce al piso principal, y temíamos lo alcanzasen por la posición misma de aquella escalera, y en este caso no quedaba más defensa para las augustas personas que las diferentes puertas, que por nuestra parte se hallaban cuidadosamente cerradas con llaves y cerrojos.

«A las diez y media de la noche pudimos persuadir a S.M. y A.R. que se acostasen, y a fin de no dividir la atención de las peronas que estábamos en su compañía, se colocó en la alcoba de S.M. una cama provisional para S.A. A la media hora de hallarse acistadas, aunque vestidas, y continuando el fuego en diferentes puntos, dió una bala en la ventana de la alcoba de S.M. y frente a la cama que ocupaba S.A., rompiendo el cristal y quedando clavada en la contraventana. Este suceso nos hizo pensar en el riesgo inminente que corrían las vidas de las princesas si permanecían por más tiempo en aquel cuarto, y no teniendo otro sitio adonde conducirlas, y habiendo conocido la imposibilidad de abrir un tabique por la falta absoluta de instrumentos, se eligió un transcuarto o pasadizo, cuyo sitio, por su posición y el espesor de las paredes, proporcionaba bastante seguridad para las dos señoras, y allí se colocaron dos colchones; teniendo la indecible satisfacción de ver que lográbamos el objeto de nuestro vehemente anhelo, que era el que se tranquilizasen para que su salud no padeciera en un momento en que no había auxilio alguno para socorrerlas, pues que llegaron a oir con bastante serenidad el fuego, y al fin, entre una y dos de la madrugada, se durmieron profundamente.

«Entre tanto, a la una y media, doña Josefa Sellés de Navarrete, azafata de S.M. fue a observar qué pasaba hacia el Salón de Embajadores, de donde oíamos, de tiempo en tiempo, repetidas descargas, y trajo la noticia de haber visto, por el agujero de la llave de la última puerta cerrada por nuestra parte, dos centinelas, pero sin poder percibir cual fuese su uniforme. Con este aviso y notando que había venido otra bala a una ventana del Salón del Trono, rompiendo el cristal, y que se creyó aun más inmediata al cuarto en que S.M. se hallaba, tomé la resolución de ir, en compañía de la misma señora azafata y con toda la precaución posible, a hablar por medio de la pared con los que ocupaban el Salón de Embajadores. Llamé a un centinela y le pedí hiciese venir a un oficial, y habiéndose éste anunciado, le dije que diese aviso de que las balas habían penetrado en la estancia de S.M. y A.R. y que, por consiguiente, sus vidas se hallaban en peligro; lo que yo quería que se supiese para cubrir mi responsabilidad en el caso de cualquier acontecimiento desgraciado. Me hizo conocer el oficial la imposibilidad en que se hallaba de dar este aviso, por cuanto él era el único que defendía el Palacio, encerrado en aquellas piezas, y me suplicó que le franquease la puerta que nos separaba para ir a morir con sus compañeros al lado de S.M. y A.R., defendiéndolas. No se admitió este generoso ofrecimiento por no complicar más la situación, harto crítica ya, en que se hallaban las reales personas, y diciéndoselo así al comandante Dulce, que fue el que nos habló, volvimos, con las mismas precauciones, a colocarnos a la inmediación de las princesas, que continuaban dormidas.

«Ningún otro incidente ocurrió hasta las seis y cuarto de la mañana del día 8, que fue la hora en que cesó el fuego, ni se notó más circunstancia que la de hallarse posesionados los sublevados de toda la galería de cristales, y la de haberse presentado, a la hora indicada, la servidumbre del interior, a la que no juzgué prudente que se le franquease la entrada, a pesar de haberse anunciado y conocer la voz del empleado Molina, por temor de que les hiciesen venir delante los sublevados, pues que ningún motivo tenía de desconfiar de su conducta.

«Relatados ya los particulares referidos, tengo que con-

testar a lo relativo al comportamiento de las personas que en
la citada noche acompañaban a S.M. y A.R., que fueron los
siguientes: doña Josefa Sellés de Navarrete de S.M.; doña
Teresa Bernabeu de Terris, azafata de su A.R.; doña Teresa
Bertea Román, camarista de S.M.; doña Josefa Torre Sagasti y doña María de la Paz, mozas de retrete, y don Francisco
Valldemosa, maestro de canto de S.M. y A.R., que casualmente se hallaba dando lección en el momento de alarma.
Tengo la mayor satisfacción en poder asegurar a V.E. que, lejos de notar en ninguna de las referidas personas o connivencia con los sublevados o desafecto a las reales personas, solamente advertí en todas el mayor celo, serenidad y deseos de
evitar por cuantos medios estaban a su alcance que lograsen
sus criminales designios, de lo que no pudo quedarme duda
de las observaciones que hicimos en el discurso de aquella
noche, y yo me complazco, excelentísimo señor, en que me
proporcione esta ocasión de manifestarlo.

«Dios guarde a V.E. muchos años. Madrid, 13 de octubre de 1841.»

Colofón de esta primera parte del melodrama: LOS
SUBLEVADOS PRETENDIAN RAPTAR A LA REINECITA: Y uno de los conjurados, *un total Fulgosio,* la tomaría
en sus brazos, la envolvería en una amplia capa, la conduciría, entre su pecho y el cuello del caballo, a determinado
muy oculto lugar. Es decir: un rapto teñido de absoluto color
romántico. Pero quien hizo fracasar el rapto fue el bravo
comandante de Alabarderos don Domingo Dulce, al frente
de... ¡dieciocho hombres! Uno supone que las fuerzas atacantes debieron de ser cuatro o cinco militares de pelo en
pecho, o unos centenares de soldados con escasas chichas
para combatir y muy propios a volver la espalda al enemigo
que disparase o de verdad o hiciera *pupa* de gravedad.

La segunda parte del melodrama resulta mucho más
triste y vergonzosa. Los principales instigadores... *a distancia prudencial,* salieron *de naja* hasta poner entre ellos y la

iracundia del señor regente, don Baldomero Espartero, unos centenares de kilómetros. Y, como casi siempre, quien *pagó el pato* fue el más pundonoroso de los comprometidos, el que se puso al frente de las fuerzas que pensaban raptar a S.M.: el general don Diego de León. Don Diego se entregó, fue encerrado en el Cuartel de Santo Tomás, fue juzgado sumarísimamente, condenado a muerte el 14 de octubre y fusilado en las afueras, cerca de la Puerta de Toledo. No hubo juerga popular por esta vez. Los pocos espectadores que asistieron al desenlace del melodrama lloraban a moco tendido, pues don Diego era muy querido, por su pundonor y honestidad social, en toda la Villa y Corte. Y don Diego murió sin dejarse vendar los ojos, de frente y sacando el pecho, y animando a los soldados del pelotón para que cumpliesen su misión: «¡No tembléis! ¡Al corazón!»

Pudo cambiar el desenlace de este melodrama, pues fueron muchas las personas encopetadas (la reinecita, la condesa de Espoz y Mina, el ascendido coronel Dulce) que se interesaron por el perdón del bravo don Diego. Pero don Baldomero dijo que nones, y que el desenlace del melodrama había de ser el acordado para dar mayor interés a la función. Quiero suponer que a los principales dramaturgos románticos de entonces, el duque de Rivas, Hartzenbusch, García Gutierrez, Zorrilla, se les pasó por la mente y por el lirismo cordial que en aquel melodrama realísimo podría haber un tema sensacional para llevarlo a la escena. Debió impedirles tomar el asunto, el miedo a que don Baldomero les pasara *a la reserva literaria* mientras fuera él quien regentase los destinos de España. Con el emperillado y entupesado riojano no cabía tomar la vida ni en broma, ni en sátira mejor o peor disimulada. Tengo por seguro que en personaje tan de una pieza de cantería, no tuvo nada que hacer el doloroso fantasma de don Diego de León. Don Baldomero poco tenía que ver con el aterrorizado shakespiriano Macbeth, crédulo en fantasmas y brujas.

APOTEOSIS DE DON BALDOMERO

Esta apoteosis está bien a la vista. Con un apoteósico telón de fondo: la Puerta de Alcalá. A don Baldomero Espartero, exregente del Reino, el mejor espadón y estratega isabelino, le echaron de Madrid, con ninguna ceremonia, los políticos y el pueblo, en 1843. Pero en 1854 el pueblo y los políticos le suplicaron, clamorosamente, que regresara a la Capital. Y Espartero regresó para protagonizar el recibimiento apoteósico que ustedes están contemplando.

Año 1865. De la memorable noche de San Daniel

Día 10 de abril. Estalla un alboroto estudiantil de los de «no te menees». ¿Causa? A uno cualquiera de los pelotilleros de la Camarilla palatina, sabiendo los apuros económicos por los que pasaba la Reina Doña Isabel, se le ocurrió... ¿Qué dirán ustedes, lectores míos, que se les ocurrió para que la Reina se agarrara a la tabla de salvación? ¡Pues vender los bienes del Patrimonio Nacional para dividir el precio de la venta en dos partes bien desiguales: el 75 por ciento a beneficio de la nación y el 25 por ciento a beneficio de la Soberana! ¿Cabe *un gesto* más bello que éste en la egregia señora, contentándose sólo con la parte no del león sino de la ovejita? ¡Loada, loada, loada Doña Isabel! Pero...

Tan emocionante y generosísimo *rasgo* de la ya repolluda reina no les plació a muchísimos españoles dignos; y como entre éstos se contaba el ya famoso republicano don Emilio Castelar, y como don Emilio Castelar tenía a su entera disposición un diario, *La Democracia*, muy leído en aquel tiempo, a don Emilio le petió publicar en él un artículo sensacional titulado *El rasgo* en el que tomaba el pelo a S.M. y la emprendía a denuestos contra sus consejeros, señalando que daba la casualidad de que el *Patrimonio Nacional* no podía ser enajenado, ni desgajado de él ni el uno por ciento en favor de quien no fuera la nación. ¡La que *armó* el artículo de don Emilio! Los isabelinos se rasgaron las vestiduras y exigieron represalias inmediatas y fuertes contra Castelar, inclusive la destitución de su cátedra universitaria. Y como al dignísimo rector de la Universidad don Juan Manuel Montalbán no le dió la gana de formar expediente a don Emilio, el Gobierno le destituyó de un plumazo.

Por lo corriente los estudiantes no precisan pretexto demasiado gordo para revolucionarse callejeramente. Pero aquella vez el motivo que tenían no podía ser más noble: la defensa de dos universitarios inteligentes y dignos. Y en *masa*, con gritos subversivos, con mueras al Gobierno déspota, a la Corona desvergonzada, a los consejeros pelotilleros, a las autoridades sobornadas, recorrieron calles y plazas. A los estudiantes se unían miles de madrileños y forasteros indignados ante aquel *rasgo isabelino*. Al rector destituído, se le dedicó una serenata gozosa ante su domicilio de la calle de *Santa Clara:*

> *Hombres dignos, en España*
> *muy pocos quedando van,*
> *como el enérgico y digno*
> *don Juan Manuel Montalbán*

Fue nombrado nuevo rector, el *dúctil* marqués de Zafra,

quien se comprometió a destituir a Castelar. Saberlo los estudiantes y acorralarle en la escalera de la Universidad Central para colmarle de insultos, de tomatazos y huevos podridos, de pellas de barros fue cuestión de menos de una hora. Luego de esta lección en la que los alumnos habían actuado de catedráticos, aquellos regresaron a la *Puerta del Sol* dispuestos a vociferar insultos y procacidades contra el ministro de la Gobernación que era González Bravo, personaje que hacía bueno su segundo apellido, que empezó siendo político de extrema izquierda para terminar siéndolo de extrema derecha. En aquella noche del día de San Daniel, ya se había pasado al campo carca, y como además tenía la sartén por el mango y no pensaba soltarla, se engalló, se atufó y dio órdenes tajantes a la fuerza pública, de a pie y de a caballo, para que cargase contra la *chusma estudiantil* a sables desenvainados, a vainas convertidas en zurriagos, repartiendo *leña* para varios inviernos muy crudos. Se dispersaron los estudiantes por las distintas bocacalles de *La Puerta del Sol,* a velocidades que batieron muchos *récords* de carreras a campo traviesa y con obstáculos. Pero muchos quedaron malheridos, hubo algunos muertos; los *repartidores de leña* parecieron quedar satisfechos del reparto. En el Congreso la efemérides luctuosa tuvo una repercusión que excedió el ámbito nacional. Desde su estrado, el gran tribuno Ríos Rosas, con voz de profecía bíblica repartió unas docenas de «¡Sois unos miserables!» entre los miembros del Gobierno. Todos los cuales se quedaron con el insulto... sin *acusar recibo siquiera.* La *maternal* soberana y su camarilla, a quienes se le habían malogrado el saneado negocio *del rasgo,* se consolaron pronto y con cierta filosofía añeja y cínica.

Año 1868. En el que una hermosa garza real «ahueca el ala»

Sí, el famoso año de la famosa revolución que lanzó del trono, de un poco galante puntapié en el pompis a Doña Isabel II. Pero...

Vayamos por partes. Se conspiraba contra Doña Isabel y su ministerio de personajes tremebundos de gran guiñol, desde hacía muchos meses. Al frente de los conspiradores, los generales Serrano (¡el primer amor extramatrimonial de Doña Isabel, cuando aún no había cumplido sus veinte añitos!), Dulce (¡el defensor de la *escalera de Palacio,* a favor entonces de la soberana niña), Córdova, Zabala, Bedoya, el brigadier Letona... Todos los cuales fueron encerrados en las prisiones militares aledañas a *San Francisco El Grande.* Pero aún metidos en chirona los jefes, la conspiración fue creciendo, creciendo, creciendo, como la bola de nieve rodada por la alta montaña (la imagen me ha salido bastante nueva, ¿verdad?). Huelgas en las Universidades. Alborotos en los cafés y botillerías. Efervescencias en las trastiendas de los comercios. Oratoria fogosísima en la tribuna del Ateneo. Como si nada de aquello fuera con ella, S.M. marchó a pasar el veraneo de las Vascongadas. Y se tranquilizaba las fanfarronadas del entonces jefe del Gobierno don Luis González Bravo. (La gente decía que no era Bravo, sino Brabo, con dos bes, lo cual quitaba mucho brío a su apellido.)

Síntoma funesto para S.M. fue una proclama de la Junta Revolucionaria aparecida en *La Correspondencia de España,* de Madrid, el 29 de septiembre, que decía entre otras cosas:

«¡Madrileños! ¡La Revolución ha triunfado! Ya no está en el Gobierno Doña Isabel II. Han sido llamados los generales Serrano y Prim, que llegarán mañana a Madrid... Madrid, gobernado por los caudillos de la Revolución, podrá entregarse al júbilo que embarga nuestros corazones al vernos libres del vergonzoso yugo que nos oprimía... ¡Viva la Soberanía Nacional! ¡Viva el Ejército! ¡Abajo Isabel II, con toda su descendencia!»

A la Revolución la hizo triunfar la derrota que infligieron a las tropas isabelinas, en Alcolea, las mandadas por el Duque de La Torre y Prim.

Evocando las palabras fatídicas que el profeta Daniel le interpretó al pecador Rey Baltasar, durante un festín dado por éste, y que aparecieron escritas en uno de los muros del gran comedor: *Mene, Tequel, Ufarsin...* (Ha contado Dios tu reino, lo ha pesado en la balanza y, hallado falto de peso, lo ha roto y lo ha dado a medos y persas), como remedo de tan horribles palabras bíblicas (y acaso yo exagere un poquito la comparación), en el muro del Ministerio de Hacienda apareció, en letras de a palmo, negras de betún, esta profecía: «¡Cayó para siempre la espuria raza de los Borbones!» Y

ASESINATO DEL GENERAL PRIM

El «majo marchoso de Reus», llamaron los madrileños al general Prim. Pues bien, cuando desde el Congreso se dirigía a su residencia del Palacio de Buenavista, «en la calle del Turco —le mataron a Prim— sentadito en su coche — sin la Guardia Civil». Así fue la copla-comentario popularísima. Eran las veintiuna de la noche del 27 de diciembre de 1870. Y nevaba...

por las calles madrileñas se repartieron octavillas, de diferentes colores verbeneros, con un breve artículo, cuyo título era muy campechano: «¡Abur, señora!» Consecuencias lógicas del destronamiento de Doña Isabel II (que había pasado con gran celeridad de cascos de caballos la frontera con Francia): los presos políticos de la Cárcel de *San Francisco el Grande* fueron sacados de ella en hombros; una manifestación de miles de estudiantes se dedicaron al jacarandoso deporte de arrancar cuantos escudos y emblemas monárquicos encontraban a su paso; unos dieciseis mil soldados desfilaron marcialmente por *El Prado,* permitiéndoseles dar vivas a la libertad, y seguidos por otros miles de paisanos, en perfecto desorden cubiertos con gorras encarnadas o azules. El día 4 de octubre hicieron su entrada triunfal en la Villa, por la *Puerta de Atocha,* el general Serrano, refulgente de galones, grandes cruces y charreteras, con un ros emplumado. Y el famoso tenor Tamberlick, tan gustoso de vivir en Madrid, en la *Carrera de San Jerónimo,* frente a la pastelería y charcutería de Lhardy, luego de cantar *La Marsellesa* (uno no se explica a qué venía este canto republicano y extranjero) oyó una de las ovaciones más clamorosas de su vida. El día 7, en la parte ancha de la calle de *Alcalá,* el general Prim —compitiendo en galones, cruces, charreteras y ros con el duque de la Torre— pasó revista a los aguerridos milicianos nacionales, llamados por el pueblo, con pompa barata, los *Voluntarios de la Libertad.*

Año 1869. De la divertida subasta de la Corona de España y de lo que aconteció en la calle del Turco

En el mes de marzo tuvo efectos la pública subasta de la Corona de España al... mejor postor. ¿Quienes fueron los postores? El señor Duque de Montpensier —padre de la futura deliciosa Reina de España, doña María de las Mercedes y matador en desafío de su pariente el Infante don Enrique—; el Príncipe don Fernando de Coburgo; don Alfonso de Borbón; el Príncipe Leopoldo de Hohenzollern; el Duque de Génova; el Duque de Aosta. Todos ellos se presentaron a la subasta muy cargados de recomendaciones de... potestades extranjeras. El periódico satírico *La Flaca,* en su número del 28 de marzo de 1869, publicó una caricatura, a todo color, con este título: *Subasta de la Corona de España.* En la caricatura se ve: una mesa en alto, cubierta de tapete verde; detrás de ella, sentado y mustio el almirante Topete; en pie, el general Serrano, alzando en una mano la corona y en la otra el cetro; y el general Prim, con gesto de truhán, en ademán de estar pujando en la subasta ante los pretendientes; y éstos, de espalda o de perfil, dan a entender sin género de dudas, quienes son: Montpensier, Coburgo, Borbón, Hohenzollern, Aosta, Génova. El epígrafe de la caricatura (mejor dicho: la leyenda explicativa) es éste: «¡Da ocho pesetas! ¡Ocho pesetas a la una! ¡Ocho pesetas a las dos! ¡Ocho pesetas corona y cetro! ¡Ocho pesetas!» Defendido sagazmente, y *bajo cuerda,* por el muy vivo general Prim, se llevó el gato al agua, perdón: la corona a la cabeza y el cetro a la mano el Príncipe don Amadeo de Saboya, Duque de Aosta, hijo del Rey de Italia, Victor Manuel, «El Excomulgado». Por cierto, como detalle curioso añadiré que el resultado de la votación de la Cámara a favor de los pretendientes fue este: Amadeo de Saboya, 191 votos; República Federal, 60 votos; Duque de Montpensier, 27; votantes en blanco, 19; a favor del general Espartero, 8; a la República unitaria, 2; a favor de la Duquesa de Montpensier, un galantísimo señor diputado. Por tanto Don Amadeo de Saboya quedó proclamado Rey de España. Eran las veinte menos cuarto de la noche.

Veintisiete de diciembre. En el Congreso de los Diputados acaba de ser proclamado Rey de España Don Amadeo de Saboya. La sesión ha sido muy borrascosa. Algunos diputados extremistas han pronunciado violentas amenazas contra

ESPERPENTICA SUBASTA DE LA CORONA DE ESPAÑA
Doña Isabel II, destronada —con un simbólico puntapié en sus reales posaderas, pero sin el mínimo derramamiento de sangre— se ha refugiado en Francia. El trío triunfal de Regentes: los generales Serrano y Prim y el almirante Topete, sacan a pública y clamorosa subasta la Corona de España. Pujan, afanosos, los pretendientes, todos ellos de «muy buenas familias». En la puja, Prim hace una pequeña trampa y le concede «el premio» al pretendiente más modesto y correcto: don Amadeo de Saboya.

el general Prim, que preside el Gobierno. Ninguno tan violento como el federal Paul y Angul. Antes de terminar la sesión, el general, con sus dos ayudantes Nandín y Moya, metidos en la berlina presidencial se dirigen al Ministerio de la Guerra (Palacio de Buenavista), donde vive el general con su esposa muy querida. El itinerario es el de siempre: calle de *Floridablanca,* calle del *Turco,* calle *Alcalá,* para subir la rampa en los jardines del Ministerio. El frío es espantoso. Las calles están guatadas por veinte centímetros de nieve. Los cristales de las portezuelas de la berlina van empañados. A los pocos transeúntes que pasan por las aceras les preceden el vaho intensísimo de sus alientos o el humo de sus cigarros. De pronto, de una taberna próxima a la calle de *Alcalá* salen varias sombras. La berlina del general se detiene, pues la salida de la calle del *Turco* está cerrada por un coche de alquiler que parece haberse averiado. Es el momento que aprovechan las sombras para acercarse a la berlina del general y a través de sus cristales disparar varios tiros de trabuco.

Ocho balas y postas recibió el cuerpo de Prim. Saltaron a la calle los ayudantes, armados y heridos, pero de levedad. Pretendían cazar a las sombras; pero éstas se habían *evaporado* por la calle de *La Greda* (hoy, de los *Madrazo*).

Prim llegó con vida al Palacio. Y aún subió la escalera principal a pie, taponándose con las manos las heridas, sin un ¡ay!, con entereza admirable. ¿Pudo salvarse la vida del general de haber sido operado a tiempo, como estimó el célebre cirujano marqués de Toca, a quien se acudió demasiado tarde? Es posible. Don Juan Prim falleció el día 30 de diciembre de 1870, a las veinte y cuarto de la noche.

Año 1871. De la efímera desventura del Rey fantasma

El 2 de enero hizo su entrada en Madrid el nuevo Rey de nueva dinastía don Amadeo de Saboya. El día era frío como un carámbano. Pues mucho más frío resultó el recibimiento que ofreció a su nuevo soberano la capital de la nación. Gran señor y gran corazón, don Amadeo, desde la Estación de Atocha se dirigió a la Basílica de la misma advocación mariana, para orar ante el cadáver del general Prim —quien le había regalado cetro y corona— expuesto en un sencillo catafalco en el centro del Templo. Los ojos de don Amadeo se humedecieron ostensiblemente. ¡Mal augurio, Majestad, para prólogo de un reinado sin pasado alguno, más o menos glorioso, del que echar mano para contrarrestar el maleficio! El 11 de febrero de 1873 abdicó don Amadeo de Saboya. Su reinado había durado dos años y cuarenta y un días. ¿Qué, de importancia, había acontecido durante este breve plazo de reinado? Aparte las constantes muestras de bondad y de sencillez dadas por Don Amadeo y su esposa, doña María Victoria, a su pueblo, que éste recibió siempre con el *corazón de piedra* y gestos y ademanes desdeñosos. Lo primero que aconteció fue que las damas de la aristocracia, borbónicas, fanáticas, brillaron... por su ausencia en todas las recepciones y capilla palatinas organizadas por la Reina y aún quisieron ofenderla cierta tarde, en el *Paseo de la Fuente Castellana,* paseando, el landós de lujo, tocadas con la clásica mantilla española como dando a entender que no abdicaban de su casticismo y que repudiaban los nuevos métodos palatinos. Este desaire a la soberana tuvo una réplica tan rotunda como valerosa y cínica por parte del famoso empresario teatral y político de acción don Felipe Ducazcal, leal servidor de don Amadeo, quien en otro landó despampanante, llevado a uno y otro lado suyo dos furcias de mucho postín, se estuvo paseando igualmente, como dando a entender a las ridículas aristócratas que tanto o más que ellas valían aquellas «horizontales» tan elegantemente vestidas, ensombreradas y alhajadas. Argumento, pues, entreverado de comedia de malas costumbres y de sátira social, con más para la risa que para el llanto.

Segundo acontecimiento: el acaecido la noche del 18 de julio de 1872. Regresando SS.MM. en coche descubierto de una fiesta benéfica celebrada en los Jardines del Buen Retiro, al pasar por la calle de *El Arenal,* en su último trozo, casi en la desembocadura de la redonda *Costanilla de los Angeles,* un grupo de asesinos —probablemente a sueldo de... «los imponderables»— hicieron fuego de trabucos y revólveres contra los soberanos. Aceptemos que milagrosamente los Reyes resultaron ilesos. Pero pensamos que no menor milagro pudo haber en que los asesinos *no fueran habidos,* teniendo sus señas, según se rumoreó, el gobernador civil y el director general de Seguridad. Función, pues, dramática con un desenlace *no previsto* pues que los ángeles se encargaron de desviar la puntería de los fantasmales tiradores. Pero esta función tuvo como fin de fiesta un sainete populachero: hábilmente aconsejado S.M. no puso inconveniente en personarse a pie, al día siguiente del atentado, en la calle del *Arenal,* para que, sonrojada convenientemente, la hija de un

DON AMADEO I DE SABOYA REZA ANTE EL CADAVER DEL GENERAL PRIM

Don Amadeo —que debía la Corona española a las mañas del general Prim— apenas llegó a la Estación de Atocha, el 2 de enero de 1871, se dirigió a contemplar el cuerpo yerto y a orar por el alma de aquel cuerpo. Gesto tan hermoso como romántico. La bella pintura documental impresiona hondamente. El reinado de don Amadeo se iniciaba gafado; porque sobre la Capital de España seguía cayendo —ininterrumpida desde el 26 de diciembre del fenecido 1870— una copiosa nevada...

hojalatero establecido en aquella calle entregara al Soberano una de las balas disparadas contra él y cuyo destino terminó traspasando la hojalata de una regadera colgada en el escaparate de la tienda. El sainete fue mucho más aplaudido que el conato de drama. Pues que bien.

Tercer acontecimiento: el 29 de enero de 1873 S.M. la Reina dio a luz un niño en el Real Palacio, sí, a la orilla izquierda —que es la más castiza— del Manzanares. Niño que fue bautizado con agua del Lozoya con los nombres de Luis Amadeo Fernando, quien, con el tiempo, Duque de los Abruzos, alcanzaría gran fama como explorador polar. Respingo muy significativo: el señor Duque de La Torre renunció al honor que le ofrecía el Soberano de apadrinar a su hijo madrileño. El feo fue de órdago. Cierto que el Gobierno quiso castigar la ineducación del noble enviándole a que hiciera puñetas en el destierro. Pero no menos cierto que

S.M. se opuso terminantemente al castigo. Y acertó en su decisión, pues uno cree que no hay castigo mayor para quien se cree noble en España, que se comporte mucho peor que un carbonero analfabeto. Tiznado quedó el señor Duque de La Torre, con tizne sin lavadura posible.

Cuarto acontecimiento: don Amadeo dejó acuñados unos hermosos duros de plata, con tanta ley, que fueron los más codiciados por los españoles entre 1871 y 1936. Y todavía estos duros tan hermosos y *tan dinero de veras,* se les aparecen en sueños a muchos españoles en edad de recordarlos.

Años 1873-1874. La República del gran bromazo

En la noche del 10 al 11 de marzo de 1873 quedó proclamada la Primera República Española. Obtuvo 258 votos contra 32. Las Cortes se habían reunido precipitadamente a las cuatro de la tarde. Terribles discusiones. Muchos diputados se atizaron *a modo.* El oleaje de aquel encrespado mar era capaz de hundir la escuadra inglesa. Hacia las tres de la madrugada, apareció en la puerta del Congreso que se abre en la calle de Floridablanca, el diputado republicano don Estanislao Figueras, se subió en el poyete de una ventana y dirigiéndose al gentío que fluctuaba como la marea sonora, gritó: *«¡No temáis, ciudadanos! ¡Saldremos de aquí o con la República triunfante o muertos!* Mientras así vociferaba Figueras en la calle, don Emilio Castelar, con acento del Sinaí, en el hemiciclo, hizo también su frase: *«¡La República está en pie! ¡No espera sino una voz pertinente* (seguro que él pensaba en la suya) *que la mande marchar!* (Ovación cerrada, que duró varios minutos, a don Emilio, quien tuvo que levantarse varias veces para saludar, emocionado.)

Y no una voz, sino cientos, miles de voces, en concentración y tumulto, pusieron en marcha la República. Más cierto sería afirmar que le empujaron y de muy mala manera y con tanto ímpetu que el poco tiempo que estuvo en marcha no hizo sino trastabillar, para acabar dándose la costalada. En las Cortes, cada sesión convirtióse en un remedo de las desgarradas y pintorescas trifulcas representadas en los Mercados de la Cebada y Los Mostenses. Risotadas. Choteos. Metralla de epítetos capaces de originar la congestión y la angina de pecho. Gestos y ademanes horteras. Un «irse a las manos» y al «más eres tú» por futesas. En menos de dos años la República consumió cuatro presidentes del Poder Ejecutivo: don Estanislao Figueras —devorado en tres meses—; don Francisco Pí y Margall —devorado en poco más de un mes—; don Nicolás Salmerón —devorado en dos meses cortos—; y don Emilio Castelar, quien, por tener más chichas y redaños que sus antecesores, tardó más tiempo en ser devorado. Una de aquellas tumultuosas sesiones de Cortes a las que me he referido, la del 2 de enero de 1874 (que duró hasta la madrugada del día 3), durante la cual había de ser elegido... ¡el quinto presidente del Poder Ejecutivo, don Eduardo Palanca!, fue disuelta a tiro limpio... «al aire» por el general don Manuel de Pavía y Rodríguez de Alburquerque, al frente de unas docenas de soldados; Pavía era capitán general de Madrid, personaje magro, perilludo y miope, republicano de ideales y muy amigo de Castelar. Tan amigo, que la mayoría de los diputados pensó que aquella maniobra de «profanar el templo máximo del Estado», debíase a la connivencia de Castelar y Pavía, pues aquel temía ser derrotado en la votación y ser arrojado de su alto pedestal para que lo ocupara aquel anodino Palanca.

Particularmente creo que la Primera República Española fue un argumento perfectamente dramático tratado por varios autores del *género chico,* proclives a la caricatura jocosa.

Años 1874-1885. Del reinado feliz de un Rey infeliz

Una larga y oscura y hábil maniobra en Madrid del malagueño don Antonio Cánovas del Castillo, y un grito claro y rotundo en Sagunto del general don Arsenio Martínez Campos restauraron en España la dinastía de los Borbones en la persona de Don Alfonso XII, hijo de Doña Isabel II. Creo que los reinados de Don Alfonso XII y Don Fernando VI han sido los más pacíficos que se recuerdan en la historia de España a lo largo de más de catorce siglos. Por tanto, los argumentos de estos dos reinados son francamente aburridos. Claro está que en ellos no faltaron las notas tristes, ni las notas alegres. Pero estas notas tampoco faltan en la vida de criatura alguna de carne y hueso. Dos reinados como dos comedias sentimentales, bien dosificadas en ellas las escenas suavemente patéticas y las dulcemente amenas. Comedias para quienes gustan de los espectáculos sencillos cuyo interés no llegará a cortar ninguna digestión, ni excitará a nada que tenga algo de particular. Don Alfonso XII hizo su entrada sencillamente triunfal en Madrid el 14 de enero de 1875. Durante los siguientes meses dió fin, sencillamente, a los últimos brotes carlistas. El 23 de enero de 1878 contrajo matrimonio, sencillamente, con su prima hermana doña María de las Mercedes, a la que amaba, y por la que era correspondido, dulcemente. El 24 de junio de este mismo año falleció sencillamente la bellísima Reina, dejando en su viudo un dulcísimo recuerdo de melancolía. El 29 de noviembre de 1879, sencillamente «por razones del Estado y de la Corona», don Alfonso contrajo segundas nupcias; su segunda esposa fue la muy sencilla archiduquesa doña María Cristina de Habsburgo. Sencillamente fue teniendo sus hijas: María de las Mercedes, María Teresa, Alfonso (al que no llegó a conocer). Sencillamente se dedicó con sus fieles amigos, los nobles cortesanos, a la vida nocturna, como un madrileño más, embozado en su pañosa, y a echar alguna que otra canita al aire con mujeres hermosas. Sencillamente su tuberculosis connatural fue minando su cuerpo y su incurable melancolía fue minando su alma. Y sencillamente falleció en el Real Palacio de El Pardo a las ocho de la mañana del 26 de noviembre de 1885.

Y se me preguntará: ¿Durante este reinado tan sencillo, cuáles fueron los alicientes dramáticos y cuáles los siquiera asainetados?

Los dramáticos, los dos atentados contra su vida que sufrió Don Alfonso XII. El primero, el 25 de octubre de 1878, cuando el entristecido viudo regresaba de la Basílica de Atocha, después de asistir al *Te Deum* en acción de gracias por su feliz regreso a la capital —terminada la Campaña del Norte, contra los carlistas—, frente al número 93 de la calle *Mayor*. Un sujeto de mala catadura, adelantándose por entre el gentío aclamador, disparó dos veces su pistolón contra el soberano ecuestre. El regicida, que marró los dos tiros a la distancia que se las ponían —las carambolas— a don Fernando VII, era un tonelero tarraconense llamado Juan Oliva Moncousí, a quien se le dio garrote el 4 de enero de 1879 en el *Campo de los Guardias* (altillos de *Vallehermoso*). El segundo atentado el 30 de diciembre de 1879, cuando SS.MM. regresaban del *Buen Retiro* en un faetón rodado por dos alazanes, que guiaba el Rey, al llegar a la *Puerta del Príncipe,* que se abre frente a la *Plaza de Oriente,* un hombre disparó dos veces contra los reales esposos. La Reina, lanzando un grito, se abrazó a su marido como queriéndole servir de coraza amorosa. Ilesos quedaron SS.MM., aun cuando el regicida, un bollero lucense llamado Francisco Otero, había disparado casi a quemarropa. Madrid no supo qué admirar más, si la providencia protectora del monarca o la mala puntería de los primeros paladines del anarquismo español, lanzados a la terrible aventura sin haber tomado clases de tiro, siquiera elementales.

El suceso asainetado fue así. A don Alfonso XII placía-

le salir de noche de Palacio, sin compañía alguna, disimulado en su capa española, luciendo su plante de madrileñito
guapetón y jaquetón, en busca de aventurillas inesperadas
que le quitaran los pesares del matrimonio sin amor y de la
política sin alicientes. Se cuenta que cierta noche, despistado
por el dédalo de callejuelas del Madrid viejo y morisco pidió,
amablemente, orientación a otro nocturneador. Quien, a la
amabilidad petitoria, correspondió con la amabilidad de
acompañar al Monarca... hasta *su casa* de la calle de *Bailén*.
Ya ante la llamada puerta del *Príncipe,* don Alfonso sacó la
mano del embozo para estrechar la de su simpático guía, a
quien quiso sobresaltar diciéndole:

«—Le quedo muy agradecido por su bondad. Aquí tiene
su casa. Me llamo Alfonso XII de Borbón.

Su guía, otro madrileño respingón, creyó broma la
despedida, y no queriéndose *encoger* ante la que reputaba
chulería del embozado, respondió:

«—Pues tengo yo mucho gusto en ofrecerle la mía: El
Vaticano, en Roma; León XIII, para servirle en lo que
guste».

Años 1885-1902. Llora una Reina viuda y se pierden los restos de nuestro Imperio de ultramar

Regencia de Doña María Cristina de Habsburgo-Lorena.
Durante ella, la primera función interesante tuvo éste título:
Pacto del Pardo, cuyo argumento fue el muy curioso de que
se turnaran en el desempeño del Poder dos únicos partidos
políticos: el conservador de Cánovas y el liberal de don Práxedes Mateo Sagasta, riojano de pura cepa, a quien tengo
mucho gusto en presentar a ustedes. A don Alfonso XII le
entronizó y le mantuvo en el trono y en paz y en gracia de
Dios el llamado «hombre de la Restauración»: don Antonio
Cánovas del Castillo, erudito escritor y malagueño muy listo

y ladino. Pues bien, apenas la muerte del Rey fue algo inevitable y para plazo muy breve, de días —como así se cumplió el vaticino—, se reunieron, según unos historiadores en el Palacete de *La Moncloa,* según otros en el edificio de la Presidencia del Consejo de la calle de Alcalá (donde hoy se levanta el Ministerio de Educación y Ciencia), el 24 de noviembre de 1885, Cánovas y Sagasta, para convenir en la necesidad de que, declarada la Regencia (Sagasta fue llamado «el hombre de la Regencia»), Cánovas presentara la dimisión de su Gobierno para que tomara «las riendas del Poder» Sagasta. Ya resulta casi increíble que, en España, un hombre público que mangonee en la nación a su omnímoda voluntad, voluntariamente dimita. Por ello la decisión admirable de don Antonio fue criticada ardorosamente por sus mismos incondicionales quienes creían locura que éste cediera el poder a don Práxedes Mateo. Por lo que don Antonio hubo de replicar en un memorable escrito, digno de la mayor alabanza: «¿Por dónde me tocaba a mi dar o ceder el poder? Esto correspondía únicamente a la Reina Regente, como jefe del Poder Ejecutivo y como Reina constitucional. Ni yo he dado ni cedido el poder, ni podía darlo ni podía cederlo. No

ATENTADO CONTRA DON ALFONSO XII

25 de octubre de 1778. Don Alfonso XII regresa —ecuestre— de la Basílica de Atocha, donde ha presidido el «Te, Deum» por la terminación de la última intentona carlista. Al pasar frente al número 93 de la calle Mayor, un tonelero tarraconense, Juan Oliva, le disparó dos veces, casi a bocajarro. ¡Mala puntería la del tonelero y buena suerte la del monarca!

son estas más que frases irregulares, y en el fondo irrespe-
tuosas, contras las cuales todo buen monárquico debe de
protestar altísimamente. Pero hay más que esto; es que yo
tampoco he dejado el poder, lo he perdido, sí, me lo ha
arrancado la muerte, de la misma manera que arrancó de
este mundo al Rey infeliz. Desde el momento en que el Rey
expiró, yo no era nada, absolutamente nada más que un
ciudadano de mi país. ¿Qué es un ministro constitucional
sino un depositario pasajero de la confianza del Rey? ¿Qué
autoridad tiene el ministro constitucional sino aquella que
constantemente, inmediatamente, le está prestando la confianza del Rey? ¿Qué es el ministro constitucional? Indudablemente el ministro constitucional no puede existir un solo
minuto después de expirar el Rey que le nombró». ¡Nobilísimas razones, incuestionables razones, que en nuestra época
suenan a inverosímiles, pues que el ministro que agarra el
poder no lo suelta sino cuando se lo arrancan por la violencia
del pueblo o por «el me da la gana» del Jefe del Estado.
Cánovas remachó su ejemplar comportamiento con otras
razones expuestas en el escrito de su dimisión dirigido a la
Reina Regente: «Por otra parte, el ministro presidente que
suscribe abriga la profunda convicción de que a un nuevo
reinado como el que comenzó ayer le convienen ministros
nuevos también, con quienes pueda realizarse la política que
V.M. en su alta sabiduría, considere más provechosa para la
nación».

El caso fue que asumió el poder don Práxedes Mateo
(Mateo era un apellido) y que don Práxedes sólo lo soltaba
para que lo tomase don Antonio; y que don Antonio, sólo lo
cedía cuando le llegaba su turno a don Práxedes Mateo. Y
así una vez, y otra, y otra. ¿Qué gobernaban los conservadores canovistas? ¡Pues quedaban en cesatía los sagastinos,
desde los ministros hasta los ordenanzas y porteros más
modestos? ¿Qué gobernaban los sagastinos? ¡Pues pasaban
a la condición de cesantes cuantos integraban la plantilla

total del canovismo! Aclarando más: en aquella España de la Regencia se comía y se ayunaba por turnos. Naturalmente, los restantes partidos políticos no entraban en turno, con gran desesperación suya. Pero... ¿es que había restantes partidos políticos? ¡Pues claro que sí! Recordémoslos: los carlistas de don Cándido Nocedal y de su hijo don Ramón; los republicanos zurdos de Ruíz Zorrilla, los republicados federales de Pí y Margall, los republicanos progresistas unitarios de Salmerón; los republicanos gubernamentalistas de Castelar; los librecambistas y los proteccionistas liberales; los individualistas y socializantes...

Durante la Regencia de Doña María Cristina, Madrid se aburrió *soberanamente*. ¡Y es que fue Doña María Cristina tan sensata, tan devota, tan honesta, tan enemiga de las fiestas y fiestecitas palatinas, tan señora de su hogar y de su... Regencia! Casi siempre enlutada. Casi siempre al lado de sus hijos. Casi siempre en sus largos paseos por la Real Casa de Campo o por La Moncloa o por el Paseo de la Castellana, sin escoltas, sin caballeros al estribo, charlando con alguno de sus hijos... tan pobres huerfanitos de padre, tan recordante de su gran amor que segó en flor la muerte. Para risas, y bromas, y bailes y saraos estaba ella, tiesa y triste la estatua de la desolación.

Sí, durante su Regencia, hubiesen faltado los argumentos del menor interés teatrao, a no ser... A no ser porque en los últimos años de su Regencia España perdió sus últimas provincias ultramarinas: Cuba, Puerto Rico, Santo Domingo, las Filipinas... Las perdió como en sueños. Las perdió, eso sí, como en sueños heroicos... en los que la sangre de miles y miles de españoles corriera de verdad; en los que los barcos españoles fueran hundidos de verdad, en los que los gritos de angustia y los ayes de muerte sonaran de verdad; en los que almirantes y generales, jefes y oficiales y soldaditos con uniforme pobretones de rayadillo, hubiese de combatir contra enemigos poderosos, traiciones, fiebres palúdicas y tifoideas, trampas de manigua y cañaverales. Durante pocos años, hasta 1898, Madrid representó todos los días la función de la esperanza y de la desesperanza, del dolor y de la humillación, de la rabia que crispa los puños y del desaliento que deshincha el ánimo mejor templado. Eso sí, nunca como en aquellos años Madrid acertó a componer tantos pasodobles y marchas marciales con los que se enardecía la multitud por las calles, mientras despedía a cuantos marchaban a la guerra, aguerridos y hasta fanfarroncillos, y a cuantos regresaban a la guerra macilentos, convalecientes de heridas, heridos aún, faltos de brazos o piernas, con expresiones de espanto o de cansancio infinito, y para quienes las

TEATRO REAL

Fachada a la Plaza de Oriente, ya muy restaurada, y reformada, entre los años 1950 y 1965. La construcción del Teatro Real se inició en 1818, y fue inaugurado el 19 de noviembre de 1850. Fueron sus arquitectos, sucesivos, don Antonio López Aguado y don Custodio Moreno; pero lo terminó, paradójicamente, el maestro de obras don Francisco Cabezuelo. Por supuestas amenazas de ruina el Teatro Real estuvo cerrado desde 1925 hasta el 1 de octubre de 1966. Lo reconstruyó —con fidelidad a los planos de 1850— el arquitecto G. Valcárcel.

inyecciones de los bonitos pasodobles resultaban de agua-chirle.

Durante la regencia de doña María Cristina heredó Madrid algunos monumentos muy notables: el Banco de España (1891), el Palacio de Linares (1900), el Palacio de la Bolsa de Comercio (1893), el Palacio de la Biblioteca Nacional y Museo Arqueológico (1894), el Ministerio de Fomento (1897), la Escuela de Ingenieros de Minas, el nuevo edificio de la Real Academia de la Lengua (1894).

Años 1902-1936. De un Rey castizo con más indecisiones que decisiones

Corresponden al Reinado de don Alfonso XIII, hijo póstumo de don Alfonso XII de Borbón y de su segunda esposa doña María Cristina de Hasburgo. Enumeremos los principales argumentos de las obras alfonsinas celebradas o pateadas sobre los escenarios madrileños.

El 17 de mayo de 1902, función del juramento y de la coronación del adolescente real de dieciseis años; ceremonias celebradas ante las Cortes en el Palacio del Congreso con una solemnidad en verdad digna. Y celebradas con varias funciones de gala en el Teatro Real y bailes y saraos en varias mansiones nobiliarias. También el pueblo tuvo sus festejos y gratuitos: fuegos artificiales, bailes públicos, iluminaciones, días de asueto para las merendolas en los ventorrillos de las afueras, desfiles de batallones en uniforme de gala y a los acordes de los pasodobles más chulones de su repertorio.

Treinta y uno de mayo de 1906. En la archirreal iglesia de San Jerónimo se ha celebrado la boda de Don Alfonso XIII con Doña Victoria Eugenia de Battemberg. Y al llegar la carroza regia ante el número 88 de la calle *Mayor,* de pronto, ¡una explosión tremebunda! Desde un balcón del último piso, disimulada dentro de un gran ramo de flores, el anar-

quista de burguesa familia catalana —Mateo Morral— ha
lanzado una bomba. Pero los anarquistas siguen teniendo
mala puntería. Los Reyes salen ilesos. Pero en la calzada
quedan despanzurrados los caballos de la escolta, muertos o
malheridos sus jinetes, y docenas de heridos y muertos en las
aceras. Según las piadosas gentes a SS.MM. les ha salvado la
Providencia valiéndose del cable del tranvía que ha desviado
la trayectoria de la bomba. Madrid se conmociona. El gentío
que presenciaba el desfile huye aterrado por las bocacalles, y
en cada boca el suceso adquiere mayores proporciones. ¡¡Dos
bombas!! ¡¡Tres bombas!! ¡Docenas de muertos y heridos!
¡Centenares de muertos y heridos! En el mediodía soleado,
cálido, son miles de balcones los que muestran sus colgaduras, rojo y gualda, con un lazo de crespón negro. Recordemos un detalle curioso: en este mismo trozo de la calle
Mayor, el padre del Monarca, don Alfonso XII fue víctima
de otro atentado mucho menos aparatoso e igualmente falli-
do. Sino que entonces no pagaron *el pato* docenas de inocentes criaturas.

Cuatro de abril de 1910. Don Alfonso XIII inaugura las
obras de la futura Gran Vía —que enseguida, antes de ter-
minarse, quedará Pequeña Vía— dando tres picotazos, con
un piquito de oro, en la fachada de la *Casa del Cura*, paredaña
con el templo de San José, en la calle de Alcalá. Se piensa,
con demasiado optimismo, que esta Gran Vía será el escenario más suntuoso de Madrid. Pero... ¡ahí la tienen ustedes:
cuestuda, repechada, flexuosa, derrumbada, con incontables edificios birrias y pretenciosos sin embargo, con tres casi
«rascacielos» —que se quedan en el quiero y no puedo—: la
Telefónica, el Coliseo y el Palacio de la Prensa, tendera de
punta a cabo y viceversa, y cafetera abusiva, dilecto paseo de
quienes andan perdiendo el tiempo para recobrar el momen-
táneo gozo de vivir! Eso sí: simpaticona como pocas calles,
seductora con su mezclilla de burguesa adinerada y de gran
señora venida a menos.

Doce de diciembre de 1912. Escenario, la *Puerta del Sol* y en primer término el escaparate principal de la Librería de San Martín. Ante la librería, un buen señor con levita y chistera, pese a ser hora mañanera, contempla atentamente las novedades librescas. Entonces le llega por detrás un individuo mal trajeado que saca una pistola y descerraja varios tiros al contemplador que es... nada menos que el presidente del Consejo don José Canalejas. Cae muerto don José, pues como es hombre cultísimo pero nada clerical, la Providencia decide no salvarle la vida, como hace siempre con los Reyes de España, tan amigos de curas y frailes y tan devotos del Santo Padre de Roma. El asesino de Canalejas se suicida allí mismo. Es un anarquista apellidado Pardiñas. Como los madrileños frívolos no se paran en barras, de este dramático suceso, sacan un chistecito: «¿Cuál es la bala que alcanzó mayor altura? La de la pistola de Pardiñas, porque mató a Canalejas, atravesó la luna (del escaparate) y por poquito no mata a San Martín (el apellido del librero). De gracia, muy poquita y con *muy mala pata*.

Trece de abril de 1913. Dos trece; pero que nadie toque madera o hierro, porque si un trece puede ser nefasto, dos se destruyen mutuamente su malignidad. Cuando don Alfonso XIII ecuestre desfila al frente de las tropas que han jurado Bandera en La Castellana, al llegar ante la fachada del Banco de España que da a la calle de Alcalá, sufre un atentado. De entre la muchedumbre se adelanta el anarquista Sancho Alegre (que no lo estaba en aquel momento) y dispara dos veces contra S.M. A Su Majestad le basta un leve escorzo de su caballo para salir ileso. Nuevamente la Providencia al quite. ¿Por qué marran los anarquistas cuando atentan contra las personas reales y dan en la diana cuando atentan contra personas sin realeza? Averígüelo Vargas.

Ocho de marzo de 1921. Escenario la Plaza de la Independencia, al costado de la Puerta de *Alcalá* conforme se baja hacia Cibeles. El presidente del Consejo de Ministro don Eduardo Dato se dirige a la Presidencia dentro de su auto oficial. Una moto con *sidecar* ocupada por tres individuos jóvenes costea el auto y por su ventanilla derecha y por su capot lanzan una ráfaga de metralla. ¡Pobre don Eduardo Dato, el primer gobernante que se preocupó de ordenar y aprobar una legislación eminentemente laboral y a beneficio de las clases trabajadoras! ¡Precisamente fue la víctima elegida por quienes se decían representar al pueblo oprimido y humillado, de los jornales miserables y sin legislación defensiva! Contrasentidos de la vida y de la política. Más de ésta que de aquélla.

Junio de 1921. Una gran tragedia. El conflicto marroquí agudizado desemboca en el desastre de Annual. Mueren a cientos los soldados, oficiales y jefes españoles. No pocos son hechos prisioneros por el cabecilla Abd-el-Krim, y por su rescate, luego de largas y lamentables negociaciones, España ha de pagar un precio muy alto y una más alta vergüenza.

Septiembre 1923. Todo empezó tranquilamente. El general Primo de Rivera se alzó en Barcelona, no contra la Monarquía sino contra la política de partidos corrompidos incapaces de gobernar uno a uno, ni en conglomerado pomposamente calificado —1918— de Gabinete Nacional, presidido por don Antonio Maura y en el que figuraban como ministros todos los jefes de partido importantes: Romanones, Cierva, García Prieto, Ossorio y Gallardo, Cambó, Alba... Pues ni por ésas. El Directorio Militar, luego transformado en Gobierno de personajes civiles, pero siempre presidido por Primo de Rivera, tuvo una única victoria: que la paz fuera saboreada un poquito por los españoles. En Madrid cayó en gracia don Miguel Primo de Rivera, personaje campechano y muy aficionado a presumir de popularidad callejera y de llevarse en las calles las miradas gachonas de las buenas mozas. Presunción en la que hubo algo de verdad. Los intelectuales se pelearon mucho con don Miguel: desde los periódicos. Desde las tribunas del Ateneo.

Don Miguel se limitó a imponer a los primeros la Censura gubernativa y a cerrar el segundo. Pero sin tomarse más fuertes represalias. No se llegó a molestar con dos de los escritores más ilustres y afamados: don Miguel de Unamuno y don Ramón de Valle-Inclán. A éste, luego de proclamarle «eximio escritor y extravagante ciudadano», creo recordar que le impuso una multa. A don Miguel, cuyos ataques le hicieron *más pupa,* le remitió certificado a la isla de Fuerteventura, pero hizo la vista gorda cuando meses después —en el mismo año 1924— don Miguel se fugó a Francia en un velero francés, viviendo primero en París y enseguida, hasta la caída del dictador —1930— en Hendaya, añorando la tan cercana tierra de España, Fuenterrabía, a la que dedicó hermosos poemas, como a una adorada. Desde Madrid, don Miguel Primo de Rivera, con los mejores colaboradores planeó el desembarco en Alhucemas, que salió que ni dibujado, y con el se tomó el desquite de Annual. Cayó la *Dictablanda* —que este calificativo guaseado llegó a merecer la que empezó siendo Dictadura... *ma non troppo—.*

1930... 1931... Se sucedieron los Gobiernos relámpagos del general don Dámaso Berenguer y del almirante don Juan Bautista Aznar. Fatalmente... o ¿imprevisoramente? se perdieron las elecciones municipales del 12 de abril de 1931. Y el 14, como ya escribí, la Segunda República Española inició sus funciones, que habían de durar hasta el 18 de julio de 1936. El jefe del Gobierno provisional de la República, por boca de su presidente del ex-monárquico, y ahora liberal católico de izquierdas, don Niceto Alcalá Zamora, en la hora posmeridiana de aquel día 14, había conminado a don Alfonso XIII, para que abandonase Madrid *antes de que el sol se pusiese.* Conminación que me pareció entonces y me sigue pareciendo ahora, bastante enfática y cursi.

Años 1931-1936. De una Segunda República que dio la razón al dicho de que «Nunca segundas partes fueron buenas»

Durante los años que vivió la Segunda República española en los principales escenarios de Madrid sólo se representaron —pena y grande da decirlo— comedias dramáticas, dramas y hasta tragedias. Si algún respiro se tomó Talia fue para prodigar en los escaños del Congreso los esperpentos y zarabanda que tan pronto provocaban la ira, como el llanto, como la carcajada. Porque no quieran saber ustedes, lectores míos, los tumultos y zaragatas que a diario se representaron en los pasillos y en el hemiciclo de la Cámara. Como en los peores años de la monarquía de doña Isabel II y don Alfonso XIII, los partidos políticos se multiplicaron. Hubo escisiones entre los liberales, los socialistas, los republicanos, los filocomunistas, los moderados de vivencias aún monárquicas. El *Gallinero Nacional*, denominó el pueblo chulón de Madrid al Congreso. Denominación justa. El cacareo y el picoteo eran permanentes. Y ya desde el principio se demostró que no podría gobernar correctamente ningún partido homogéneo, pues que apenas juraba ante el presidente de la República, se implantaba la consigna única: «¡Todos contra él!». En efecto, los más vencían a los menos en pocos meses, en pocos días. Y, sin embargo, a esta Segunda República que se impuso sin sangre y con gozosas algaradas incruentas, se le llamó, como se le había llamado a la primera República, *La Niña Bonita*. El dictado parecía tener *gafancia*. La niña bonita al nacer, apenas cumplía los seis meses de su bonitez... ¡ni tanto así! Feuchilla, feucha, fea, feota, conforme pasaban los meses, los años.

Pero, en fin, antes de pasar a mayores, esto es, a contar los argumentos tormentosos y trágicos, quiero insinuarles a ustedes, los muy pocos regocijantes que se entreveraron con aquellos.

A las tres de la tarde del día 14 fue tremolada en el balcón central de la Casa de Correos la bandera tricolor: morada, roja y gualda. Recorrieron las calles y plazas de Madrid grupos de mozalbetes de ambos sexos, cogiditos del brazo, con *repentizados gorros frigios,* cantando alegres procacidades uno de cuyos estribillos era el

«¡*Lo hemos echao,*
lo hemos echao!... (Refiriéndose a don Alfonso XIII)

Oleadas humanas iban de un lado para otro, en la soleadísima tarde primaveral, chillando, riendo, como si hubiese llegado el momento supremo de alcanzar unos anhelos ciudadanos muchos años prohibidos. Tal era el optimismo, que algunos periódicos encabezaron sus páginas con enormes titulares como estos: «¡Una revolución con las tiendas abiertas! El pueblo español manifestó abiertamente, pero sin un solo desmán, su fe republicana.» (*Heraldo de Madrid*) «España, dueña de sus destinos. El nuevo régimen viene puro y inmaculado, sin traer sangre ni lágrimas.» (*La Voz*).

Otro motivo para la sonrisa: El presidente del Gobierno provisional, y actor de la Jefatura del Estado, nombraba a sus ministros. Pero, antes, los mismos ministros habían elegido al presidente del Gobierno y Jefe del Estado. Si esto no es un círculo vicioso, y hasta un rompecabezas, que venga Dios y lo diga. En la noche del 14, como era de esperar, el Comité lanzó su primer manifiesto, que decía así: «El Gobierno provisional de la República ha tomado el Poder, sin tramitación y sin resistencia ni oposición protocolaria alguna; es el pueblo quien lo ha elevado a la posición en que se halla y es él quien en toda España rinde acatamiento e inviste la autoridad. En su virtud, el presidente del Gobierno provisional de la República asume desde este momento la jefatura del Estado, con el asentimiento expreso de las fuerzas políticas triunfantes y de la voluntad popular, conocedora, antes de emitir su voto en las urnas, de la composición del Gobierno provisional. Interpretando el deseo inequívoco de la nación, el Comité de las fuerzas políticas coaligadas para la instauración del nuevo régimen designa a don Niceto Alcalá Zamora y Torres para el cargo de Presidente del Gobierno provisional de la República».

Pero en Madrid, con inusitada rapidez las hordas incontroladas —que integraban en un cincuenta por ciento los maleantes y futuros integrantes de las checas, empezaron a hacer *de las suyas:* derribaron de sus pedestales la estatua ecuestre —¡tan bella!— de don Felipe III, cuyo caballo quedó destrozado, y la estatua de doña Isabel II, luego separado del tronco el brazo derecho en cuya mano empuñaba el cetro, y privada igualmente de su cetro de diosa Cibeles. A todas horas del día y de la noche, pandillas de mozalbetes de ambos sexos desfilaban por las calles entonando el *Himno de Riego* (que había sustituido a la *Marcha Real* como himno nacional) y tremolando banderas tricolores, por haber sido declarada vitanda la bicolor, roja y gualda declarada enseña nacional por el rey don Carlos III en 1785. Y no mucho después del llamado pomposamente *felicísimo 14 de abril,* precisamente el día 10 de mayo, se iniciaron los desórdenes ya «con vetas dramáticas». Las hordas, ávidas de jaleos gordos en las que ellas fueran las representantes más efectivas de Atila, incendiaron varios automóviles de conocidos aristócratas, el kiosco que *El Debate,* diario de los católicos ultras, tenía en la calle *de Alcalá*, e intentaron tomar al asalto el edificio del diario monárquico «A.B.C.», en la calle *de Serrano*, para impedir lo cual hubo de disparar al aire el retén de la Guardia Civil que custodiaba la sede del diario. El día siguiente, 11 de mayo fue el dedicado especialmente a la quema y saqueo de los conventos y templos. Ardieron la residencia y templo de los Jesuítas en la calle *de la Flor Baja*, inmediata a la Gran Vía; la iglesia y el convento de Santa Teresa, de PP. Carmelitas, en la *Plaza de España;* el Colegio religioso de Maravillas, en la calle *de Bravo*

Murillo (ya en *Cuatro Caminos*); el convento de las MM. Mercedarias de San Fernando; la iglesia parroquial de Bellas Vistas (Cuatro Caminos); el Colegio de María Auxiliadora; el Instituto Católico (de PP. Jesuítas) en la calle *de Alberto Aguilera*; parte del Colegio del Sagrado Corazón (PP. Jesuitas) en Chamartín; la parroquia de los Angeles en la calle *de Bravo Murillo,* inmediata a *Cuatro Caminos...* Con unas añadiduras sacrílegas y macabras, pues que las imágenes religiosas fueron arrastradas por las calles entre gorigoris de burla, y en algunos de los conventos que tenían criptas funerarias fueron rotos los ataúdes y profanados los restos de religiosas, algunos de ellos momificados... Sin que se libraran de los insultos más feroces y aún de los malos tratos las religiosas y religiosos arrojados de sus conventos a la rechifla de los mozalbetes y maleantes... Ni que decir tiene que en todas las provincias españolas imitaron, y aún excedieron, las maniobras incendiarias y saqueadoras acaecidas en la capital de España.

A las cuatro de la madrugada del 10 de agosto de 1932 estalló en Madrid una contrarrevolución dirigida por varios jefes y oficiales, los cuales pretendieron apoderarse del Ministerio de la Guerra para, desde allí, hacer rápida y efectiva su acción. Simultáneamente, otro grupo pretendió apoderarse del Palacio de Comunicaciones. Se esperaba la llegada de las tropas de Caballería de la Remota, de Tetuán, de las Victorias, decididas a sumarse a la insurrección. Pero por muchas defecciones, por muchas traiciones, el levantamiento militar fracasó en pocas horas, como había fracasado en algunas provincias. Los muertos habían sido muchos. Las represalias tomadas por el Gobierno rápidas, contundentes, como intentando demostrar al pueblo su fuerza política y su carácter terriblemente inclinado a la zurda. No pocos periódicos liberales y socialistas ensalzaron los desmanes de las hordas y aún les extendieron bulas con miles de indulgencias... En lo sucesivo a la segunda República le iba a ser muy difícil, por no decir imposible, imponerse a la avalancha de las ideologías afines al socialismo más proclive hacia el comunismo. Como así lo demostraron los acontecimientos, todos ellos altamente dramáticos. Se sucedieron los Gobiernos con calentura de vértigo, precedidos de espeluznantes debates parlamentarios. Al señor presidente de la República, don Niceto Alcalá Zamora le... defenestraron, luego de arrancarle a viva fuerza del sillón presidencial. Y en este sillón se sentó don Manuel Azaña, asentando firmemente las posaderas, por aquello de que «cuando las barbas de tu vecino veas pelar...» A diario, las calles de Madrid quedaban ensangrentadas por criaturas de derechas o por criaturas de izquierdas. Se impuso en la calle la Ley de Talión. Y vengan tormentazos en las Cortes. Y vengan nuevos Gobiernos de coalición, en la que cada uno de los coaligados iba poniendo cucamente bombas para hacerla saltar. Eran alaridos y amenazas los que resonaban en el Congreso. Las huelgas generales se celebraban todas las semanas, en funciones callejeras de mucho jolgorio. Grupos de pistoleros «incontrolados» —según la Dirección General de Seguridad— hacían *de las suyas* —asesinatos, saqueos en comercios, atracos a pacíficos ciudadanos en lugares de cierta soledad urbana o campestre o ajardinada— saliendo de sus actividades sin el menor riesgo de cárceles. La industria y el comercio llegaron —al menos en Madrid— a punto muerto. Y era lo que pensarían los empresarios o los comerciantes: «¿De qué sirve trabajar, ampliar las empresas y negocios sin en el momento menos pensado pueden ser malogrados o robados por unos bribones, con o sin autorización?».

Todos cuantos españoles dirigían *la nave* del Estado republicano, bien dentro de los Gobiernos relámpagos, bien en las Cortes, bien al frente de las Instituciones, se pasaban los días gimoteando cómo elementos nefastos de derechas iban boicoteando la República. Yo no digo que faltase por completo la verdad en tales gimoteos; pero sí digo que los

UN DETALLE MADRILEÑO

Un detalle entrañable en los barrios bajos. Si no fuera por ese farol moderno podríamos jurar que el detalle —antepechos, persianas, ropa tendida, fachada desconchada— se presta a una evocación galdosiana. Ahí pudo vivir el sensual clérigo Polo, o los desdichados «Miaus», o al «amigo Manso», o al humanísimo Alejandro Miquis... ¡Sí, entrañable «detalle» del más entrañable Madrid ochocentista! (Fotografía: María Arribas)

propios republicanos y socialistas en vez de unirse con nobleza y entereza para hacer frente a la contrarrevoluciona- perdían el tiempo y las energías combatiéndose los unos a los otros con los más estúpidos pretextos, con los métodos más bajunos. Yo, observador imparcial de aquellos tremendos años en mi Madrid nativo, apolítico de raíz, liberal de condición, creyente de corazón, me iba diciendo con mudez y seguridad plena: «En verdad no hace falta que nadie pierda el tiempo en minar los cimientos de la República, cuyos enemigos exponen la vida neciamente. A la República la hundirán los propios republicanos y sus aliados «por lo falso». Sí, esta Segunda República española es una segunda edición, muy aumentada y... descorregida, de la primera República, que también se suicidó de la manera más idiota.

Y es que no hay nada peor que llevar dentro de uno su propio
y más implacable enemigo. Se me dirá que no combatida la
segunda República por tantos enemigos como se metieron
en ella dentro de otro caballo de Troya, hubiese tenido una
vida más larga. Yo me permito dudarlo. Pongan ustedes
algunos meses más. Acaso. Pero el cáncer que llevaba no
tenía remedio. Y este cáncer tuvo el fin previsto en la noche
del 13 de julio de 1936, cuando fue asesinado don José Calvo
Sotelo por una patrulla de guardias de asalto. Al lado del
cadáver de Calvo Sotelo quedó el de la República. Este
último cadáver quedó expuesto al público durante casi
cuatro días. El 18 de julio la segunda República española
quedó sepultada entre los horrores de una revolución, en la
que el pueblo indisciplinado y cruel daba la cara y el
Comunismo escondía la mano. Y... la guerra civil.

**Años 1936-1939. Del horror de los errores y
del «¡Sálvese quien pueda!»**

Exactamente desde el 18 de julio de 1936 hasta el 28 de
marzo de 1939 duró en la capital de España la guerra civil.
Cuanto empezó a suceder en Madrid desde la primera fecha,
no quiero contarlo yo, que podría parecer parcial. Quiero
que lo cuente un cronista inglés de mucha jerarquía literaria
y de probada imparcialidad: James Cleugh en su obra
Spanish Fury (1962). Leámosle con atención:
«En la noche del 17 de julio, el gabinete de intelectuales
de izquierda al conocer la noticia de la rebelión (iniciada en
Canarias, donde era capitán general, por el teniente general
don Francisco Franco Bahamonde), había dimitido. No se
sentían capaces de enfrentarse ni con el Ejército ni con la
revolución civil interna, opuesta al mismo y que ellos pre-
veían claramente. Azaña nombró a un primer ministro más
conservador, Martínez Barrios, que pasó sus primeras horas

en el Poder telefoneando frenéticamente a los militares rebeldes. Todos le contestaron, con más o menos sentimiento cortés, *que ya era demasiado tarde*. El presidente Azaña reemplazó a Martínez Barrios por José Giral, un amigo suyo que, según él, podría ser más aceptable para los extremistas. Pero Giral no fue más que un figurón. En la medianoche del 18 de julio, el Gobierno, desesperado, había repartido armas a la gentuza de la ciudad. De aquí en adelante, la dirección de los asuntos pasaba a los hombres que al principio eran tan ignorantes en el arte de gobernar como lo eran en el arte de la guerra.

«La policía desapareció de las calles. Patrullas ciudadanas la sustituyeron; estaban constituídas mayormente por organizaciones socialistas, anarquistas y comunistas de los sindicatos que llevaban mucho tiempo reuniendo armas por su cuenta. Simpatizantes de los rebeldes disparaban contra ellos desde los tejados de los edificios y desde el interior de unos autos a toda marcha. Pero estos tiradores aislados, relativamente pocos, fueron cazados pronto. A continuación, los elementos más irresponsables del populacho, excitados por esta fácil victoria, procedieron a celebrarla con los habituales incendios de iglesias y conventos. Antes del alba de aquel *domingo negro* del 19 de julio, las llamas saltarinas y las rodantes nubes de humo alumbraban y oscurecían alternativamente la incautación de los vehículos, el saqueo de tiendas y restaurantes, y las escenas de venganzas, todavía más trágicas y violentas, contra todos los que resistían y contra muchos que, simplemente, contemplaban aterrados todo aquel ultraje y desorden.

«Toda aquella noche, los alborotadores armados mataron a sus oponentes, incluyendo a gran número de sacerdotes y monjas, al resplandor de los edificios incendiados. El crujido de los muros que se derrumbaban, el ulular incesante de los camiones de bomberos, el paso atronador de los carros blindados y de otros pesados vehículos abriéndose paso por las abarrotadas calles, los gritos de las víctimas y los clamores feroces de sus ejecutores convertían la capital de España en un infierno.

«Tan pronto como despuntó el día, el Cuartel de la Montaña, al lado de la *Plaza de España,* fue asaltado por una multitud sudorosa, vociferante y cantadora, con fusiles, escopetas, pistolas, cuchillos e incluso bastones y piedras en las manos. Un cañón pesado y dos piezas de artillería ligera se trajeron para batir el edificio y empezaron a disparar a cero.

«El general Fanjul, comandante de la guarnición sitiada, había decidido soportar un asedio antes que afrontar a la enloquecida gentuza que había fuera de los muros en una salida, pues tenía la impresión de que no podía confiar en el grueso de sus soldados, algunos de los cuales habían demostrado ya sus simpatías hacia los alborotadores. Los acontecimientos demostraron que sus sospechas estaban bien fundadas. Después de algunas horas de bombardeos por los cañones de los sindicatos, ineficazmente contestado por los morteros de trinchera de los cuarteles, los soldados se amotinaron y obligaron a sus oficiales a rendirse. La turba se precipitó al interior. Fanjul y unos pocos de sus subordinados fueron arrastrados a un juicio sumarísimo y ejecutador. Al resto de los oficiales se les fusiló donde estaban, o se mataron ellos mismos. Al mediodía, los extremistas del proletariado eran dueños de la capital.

«Vino a continuación cierto despliegue de comedia. Algunos de los vencedores gritaron: "¡A la Sierra!", y se lanzaron a las montañas para salir al encuentro de las columnas de Mola, que se aproximaban. Sabían que, en los estrechos pasos, unos pocos hombres con fusiles podían detener a un regimiento. Otros, los más, prefirieron disfrutar de balde en los lujosos cafés y hoteles de la gran ciudad, escuchar a las bandas de música que interpretaban *La Internacional,* pronunciar sonoros discursos de alabanza de la libertad, la fraternidad y la igualdad, desfilar por las calles y plazas cogidos del brazo, cantando canciones populares, o simplemente lanzar a la aventura en coches robados, disparando en todas direcciones sus armas recién cogidas.

«Por el momento, la mayoría estaba de un humor excelente, pasando, con la característica impulsividad española desde el implacable asesinato y destrucción a la alegría y al generoso entusiasmo. Es evidente, por ejemplo, que hubo poca o ninguna violencia sexual, tal como se da casi siempre en otros países durante los salvajes períodos revolucionarios. Los españoles se cuentan entre los pueblos de más alta sexualidad de Europa. Pero la violación, por más que circulen historias fantásticas sobre la suerte de las monjas y otras mujeres inocentes durante la guerra civil, no es un crimen corriente en España.

«Sin embargo, el asesinato de varones completamente inocentes continuó en Madrid durante todo el año 1936, principalmente por las temidas *patrullas del amanecer*. Al romper el día, un camión lleno de hombres armados solía detenerse a la puerta de un edificio. Determinados ciudadanos eran sacados de sus camas, metidos en el vehículo y llevados *a dar el paseo*. Luego dejaban que los cadávares se pudrieran en las carreteras o en los parques públicos, en los que aproximadamente se encontraba un centenar todas las mañanas hasta finales del otoño. De las víctimas se decía siempre que eran enemigos de la República. Algunos de ellos eran en realidad espías de Franco o de Mola. Pero por lo general su única culpa era tener más dineros que sus exterminadores o, sencillamente, haber exigido que pagasen sus deudas. La impotencia del Gobierno en este asunto queda ilustrada por el hecho de que cuando ordenó que un gran número de presos políticos supuestamente desafectos fuesen trasladados a un sitio donde custodiarlos con más seguridad —ya que algunas de las cárceles habían sido asaltadas, y sus ocupantes asesinados por quienes verdaderamente mandaban en Madrid—, la expedición entera fue liquidada en ruta por los milicianos, que fácilmente se impusieron a los guardianes.»

Hasta aquí el relato de James Cleugh que me parece ajustado en todo a la realidad. Yo que permanecí en Madrid durante todo el asedio de la capital puedo añadir que el historiador —o cronista inglés— ha pecado si acaso de templado. Y ha de tenerse muy en cuenta que mi liberalismo fue y sigue siendo absoluto, y que siempre me han repugnado las situaciones políticas radicales y divorciadas de la legalidad constitucional.

Más que dramáticos, trágicos fueron los diez primeros días del mes de noviembre de 1936. Pánico, pavor, se apoderó de cuantos vivíamos en Madrid. Las tropas nacionales llegaron a las puertas de la capital el día 7, y sus fuerzas de vanguardia —moros y legionarios— penetraron por la *Cuesta de San Vicente* y algunos puntos del Parque del Oeste, hasta la Plaza de España. Por Cuatro Caminos y las Ventas del Espíritu Santo huyeron miles de personas que no tenían la conciencia muy tranquila. La llegada a la capital de las llamadas *Brigadas Internacionales* (formadas por comunistas, filocomunistas, republicanos de izquierdas, aventureros mercenarios, socialistas de todo el mundo: rusos, franceses, checos, polacos, ingleses, holandeses, belgas...) y cuyos mandos estaban en manos de rusos, checos y franceses, impidieron que conquistaran Madrid las fuerzas nacionales, protegidas desde el aire por los aparatos italianos *Caproni*; los cuales, inesperadamente se vieron atacados «por una nube de aparatos de caza, de morros chatos y de un tipo no conocido. Estos monoplanos monoplazas, de alas bajas, pintados de un verde oscuro, demostraron ser extraordinariamente rápidos y estar bien armados. Los cazas modelo de la fuerza aérea rusa habían por fin entrado en acción. Empezaba la primera batalla aérea de la guerra con las fuerzas equilibradas.

En efecto, las tropas nacionales retrocedieron y se parapetaron en la Casa de Campo (cerro Garabitas) y en el enorme edificio en construcción del futuro Hospital Clínico. Entre éste y aquel cerro se cavó un foso bien cubierto de comunicación. Aquel trágico 7 de noviembre fueron representadas dos funciones de signo bien contrario: se había evitado la caída de la capital en manos del general Franco; pero, como cruelísima represalia de aquel intento de los nacionales, de la Cárcel de San Antón (edificio de las Escuelas Pías, en la calle *de Hortaleza*) fueron sacados varios cientos de presos, llevados a Paracuellos del Jarama, y allí asesinados *a racimos*.

El cerco de Madrid había empezado; y sólo se rompería —voluntariamente por parte de las fuerzas republicanas, cansadas de guerrear sin esperanzas, abandonadas a su destino por el Gobierno— el 28 de marzo de 1939. En aquellos treinta meses de asedio y de resistencia heroica por parte del pueblo combatiente —pues que el Gobierno y su corte de asesores extranjeros buscaron para vivir lugares más seguros, en el Levante español— Madrid puede afirmarse sin exageración vivió en un estado agonioso de hambre, de miedo, de dolores, de enfermedades sin mediación posible. En un Madrid con los alimentos más imprescindibles tasados hasta la cutricia, y en el que sólo comían mejor y reían las fuerzas que mantenían el orden y hasta el terror. Y quienes secretamente simpatizaban con los nacionales y anhelaban el fin de una guerra casi dantesca (en su primera parte *infernal*) no podían concebir, les parecía imposible, que su redención pudiera estar tan cerca, a pocos kilómetros de la *Puerta del Sol*, en el Parque del Oeste, en Leganés, en aquel cerro de los Angeles, de Getafe, que tan claramente se veía... *ahí mismo,* casi pudiéndose tocar con la mano, pero en el que ya no reinaba el Sagrado Corazón de Jesús (monumento escultórico de una fealdad y de una falta de arte absoluta, que todo hay que decirlo).

Durante aquellos treinta meses Madrid fue *teatro* (sin espectadores que luego de terminada la representación se fueran tranquilamente a sus casas, comentando las incidencias de la tragedia, para procurar olvidarla enseguida ante una buena mesa y sobre una buena cama), teatro en el que todos eran actores: unos de acción violenta, otros de omisión aterrada. Noches sin luces. Días sin pan y sin calor. Sueños sobresaltados por pesadillas crueles. Colas larguísimas ante algunos establecimientos para recoger raciones de alimento insuficientes y en no pocas ocasiones desdeñados por las mismas bestias. Silencios nocturnos durante los cuales, los insomnes por el miedo, aguzaban el oído para percibir los posibles ruidos sospechosos de registros ávidos y de apresamiento de seres queridos.

Para las fuerzas de choque, milicias y guardias de asalto que defendían Madrid, que se alimentaban y que hasta hacían *estraperlo* con los alimentos entre quienes podían pagárselos bien con dinero, bien con joyas, cundía el optimismo y se acorazaban en una frase publicitaria de Dolores Ibarruri, «la Pasionaria», comunista terrible, que decía así: «¡No pasarán!». Exacto: no pasarían. Frase que, por otra parte, no era nueva, sino la traducción de la animadora de los franceses que defendían Verdún durante la primera guerra mundial: *«¡Ils ne passeront pas!»*.

En Madrid, en determinados hogares, a la chita callando, con el disimulo de los primeros cristianos que acudían a las catacumbas para entregarse al culto de Cristo Dios, no pocos cesantes (yo entre ellos) nos reuníamos a compartir nuestras penas y, cuando los había, alimentos de alguna consideración adquiridos en el *mercado negro* (por medio de algún franquista camuflado en las filas rojas), para escuchar por la radio las emisoras de las provincias ocupadas por los nacionales. En estas escuchas secretas nos íbamos enterando del lentísimo (nos parecía avance de tortuga), del lentísimo caminar de los ya ejércitos del general Franco. Y nos eran familiares los nombres de los generales colaboradores del ya nombrado Generalísimo: Aranda, Yagüe, Orgaz, Queipo de Llano, García Escámez, Alonso Vega, Varela... Pero también conocíamos los nombres de los directores de las estratégicas retiradas rojas: Kleber, Rojo, Miaja, Asensio, André Malraux, Ludwig Renn, Marty, Ralph Fox, Lister, «el Campesino», Modesto... Nos arrancaban pálidas sonrisas las bravuconadas lanzadas a diario, por Radio Sevilla, del general Queipo de Llano; y también las frases enfáticas de «la Pasionaria», como aquella de «¡Más vale morir de pie que vivir de rodillas!».

Cuando el 28 de marzo de 1939 penetraron en Madrid —precedidas de las tropas rojas que habían abandonado las trincheras— las huestes nacionales, salieron a recibirles gozosamente miles y miles de madrileños depauperados, esqueléticos, fantasmales, ninguno de los cuales había dejado de perder algún ser querido. El aspecto que presentaba Madrid era desolador: barrios enteros en escombros (Argüelles, Pozas, Usera, los Carabancheles), centenares de casas en los barrios del centro (Latina, Congreso, Buenavista, Chamberí) en los *huesos*, víctimas de los constantes obuses con que las tropas nacionales martilleaban a diario la capital; calles y plazas convertidas en trincheras o vertederos; miles de palacios y pisos desvalijados, y sin puertas ni ventanas cuyas maderas habían sido quemadas para calentarse... los fantasmas; monumentos y estatuas derribadas; templos y conventos incinerados...

Años 1939-1973. De como muchos años de paz sanean pero aburren a Clío

Durante ellos el mandato omnipotente de don Francisco Franco Bahamonde, generalísimo de los Ejércitos y jefe del Estado español. Treinta y tantos años de paz... Bastantes cambios de Gobierno; y en estos, ministros de una cartera bien ajena a sus vocaciones y carreras universitarias. Y Cortes Españolas. Y Sindicatos. Y referéndums frecuentes. Y unidad férrea de ideales concretos, pero de los que no participan muchos españoles de orden, decentes, católicos. Prohibición de partidos políticos. Reconstrucción total de España. Crecimiento asombroso, descomunal, de Madrid, que pasó de una población de millón y poco más (1939) a 3.500.000. Y *ni sombra* de que la capitalidad se vaya *con la música a otra parte*, que es lo que desean la mayor parte de los madrileños «con fósforo cerebral», pues que esta capitalidad no supone ganga alguna, sino todo lo contrario. Pero...

Que ninguno de mis lectores tema: no pienso historiar a Madrid durante estos treinta y tantos años de paz octaviana. Para historiar con objetividad, es preciso que el tiempo —bastante— abra una perspectiva en la que hayan cuajado los juicios categóricos sin mezcla de apasionamiento alguno. Yo me río mucho de cuantos creen, ahora, que están haciendo la *historia de España con objetividad*. ¡Pobres ilusos o cuquitos! La historia general, completa, clara, concreta, desapasionada, justa de los años de mandato del generalísimo Franco se empezará a escribir en el año 2000, cuando ya hallan desaparecido de este mundo cuantos tuvieron que ver algo con la guerra de Liberación, con sus inmediatos efectos, con su política, con su economía, con su organización. Los historiadores rigurosos y ecuánimes del período, uno de los más curiosos y controvertidos de España, acaban de nacer, o nacerán dentro de pocos años. Y ante estos historiadores (sin rencores, ni distingos, ni suspicacias) comparecerá la figura del Caudillo y Jefe del Estado... en soledad, sin nadie a su alrededor, como comparecieron antes Felipe II, Carlos III (y el resto de los reyes y jefes de Estado), para ser enjuiciado en definitiva y quedar preciso en la historia general. ¿Quién se acuerda demasiado de los personajes que rodearon a los reyes y caudillos para aconsejarles, para hacerles favores o disfavores? Como cuantos reyes y jefes de Estado le han precedido en el mundo, Franco comparecerá solo para ser juzgado. Y él habrá de pechar con cuanto de acierto y desacierto hubo durante su mandato. Pues que la historia es tan rigurosa que no para mientes en lo accesorio y se fija sólo y enjuicia sólo lo que fue fundamental. Lo accesorio se difumina, se desvanece con los tiempos, pierde la importancia que tuviera durante su existencia. En ello está el riesgo, la ventura o la desventura, de los grandes conductores de pueblos.

V
DE ALGUNOS PRIMORES, GRACIAS
Y ADORNOS DE MADRID

Adornos, gracias y primores que son como esos objetos preciosos que sirven para hacer más sugestiva e inolvidables las escenografías.

De dónde procede y qué significa el nombre Madrid

Durante siglos, los más eruditos y más sagaces han metido su baza en el juego de adivinar de dónde procede y qué significa el nombre de Madrid. ¿Fue su origen céltico, púnico, griego, latino, visigótico, romanesco? Cada uno de estos orígenes ha sido defendido con uñas y dientes por algún historiador de justa fama. Don Ramón Menéndez Pidal opinó que su orígen era céltico: *Magerito,* de *mago, mageto* (que significa *grande* unido al sustantivo *ritu*, equivalente a *vado, puente.* Frío, frío, don Ramón. Usted tan sabio, no dio en el clavo, por esta vez. Don Manuel Gómez Moreno sospechó que pudiera derivar del púnico *magalia,* el latino *maxeria* (choza), al que añadir el locativo *it,* «y una contracción en *magdrit* que permitiese dos contracciones, allá en el siglo X: una, que daría *Magerit* o *Maxerit*, y la otra saldría al oído diversamente simplificada en el *Madrid* vulgar». Frío, frío, don Manuel. Usted tan sabio, por esta vez dio en la herradura.

En 1959 apareció un singular libro del insigne arabista don Jaime Oliver Asín: *Historia del nombre «Madrid»,* en el que con razones de mucho peso *se carga* los supuestos atribuidos al orígen y significado del nombre de la capital de España. Ni célticos, ni púnicos, ni visigóticos, ni griegos.

Madrid deriva del latino *matrice* —matriz— y de su traducción al árabe de los conquistadores musulmanes *Maŷrit,* referida esta matríz al *agua,* al *conducto de aguas* o al *canal matríz.* Y como los árabes se llevaron bastante amistosamente con los visigodos, del otro lado del Vallejo de San Pedro, y como estos mantenían el nombre latino y romanceado de la Villa (aunque pronunciando *Matrich*, o sea Matriŷ conforme sus hábitos fonéticos) mientras aquellos (conscientes ya no sólo del valor de *matrice* o de Matrŷ como topónimo, sino también como nombre común) lo traducían al árabe, con toda exactitud, por *maŷrá* «arroyo o canal

EL MADRID MEDIEVAL

La fantasía, unida a una sólida documentación, permitieron al gran escenógrafo contemporáneo Pedro Schild... soñar ese maravilloso Madrid, «urbe regia», con su sólida Muralla —eslabonada de torres y cubos— con su encumbrado Alcázar, con sus bellos templos, enfrentado a un paisaje bronco pero seductor. Un Madrid predispuesto para exigir su jerarquía en la Historia.

madriz». Y añade Oliver Asín: «Ahora bien, ninguno de los dos elementos de población mantienen entonces *Matrice* y *Maŷrá* en su estado primitivo, pues lo mismo los mozárabes que los árabes terminan por aplicar a uno y otro nombre respectivamente, un sufijo *-it* que, tanto por la comarca madrileña en particular, como por toda la España musulmana en general, servía como sufijo indicativo de entidades de población, con el que se formaban, por tanto, infinitos nombres de lugar. Y así, de esta manera, los mozárabes convierten entonces *Matrie* o *Matriŷ* en *Matr-it*, mientras los árabes convierten *Maŷrá* en *Maŷr-it*. Y de los topónimos

latino-visigóticos *matrice* y del arábigo *maŷrá* se desprenden todas las variantes que se conocen de Madrid. Del árabe: *Magerit, Maierit, Maierid, Magerito, Mageritum, Magerido* y *Macherito.* Del topónimo mozárabe: *Matrit, Madrit* y *Madrid.* Reflejan la tendencia a conciliar los anteriores topónimos: *Magderit, Maydrit, Maydrich, Maydrid, Maye-drit, Mayadrid, Maiedrit.* Y son formas extravagantes usa-das por los eruditos eclesiásticos: *Mairoritum, Majoritum, Majeriacum, Mairico.* En concreto: ya sabido el orígen más posible del nombre *Madrid* se ha de recalcar que el signi-ficado siempre afecta *a corrientes de agua,* por las muchas que discurrían bajo la corteza del suelo matritense». Pero hace siglos la opinión de Oliver Asín la mantuvo el maestro Juan López de Hoyos, el dómine del Estudio de la Villa, quien escribió: «Llámase este pueblo *Madrid* y, dejando patrañas aparte, este nombre es *arábigo* (subrayo por mi cuenta) y que quiere decir en nuestro castellano, lugar ventoso de ayres subtiles y saludables, de cielo claro y sitio y comarca fértiles». Sino que don Juan, en su adivinanza de la arábiga procedencia, toma los *aires subtiles* y no las *aguas cristalinas.* Pero, en verdad, como pensaría el dómine, es cuestión de *corrientes.*

El escudo de Madrid

Madrid tiene varios escudos postizos y uno sólo verdade-ro. Recordemos los postizos. En uno de ellos, el llamado de las «armas de Madrid» conforme a la Heráldica, se ve: campo de plata con madroño y oso empinado en su tronco; sobre la copa del madroño, una corona de laurel con cinta carmesí; en torno al campo de plata una orla azul con siete estrellas; soportado en la parte alta de la orla una corona imperial; y como saliendo de la corona una especie de dragón con alas de murciélago y orejas de podenco.

En otro: orla azul con siete estrellas en torno al campo de plata donde el oso se empina a un madroño; sobre el madroño una corona imperial. En otro, aún más sencillo, ha desaparecido la corona. En otro, en el campo de plata pasta un oso a cuatro patas, sin la menor ganas de empinarse, entre otras razones porque no tiene donde apoyarse en su postura bailable.

El escudo postizo más bonito y elegante, el que aún se coloca en no pocos estandartes, fachadas, blasones, timbres del papel sellado, cerámicas, brocados para colgaduras, etc., es este: mantelado y con dos cuarteles; en el de la derecha, sobre campo de plata, un oso pardo empinado a un madroño florido. En el de la izquierda, sobre campo azul, un grifón de oro, alado y rampante, de perfil, cabeza y garras de águila, cuerpo de cocodrilo, alas de murciélago y cola serpentina. Bordadura de azur con siete estrellas de plata. Al timbre, corona real. Al cierre, corona cívica. Bonito, elegante y pletórico de simbolismos. ¡Qué duda cabe! El escudo que mejor satisfizo la fantasía desbordada de los cronistas apologistas de Madrid, y el que ha conseguido mantener su *postiza oficialidad* por encima del auténtico.

Y... ¿Cuál es el auténtico? Modernamente el Ayuntamiento de Madrid ha consultado a un ilustre especialista en heráldica; quien ha dado su sentencia inapelable: el escudo de Madrid «podría organizarse de la siguiente guisa: de plata el campo, el madroño de sínople, terrazado de lo mismo, frutado de gules, acostado de oso empinante de sable y superado el arbusto de corona cívica, bordadura de azul cargada de siete estrellas. Al timbre, corona real». El ilustre académico heráldico, don Dalmiro de la Válgoma, estima que aún debiera suprimirse la corona cívica, con lo que el escudo ganaría en valor estético.

No pienso criticar a nuestro Ayuntamiento que, a la vista de tantos escudos postizos —pues yo no he mencionado sino algunos— deseara saber a qué atenerse con seriedad y precisión. Pero... Hace más de ciento setenta años, *nada menos* que don Paco Goya, en su enorme cuadro de «las armas de Madrid» ya nos dejó la lección inapelable: el campo de plata con el oso empinado al madroño y la orla con las siete estrellas. Categórico. Ahí queda esa lección magistral que, por lo visto y acontecido, muchos habían olvidado o no llegado a aprender.

Las advocaciones marianas de Madrid

Son tres. La del pueblo: Nuestra Señora de la Almudena. La de la Corte: Nuestra Señora de Atocha. Y la que se nos coló de rondón, y por simpatía pura se adjudicó el patronato sobre la Villa: Nuestra Señora de la Paloma.

A la Virgen de la Almudena ya me he referido al hablar de la conquista de Madrid por don Alfonso VI. Y a mi juicio es la única indiscutible patrona celestial de la Villa y Corte. La que tiene sus cartas credenciales más seguras y en orden.

Cartas que no le faltan a Nuestra Señora de Atocha —de *atochar,* campo de esparto y de cardos, al oriente de la Villa (La Almudena, al oeste) En tales campos hubo en época visigótica una ermita, y en la ermita una imagen de María en talla muy tosca. La de Atocha, como la de la Almudena, Vírgenes morenitas y modositas, y muy guapinas. Para ganarse el amor de los madrileños, la Virgen de Atocha obró un milagro inverosímil de puro gordo. ¡Cosas de moros y cristianos! El alcaide y caballero madrileño Gracián Ramírez degolló a su mujer y a sus hijas, sin temblarle la mano, para librarlas de la deshonra de ser violadas por los invasores musulmanes. Alejados, luego de vencidos, los moros, por las huestes mermadísimas del propio Gracián, la esposa y las hijas de este regresaron de la primera salve de Atocha vivitas y de las manos, como niñas de colegio de monjas gratuito, con el ceñido dogal de una cinta de sangre, valiéndose de las cuales la Santísima Virgen había pegado las cercenadas cabezas a sus respectivos cuerpos. Y al arrullo de este milagro, el eremitorio de Atocha provocó las constantes peregrinaciones llegadas de la entonces *muy lejana* Villa. Con el tiempo, el eremitorio se transformó en iglesia y la iglesia en Basílica. Basílica que eligieron reyes y príncipes Borbones para sus solemnes Salves sabatinas, para sus acciones de gracias por felices alumbramientos, para sus reales bodas, para sus reales funerales, para sus reales ganas de exhibirse públicamente tocadas de mantilla las hembras y embutidos en sus uniformes más complicados y condecorados ellos. De aquí que dijera yo que Nuestra Señora de Atocha era una patrona de Madrid singularmente *palatina*.

La Virgen de la Paloma es la más morenita y melancólica de las tres Vírgenes —y una en tres— patronas de Madrid. En realidad, el patrocinio de la Virgen de la Paloma es tan popular como no reconocido oficialmente. Curiosa paradoja, nueva prueba de que al pueblo madrileño lo que le gusta es llevar la contraria a cuanto *huela a oficial.* ¿Que la Virgen de la Paloma no tiene extendido pergamino con el nombramiento oficial? Pues el pueblo —por lo único *real* que tiene: su real gana— ha decidido que es esta advocación mariana la que más y mejor lleva metida en las entrañas. El lienzo con la representación, casi a cuerpo entero, de Nuestra Señora de la Soledad, vulgo «la Paloma», le llegó a Madrid desde Alcalá de Henares. Lo trajo una piadosa mujer, Andrea Isabel Tintero, que lo había rescatado, por cuatro cuartos, de las manos de unos golfantes que se disponían a quemarlo. Andrea Tintero colocó el lienzo en el portal de su casa, en la calle de la Solana (hoy *de la Paloma*), sobre un retablillo entre floreros con flores de trapos y, cada día, con un par de candelillas encendidas. Hay que decir que Nuestra Señora de la Soledad de la Paloma tuvo la suerte inicial de que se hicieran muy devotas de ella las reinas doña María Luisa de Parma y doña Isabel II (por cierto dos de las reinas más...

temperamentales que ha tenido España), pero antes de esta suerte real, ya se las había arreglado «la Paloma» para sembrar milagritos entre sus populares amadores, y así ganarse la idolatría de los barriobajeros, aún de los que, proclamándose ateos, no tenían empacho en confesar que «la Paloma» era *cosa aparte* que no desdecía de su ateísmo. A fin del siglo XVIII o a principios del XIX construyó la iglesia decorosa el arquitecto don Francisco Sánchez, discípulo que fue de don Ventura Rodríguez y padre de once hermosos hijos, todos ellos presentados recién nacidos a Nuestra Señora, que conservó a los once, muy piadosos y de muy larga vida. Curiosa anécdota: durante la guerra de Liberación, en poder Madrid de los marxistas, destructores de imágenes, incendiarios de templos, como una persona más que por piedad pudiera hacerse sospechosa y motivar el furor de las hordas, el lienzo de Nuestra Señora de la Soledad «la Paloma» hubo de huír de su templo e irse escondiendo en diversos lugares, todos ellos de gentes modestas para mejor burlar los registros de los chequistas. Primero en una casa de la calle *de Velázquez*, sobre la cama de una dama muy enferma. De aquí pasó a un inmueble de la calle de Toledo. Más tarde pasó a otro de la calle *de Altamirano*. Desde aquí fue trasladada a la *Glorieta de San Bernardo*, donde estuvo más de dos años metida en el cabecero de una cama, bajo una cubierta de madera, en el sótano de una farmacia. Terminada la guerra fue entregado el lienzo en el Palacio episcopal de la calle *de San Justo*. En mayo de 1939 regresó a su templo en las mismas entrañitas del Madrid castizo. Traspasada, no vista y salva, como juegan los niños a esconderse: esos niños madrileños casi todos ellos presentados a «la Paloma» a los pocos días de nacidos.

SANTUARIO DE NUESTRA SEÑORA DE ATOCHA
Seductor aspecto de este Santuario de Atocha cuando aún, en
el Madrid romántico, peregrinar era poetizar. Pero, ¡ay!, ni este
santuario es el primitivo del siglo X, ni siquiera éste existe ya, sino
otro colmado de adulteraciones arquitectónicas y de
históricas evocaciones.

Santos y semisantos madrileños

Hace muchos años, ¿eh?, muchos, Madrid era tan piado-
so que se decía de los madrileños que eran unos *come santos*,
de tanto como los tenían en la boca, a todas horas y casi
nunca desinteresadamente. Y lo de *comerse los santos* debió
tener alguna verdad, ya que siendo la Villa, capital de la
España, archicatólia, archiapostólica y archirromana, apenas si tiene hoy, *para llevarse a la boca* (en un sentido pío,
por supuesto, para llevárselos a la boca en rezo muy devoto e
incansable): tras santos, una beata y cuatro semisantos. Los
santos son San Isidro, patrono de Madrid, del que ya me he
ocupado, en la Villa nacido, en la Villa muerto y en la Villa
canonizado solemnemente en 1622; Santa María Micaela
Jorbalán, vizcondesa de idem; y santa María de la Soledad
Torres Acosta, canonizada hace seis años.

Gran dama y gran religiosa doña María Micaela Desmai-
sierés, nacida —1809— en Madrid y fallecida —1865— en
Valencia, víctima del cólera que tomó por contagio en su

abnegada entrega a las apestadas. De muy noble familia. Su madre fue dama de honor de la reina doña María Luisa de Parma, esposa de don Carlos I y su padre Caballero de las Ordenes de San Hermenegildo y de San Fernando, educó en las Ursulinas de Pau (Francia). Desde muy niña se afanó por su constante y alegre y abnegada caridad para sus semejantes desvalidos. «El Angel de la Caridad» era llamada en Madrid, cuando aún no había cumplido los 16 años y se decía de ella había obrado suaves y leves milagros con los niños y los ancianos enfermos. Fundó en la capital las *Juntas de Socorro a domicilio*. En 1843, conmovida por una enferma a la que había conocido en el Hospital de San Juan de Dios (para enfermedades venéreas, casi siempre incurables) quiso crear una Casa-Colegio para acoger, socorrer, educar a las muchachas caídas en la prostitución, hasta devolverlas al mundo sanas de cuerpo y con grandes probabilidades de ganar el paraíso teológico. Para ello fundó el Asilo de las Arrepentidas, que enseguida tuvo muy acreditadas sucursales en varias provincias españolas.

Santa María de la Soledad Torres Acosta, nacida y muerta en Madrid, en el siglo XIX, fundó la Congregación de Hijas de María al servicio de los enfermos y al cuidado de los menesterosos.

La Beata —y al parecer no hay Papa que se decida a canonizarla ni Concejo madrileño que de *esos pasos,* al parecer necesarios, para que se abra proceso de canonización— es Mariana Navarro Romero, Marianita, Mariana de Jesús, nacida en el número 2 de la calle *de Santiago,* de Madrid, el 21 de enero de 1565, bautizada en la Parroquia de Santiago, y muerta en Madrid, el 18 de abril de 1624. Durante muchos años vivió en una ermita cercana al *Portillo de Santa Bárbara*, alimentándose de limosnas y de alimentos (sobras) que iba recolectando de puerta en puerta. Desde los catorce años servía en la Orden de la Merced. Pero que nadie crea que ejercía la mendicidad en beneficio propio; apenas mantenida lo que se dice «como un pajarito», el resto de lo recaudado, en dinero y en especies, lo repartía entre los menesterosos de los barrios extremos de la capital. Se disciplinaba todos los días. Llevaba permanentemente cilicios en muslos y cintura. Se llagaba y sangraba con frecuencia. Existe una relación, firmada por muy doctos varones, de los muchos milagros que se obraron por su intercesión. Era simpática... *hasta allí* (señalo como hasta veintitantos kilómetros a la redonda). Nadie jamás la vio llorar ni pronunciar palabra desolada. Su fe era una candela encendida en el aire calmo, apenas con un visible dulce pulso. Como los madrileños se ponían tan pesados, marchando en pos de ella para casi exigirle milagros diarios, tuvo que esconderse para morir en paz, y fue enterrada, en secreto, bajo el altar mayor de la Iglesia Mercedaria de Don Juan de Alarcón. En este templo, al lado del Evangelio, en una urna sobre un altar, se conserva el cuerpo incorrupto de Marianita de Jesús. ¡Y *ya ha llovido* desde que el Pontífice Clemente XIII —por su Bula de 9 de agosto de 1761— aprobó sus virtudes en grado heroico, y el Pontífice Pío VI —por su Decreto de 18 de enero de 1783— la otorgó el título de BEATA. Y así siguen ella y su Madrid. Ella, como Madrid la ha declarado, sin necesidad de Bula ni Decreto, ESTRELLA DE MADRID. Ella no más que *Beata*. ¡Bueno: para los madrileños, santa y hasta archisanta es! ¡Con lo que a los madriles nos gusta ser más papistas que el Papa! ¿Que los pontífices la mantienen en su graduación de Beata? Pues Madrid la ha otorgado el sobresaliente, con matrícula de honor, en santidad...

Los semisantos de Madrid —es un póquer de semisantos— son Pedro Navarro Elchi, Gregorio López, fray Sebastián de Ontañón y Pedro de Torres Miranda. Demos, ahora, algunas noticias de cada uno.

Pedro Navarro Elchi nació en Madrid hacia 1527... Desordenado en su vida, vagabundo de profesión, se hizo pirata y renegó de la fe de Cristo. Vendió esclavos en los puertos africanos del norte. Se encubrió con el nombre de Hamete. Se dejó crecer una barba roja, redonda y lustrosa. Se le acusó de haber martirizado a los marinos portugueses hechos prisioneros en la derrota total del rey don Sebastián. Y, de pronto, como suelen suceder todas las cosas prodigiosas, le dio por arrepentirse *de toda contricción*. Y se dedicó a salvar cautivos de los árabes. Fue apresado. Fue martirizado a lo bestia, sin que lograran arrancarle un grito, ni *un taco* siquiera leve y venial. Le cortaron la lengua. Le clavaron en una cruz. Le atravesaron la cabeza con un clavo. Le sacaron de la cabeza el clavo y con él le atravesaron la garganta. Y él, erre que erre, sin acabar de morirse. Con una lanza le arrancaron el corazón... Un jirón de sus calzones, tinto en su sangre, lo tuvo el rey don Felipe II (que Dios guarde) anudado a su garganta, durante su última enfermedad, que es esa enfermedad que no hay milagro que la evite.

Gregorio López nació en Madrid el 4 de junio de 1542 y fue bautizado en la Iglesia de San Gil. No estudió ni lenguas ni ciencias porque *dióselas Dios de una vez*. Conoció soledades españolas y mejicanas. Clamó las verdades de Cristo en dos continentes habladores del castellano. Mendigó. Se alimentó de raíces y de hierbas tan macilentas como las que iba arrojando el sabio de la *décima* de Calderón... Le apedrearon como a un can sarnoso. Y murió en Santa Fe de Nueva España. Había escrito dos libritos de mucha enjundia: uno acerca de las virtudes medicinales de algunas yerbas; otro, muy incompleto, acerca del *Apocalípsis* de San Juan.

Fray Sebastián de Ontañón nació en Madrid y le bautizaron en la parroquia de San Sebastián. Vivió muchos años, *de milagro,* en las Indias Occidentales. Se mostraba orgulloso desenvainador de la espada por un quítame de ahí esa mota. Les tomó el pelo y los objetos preciosos a los indios. Pero como el hombre propone y Dios dispone, Dios dispuso, Él sabrá por qué, como en el caso extraño del Saulo convertido en Pablo, que don Sebastián cambiase el don por el Fray. Y ya Fray... su existencia fue un eslabonamiento de sacrificios y penitencias, de predicaciones eficacísimas para la salvación de centenares de almas (un setenta y cinco por ciento más de las que *había perdido*), de abnegaciones en grado heroico. Los conquistadores y colonizadores le llamaron *el embajador de Dios.* En 1617 fray Sebastián fue preso y saeteado como su homónimo, cuando ya no era, a semejanza de este, un efebo seductor, sino un varón machucho y pachucho.

Don Pedro de Torres Miranda, hijo de un plumajero de S.M. don Felipe III, fue bautizado en la parroquia de Santiago. De joven fue un gallito pendenciero en Francia, en Flandes, en Portugal, en Italia. Regresando a España, desde Nápoles, el bajel donde viajaba fue apresado por los corsarios y metido el caballero cristiano (pero no practicante) en una mazmorra argelina. Y enseguida empezó a hacer méritos para la santidad. Durante seis meses trabajó a remo y soga en una galera, logrando la conversión al catolicismo practicado de varios católicos sólo de bautismo y de medio centenar de moros y argelinos. Por esta hazaña recibió ciento cincuenta estacazos que le dejaron casi deshuesado. A continuación le sacaron los ojos, sin que tuviera siquiera el consuelo que tuvo Santa Lucía de tener un plato de plata donde depositarlos. Y deshuesado y desojado fue quemado en la plaza pública, mientras su lengua cantaba las alabanzas al Señor. Corría el año 1620...

¿Quién puede negar el hermoso póquer de semisantos de que puede presumir, en jugada decisiva, Madrid? Pues Madrid sigue sin explicarse por qué estos semisantos siguen soportando espartanamente el *semi*, sobre sus famas.

De la otra ronda nocturna que tuvo Madrid

Al referirme a los argumentos de algunas obras capitales, representadas en el Madrid-Teatro, mencioné la *Ronda del Pecado Mortal*. Bien. Ahora voy a referirme a otra Ronda, muy interesante pero cuyo argumento no tiene bastante *fuerza escénica* como para atraer el interés de los grandes públicos y arrancar sus ovaciones. Sí, es una Ronda sencillota y de fines muy materiales. Se la llamó la *Ronda del Pan y el Huevo*, tuvo su sede en el Albergue de San Lorenzo, situado en la calle *de los Cojos* (por los cinco que cojearon en Lepanto, y que eran asistentes diarios de lujo) esquina a la *de Toledo*. Fue fundada por la Hermandad del Refugio y de la Piedad de la Corte que, a su vez, había sido fundada en 1615 por el P. Bernardino de Antequera. La Ronda estaba integrada por un sacerdote, dos seglares y varios criados con camillas y silletas de mano. Todas las noches, con linternas y campanillas, recorrían las calles más discretas y peor reputadas, los quicios y las rinconeras predilectos de los menesterosos para... dormir la curda o fallecer sin dar que hablar ni molestar a nadie. De vez en vez esta Ronda topaba con algún desdichado herido y desangrándose. A herido, enfermos, curdas, los de la Ronda cargaban en las camillas o colocaban en las silletas, y les conducían al Refugio para menesteres de urgencia. Si los encontrados eran míseras criaturas desfallecidas de hambre, inmediatamente las obsequiaban con un panecillo y un huevo duro, como tentempié precursor del «ya puedes caminar» por tus medios. A los borrachos la Ronda los hacía tornar a la realidad con untos y aspiraciones. A los heridos, curábalos con solicitud y gratuidad. A los muertos enterrábalos con sencilla ceremonia en esa madre de solícitos y abiertísimos brazos que es la fosa común.

Aún cuando esta Ronda inició sus actuaciones ya entrado el siglo XVIII, terminó adscrita, como ya dije, a la Santa Hermandad del Refugio y de la Piedad de la Corte, ya centenaria y con sede en San Antonio de los Portugueses, hospital y templo con *manzana propia* entre las calles *de la Puebla* y *de la Ballesta* y la *Corredera Baja de San Pablo*. Dejó sus actuaciones nocturnas cuando la Revolución «del 54», en el pasado siglo. Pero la hospedería para mendigos sigue abierta, a precio muy módico, o gratuito cuando el huésped es la indigencia misma.

Y debo afirmar que así como la *Ronda del Pecado Mortal* les «cayó» a los madrileños odiosa, por entrometerse en cuestiones que afectan al temperamento y gusto de cada quisque, libre en su vida según cantan las leyes divinas y humanas —mientras no se produzca mal social *no previsto,* estando la prostitución prevista desde los balbuceos de la prehistoria—, la *Ronda del Pan y Huevo* les «cayó» simpatiquísima. Y es que su misión era plenamente misericordiosa, cristianísima, y dedicada a socorrer al prójimo con benignidad, y no a amolarle, como aquella, con recochineo sádico.

En Madrid suena por vez primera el pitido del tren

Año 1851. 9 de febrero. Ya, desde muchos meses antes, se venía hablando con entusiasmo de la novedad: ¡el ferrocarril! ¿El ferrocarril? Sí, aquel medio de locomoción «rápido como la centella» que llegaba a jubilar a la diligencia de línea y postas de correos. Claro está que nadie, entonces, cuando aún el romanticismo hervía a borbotones y sabía cojer la luna con las manos y llevar el pensamiento «a rodar por el sistema planetario» de Copérnico, nadie hubiese podido definir el tren, sino diciendo que era algo que rodaba vertiginosamente gimiendo ¡fu, fu, fu! y clamando ¡pí, pí, pí! y sin salirse de dos carriles que se prolongaban paralelos cruzando llanuras, sorteando montes, cruzando sobre ríos a través de puentes, ahumando a los pasajeros y a los contemplativos de las estaciones; sí, un monstruo de acero y hierro que atufaba y metía carbonilla en los ojos.

Nueve naciones de Europa explotaban ya el ferrocarril. Y en España misma, desde 1848, corría el tren entre las estaciones de Mataró y Barcelona. Y aconteció en Madrid que hablándose con entusiasmo del ferrocarril que uniría la capital con Aranjuez, próximo a inaugurarse, se cotorreaba en círculos, antesalas, redacciones, saloncillos teatrales, cafés, medios financieros, etc., etc., que el tal ferrocarril era más que una necesidad —¡que sí lo era, por supuesto!— un negocio del que no sacaban las manos limpias desde el famoso banquero prestidigitador de millones don José de Salamanca hasta el mismísimo presidente del Consejo de Ministros (y aún habiendo un *apartijo* suculento para S.M. doña Isabel II, que era una derrochona y a la que le hubiesen venido... al pelo las manos del rey Midas). Total: que el ferrocarril iba a nacer mucho *más pringado* de lo que le correspondía por necesidades técnicas.

El 9 de febrero de 1851 salió del cobertizo-estación de Atocha el primer tren, llamado «de la fresa» por su punto de destino. Tres locomotoras con tres vagones muy semejantes a las *jardineras tranvías* finiseculares. Para los muchos miles de personas que presenciaron el arranque estrepitoso, jadeante y humoso del tren, el momento glorioso motivó ovaciones, vivas (a los reyes, a sus ministros, a sus financieros generosos, a sus ingenieros, a sus maquinistas héroes de la aventura y hasta a los fogoneros que cargaban a paletadas las calderas, con un carbón que tan pronto despedía centellas como carbonillas ennegrecedoras de rostros y de trajes). Y con los vivas, el agitar de miles de banderitas y de miles de pañuelos moqueros y de miles de sombreros, chisteras o *güitos* castizos. Ninguna felicidad mayor para aquellos miles de mirones que montarse en el monstruo de hierro, acero, fuego y humo, para trasladarse al Real Sitio de Aranjuez en dos o tres horas. Yo creo que aquel día nació, para el pueblo, aquella frase repetida por el boticario de *La Verbena de la Paloma*, don Hilarión: «¡Hoy las ciencias adelantan, que es una barbaridad!». Pero aquel día 9 de febrero de 1851 sólo tuvieron el privilegio-ensueño hecho realidad: montar en el tren, las reales personas, los faroleros dignatarios, los señores ministros, las autoridades provinciales y algunos dignatarios de la Santa Madre Iglesia. Los que se dice: *los justos*. Eso sí: todos los viajeros se olvidaron de ponerse en traje de viaje e iban vestidos con montones de plumas, de condecoraciones, de joyas, de bandas, de polisones, de bullones de rasos y sedas, de charreteras y diademas, de encajes y paños de Béjar, de galones y de volantones... (Supongo que mis lectores sabrán dar a cada sexo las que le corresponde de tales prendas, adornajos, pedrerías y chatarra oficial).

Y me importa declarar, ahora, que la primera Estación que tuvo Madrid fue la de Atocha, así llamada por estar situada en la antigua *Glorieta de Atocha,* en el obligado itinerario hacia el Santuario de Nuestra Señora, la advocación Mariana palatina. Esta primitiva estación ardió pocos años después; lo que fue una verdadera suerte, pues que era pequeña y birria, y la sustituyó la actual, inaugurada a principios de este siglo. Eso sí, aquella primitiva estación sirvió de escenario a funciones provocadoras de tantos entusiasmos como tristezas. Por ella se marcharon los soldados que iban a combatir en Africa entre 1859 y 1860, despidiéndoles los familiares empapados en llanto. Por ella regresaron las tropas españolas triunfantes en la guerra de Africa, muy alegres, pero muy mermadas. Por ella llegó a Madrid S.M. don Amadeo de Saboya y por ella se marchó, muy digno, dos años después. Por ella marchó el simpaticón y castizo don Alfonso XII, contra el consejo de sus ministros, a visitar a los coléricos hospitalizados en Aranjuez. Por ella salieron, hacia Cuba, durante muchos meses, tropas y tropas patrióticamente enardecidas, pero trajeadas a lo pobretón. Por ella regresaron, ya perdidas Cuba y las restantes islas americanas, lo muy poquito, muy lacio, muy triste, muy enfermo, que quedó de aquellas aguerridas huestes exportadas a una empresa fracasada de antemano.

Se dan los primeros ¡Vivas! Y se beben los primeros sorbos de la mejor agua del mundo: la del Lozoya

El agua potable, y excelente, jamás le faltó a Madrid, bajo cuya corteza, desde los tiempos «que se pierden en la noche de los siglos» corren a miles las venas de agua «con mucha cal y mucho hierro». De la Villa ya dijeron sus primeros cronistas dignos de crédito que estaba *cercada de fuego y levantada sobre agua*. Minas y pozos había a docenas entre el río Manzanares y el arroyo Abroñigal. Ya en tiempos de los primeros Austrias, las fuentes públicas pasaban del centenar. Aguas muy finas, muy frías y saludables. Como para venderlas embotelladas. Pero hasta el 25 de junio de 1858 los habitantes de la capital de abastecieron del *precioso líquido elemento* bien envasándolo por sí mismos, bien sirviéndose del honrado y nutrido Cuerpo de Aguadores a domicilio, casi todos ellos llegados de Galicia y Asturias. Pero el día del mes del año mencionado, a las cuatro de la tarde, ante algunos ministros, las autoridades locales y unos miles de esos mirones profesionales de todo lo gratuito y sin trabajo propio, se produjo el *milagro* en la parte alta de la calle *Ancha de San Bernardo* —la parte más cuestuda— próxima a la glorieta del mismo nombre, casi ante la riberesca portada abarrocada del convento de Montserrat; y el *milagro* consistió en que saltó de las entrañas de la tierra hasta una altura de noventa metros un surtidor de agua clarísima que descendió de tal altura como en una abierta y

LA PUERTA DEL SOL
Aspecto parcial de la Puerta del Sol a principios del siglo XVIII. El templo es el del Buen Suceso, abarrocado en su frontis —con campanil triple, reloj y torre y chapitel— y que da sus costados a la calle de Alcalá y a la Carrera de San Jerónimo. Ante el templo una hermosa fuente también barroca, con seis caños inagotables proveedores de agua para las cubas de los aguadores del «servicio casero». El grabado tiene un valor encantadoramente escenográfico.

monumental sombrilla de irisadas gotas, aspergeando a muchas personas (entre ellas el misnistro *del ramo*, o sea, el de Fomento), quienes, alborozados, hubieron de retirarse muchos metros y sacudirse como perros remojados («¡Esto se avisa!», parece ser que masculló el señor ministro del ramo, mirando zaino al señor ingeniero.)

El autor del *milagro* fue don Juan Bravo Murillo, quien asistió enlevitado y enchisterado al acto, a pesar del calor «que se hacía sentir», y creyó preciso y oportuno endilgar a la concurrencia, desde el centro de un coro de ministeriales y autoridades locales, igualmente enchisteradas y enlevitadas esta bonita frase que se le acababa de ocurrir: «¡Ya podemos lavarnos casi todos!».

Pocas semanas después, en el centro de la *Puerta del Sol*, saltó otro surtidor a unos treinta metros de altura y que, al caer el agua ya no espurreó a nadie, pues las autoridades y los mirones recordaban la mojadura juniana. Por cierto que en esta ocasión quien hizo y lanzó otra frasecita, que también se le acababa de cuajar en la mollera, frase, por supuesto, más poética que la de don Juan Bravo Murillo, y ello enseguida parecerá lógico, fue un poeta y novelista celebérrimo entonces, ídolo de las masas populares no analfabetas, don Manuel Fernández y González, el gran hurgador de la más melodramática historia de España: la frase fue ésta: ¡Atención! «¡Maravilla de la civilización esta de poner los ríos en pie!».

De los muchos monumentos escultóricos y estatuas que le sobran a Madrid

Primera afirmación: Madrid tiene demasiados monumentos escultóricos y estatuas en sus calles, plazas y jardines. Segunda afirmación: la mayor parte de ellos son mediocres cuando no malos de solemnidad. Tercera afirmación:

Madrid es una de las ciudades del mundo más castigada por mármoles y piedras transformadas en malos retratos y en tartas disantas. Lamentémoslo.

Me libraré muy mucho de consignar cuáles sean esos monumentos y esculturas que a mi juicio sobran y aún sirven de desdoro a Madrid. No me parece correcto mencionarlas. Además sería la relación más larga. Opto por la más corta: la de aquellos que me parecen aceptables y francamente buenos. Y que nadie olvide que pocas cosas atribuyen tanto al encanto de una escenografía como los monumentos escultóricos y las estatuas. (En secreto les diré a ustedes, lectores míos que de muy buena gana subvencionaría a media docena de dinamiteros que contribuyesen con rapidez «y aseo» a la desaparición de tantos esperpentos más o menos figurativos (entre estos cuentan los que hoy están de moda, se colocan bajo los pasos elevados para la circulación rodada o quedan transformados en templos parroquiales.)

En fin, que menos o más, me gustan y los otorgo mi «visto bueno»:

1. El *conjunto* (¡oh, por Cristo, no entremos en detalles!) del monumento al rey don Alfonso XII «el Pacificador» que preside uno de los dos mayores mares (el otro, el de la Casa de Campo) que tiene Madrid. Este monumento monumental, de lejos gusta francamente; va gustando menos cuando se acerca uno a él y mucho menos si lo examina pieza por pieza. Contemplémoslo, pues, desde una prudente distancia. Se colocó la primera piedra el 18 de mayo de 1902, y fue inaugurado el 3 de julio de 1922. Se tardó en construirlo más años que el Monasterio de San Lorenzo de El Escorial. Algo es algo. Su proyecto fue obra del arquitecto don José Grases Riera. La estatua ecuestre de don Alfonso XII, que corona, a respetable altura, el monumento es obra de don Mariano Benlliure. En las múltiples figuras que integran el anfiteatro grande colaboraron numerosos escultores de muy varia jerarquía artística: Blay, Trilles, Coullaut, Valera,

Valltmijana, Estany, Abarca, Campany, Inurria, Clará, Alcoberro, Coll y Alsina, Bofill y Escudero, Carbonell, Bilbao, Alche, Armau, Pareda... No podía faltar en un monumento de estas pretensiones y dimensiones ni la doble columnata de orden jónico, ni la amplia escalinata que nace orillada al agua tersa y no siempre limpia, ni profusión de leones, sirenas, delfines... Ni grupos escultóricos simbólicos: las Artes, la Agricultura, la Marina y el Ejército, la Industria y las Ciencias... Se dice que el monumento fue costeado por suscripción nacional.

2.   Monumento a don Emilio Castelar, situado en la aplazuelada confluencia *de la Castellana,* el paseo *de Martínez Campos* y la calle *de López de Hoyos*, en el mismo lugar donde se levantó el Obelisco *de la Fuente Castellana* (trasladado primero a la plaza *de Manuel Becerra*, hoy *de Roma,* y en la actualidad en la *Dehesa de la Arganzuela*). Su autor fue don Mariano Benlliure, proveedor el más copioso de monumentos y estatuas para Madrid. Quedó inaugurado el 6 de julio de 1908 y costeado por suscripción nacional. Don Emilio, en bronce, está en pie y actitud de estar derramando su oratoria torrencial y abrumadora. Le contemplan, como alelados, a sendos lados, *nada menos* que Demóstenes y Cicerón. Por una escalinata lateral están subiendo un obrero, un soldado y un estudiante... Sobre la culminación del monumento en las posturas de las tres Gracias canónicas y en bronce hay tres buenas mozas que simbolizan las ideas matrices de la política castelariana: Libertad, Igualdad y Fraternidad. Lo que es más difícil de explicar es el por qué de ese cañón de Artillería rodada, en cuyo armón va sentado un artillero de ninguna graduación. Posiblemente es en recuerdo de que Castelar mostró grandes simpatías por dicho Cuerpo. En su oratoria, de vez en vez, saltaban los proyectiles de muy grueso calibre. El monumento, en su totalidad, sin entrar en excesivas interpretaciones, merece la calificación de aprobado.

3. Monumento al general don Arsenio Martínez Campos, el que dio el grito, en Saguntos, que trajo a España la restauración Borbónica. Su autor: Mariano Benlliure. Quedó inaugurado en 1907. Estatua ecuestre del general con ros y capotón de campaña. Para mi gusto el caballo vale más, artísticamente, que el señor general. El monumento, lleno de equilibrio y de armonía, está rodeado por un estanquillo por el que se deslizan patos y ratas de agua. Y en torno al estanquillo unos metros de césped con macizos de flores. Este monumento tiene una curiosa particularidad: que docenas de palomas *la han tomado* con el bravo general y confianzudamente se le posan por todas partes, inclusive sobre el ros, y le dejan perdidito de excrementos palominos.

Del resto de los monumentos escultóricos de Madrid, más vale no hablar. Ello no quiere decir, ni mucho menos, que yo pretenda que mi gusto es infalible. Me imagino que habrá a quienes les parezcan admirables los monumentos a Cervantes (en la *Plaza de España*); a los saineteros madrileños, en la plazoletilla a la que afluyen las calles *de Manuel Cortina, Manuel Silvela* y *Luchana* el monumento a los héroes del 2 de mayo de 1808, en los Jardines de la calle *de Ferraz;* el monumento al general Vara del Rey y a los héroes de Caney, en el *Paseo de Atocha,* el monumento a doña Isabel la Católica, el cardenal Mendoza y el Gran Capitán, en los jardinillos ante la Escuela Superior de Artes Industriales... Respeto todos los gustos. Pido respeto para los míos.

No más afortunado ha sido Madrid en sus estatuas, bien ecuestres, bien pedestres. Ya me he referido en otras páginas a las dos estatuas ecuestres más bellas de Madrid y de las más bellas del mundo: la de don Felipe III y la de don Felipe IV. De las restantes... ¡que poquitas tienen salvación para estar en la capital de España! Y paso, como cualquier catedrático que examina según se conciencia, a concederlas mis calificaciones.

Merecen, entre sobresaliente y notable las siguientes:

La *del Angel caído*, en el Paseo de Coches del Retiro, obra de Ricardo Bellver y que quedó instalada en 1885.

La *de Cervantes,* en la Plaza de las Cortes, obra de Antonio Solá (1835).

La *de doña Cristina de Borbón,* en la calle de Felipe IV, ante el Casón, obra de Mariano Benlliure.

La de *don Ruperto Chapí,* en el Paseo de Coches del Retiro, obra de Julio Antonio (1921).

La de *don Santiago Ramón y Cajal,* en el Parque del Retiro, de Victorio Macho (1926).

La estatua ecuestre *del marqués de Duero* (don Manuel Gutiérrez de la Concha), en la Castellana, donde se aplazuelan las afluentes calles *de Miguel Angel, General Sanjurjo y*

MONUMENTO A DON ALFONSO II
Presidiendo el estanque «navegable» del Buen Retiro. El proyecto de este grandioso monumento fue —y sigue siendo— obra del arquitecto barcelonés don José Grases Riera. La estatua ecuestre del monarca obra del escultor Mariano Benlliure. En el conjunto, de singular belleza, colaboraron varios ilustrísimos artistas. La primera piedra quedó colocada el 18 de mayo de 1902. Y quedó inaugurado el 3 de julio de 1922. Larga gestación de esta obra de arte a la que se le puso un espejo para que se pueda enamorar de sí misma... (Fotografía: María Arribas).

María de Molina, obra de Andrés Àleu, inaugurada en 1883. El Estado facilitó el bronce de unos cañones deshechados y el pueblo aportó (una vez más) las pesetas. No me gusta la posición del brazo y mano derecha del bizarro capitán general marqués del Duero; por que más que señal para el avance de sus tropas en determinada dirección, su mano parece extendida como si quisiera comprobar si llueve.

La estatua ecuestre del general Espartero (don Baldomero), en la confluencia abierta de las calles *de Alcalá, Velázquez* y *O'Donell.* Obra de Pablo Gibert. Inaugurada en 1886. Particularmente me parece desproporcionados los tamaños del general y su corcel. Mucho jinete para la cabalgadura, que también es hermosota.

Estatua *de Bartolomé Esteban Murillo,* en la plazoleta ajardinada que hay entre el Museo del Prado y el Jardín Botánico. Obra de Sabino Arana. Inaugurada el 25 de junio de 1871.

Estatua *de Velázquez* (don Diego), presidiendo los jardines de la fachada lateral, en el Prado, del Museo. Obra de Aniceto Marinas. Inaugurada el 14 de junio de 1899.

Y merecen un simple aprobado:

Las de *D. Alvaro de Bazán, marqués de Santa Cruz* (de Mariano Benlliure, 1891); *don Juan Bravo Murillo* (de Miguel Angel Trilles, 1902); *don Francisco Goya* (del inevitable don Mariano Benlliure, 1902); la de *Lope de Vega* (Mateo Inurria, 1902); la de *don Francisco Piquer* (de José Alcoverro, 1892); la de don *Joaquín Vizcaíno, marqués viudo de Pontejos* (sobresaliente... como alcalde de Madrid; del escultor Medardo Sanmartí y Aguiló, 1892); la de *don Francisco de Quevedo* (de Agustín Querol, 1902); la *del teniente don Jacinto Ruíz* (de Mariano Benlliure, 1891).

De otros motivos ornamentales que agracian Madrid... con modestia

Dos Obeliscos tiene la Villa y ninguno de los dos es repudiable, inclusive, si se les mira «con buenos ojos» resultan simpáticos y guapillos.

El Obelisco que estuvo primero en la Fuente Castellana, luego en la *Plaza de Manuel Becerra* y ahora en los *Jardines de la Arganzuela,* nació... para conmemorar el nacimiento de doña Isabel II. Fue su arquitecto el que lo era del Concejo don Francisco Javier de Mariátegui. En torno al Obelisco un amplio pilón de granito. Y está enderezado en varias partes: zócalo rectangular de granito; sobre el zócalo, un pedestal cuadrangular con una lápida de piedra de Colmenar en su cara principal, dedicada a la inscripción conmemorativa. Sobre el pedestal, un zócalo más pequeño con un escudo de armas reales sostenido por dos genios enguirnaldados de flores y trofeos militares en la parte occidental, y en la parte oriental, el escudo de la Villa sostenido por otros dos genios. Sobre el segundo pedestal un cubo que sirve de peana a la aguja de granito rojo con que termina el Obelisco, pirámide cónica truncada y como dividida a la mitad de su altura por un pequeño cuerpo cuadrado en cuyas caras, y bajo relieves de bronce, están representados el sol (a occidente) y la luna (a oriente), y en las laterales, coronas cívicas. El remate del Obelisco es una estrella de bronce sobre un estilete del mismo metal.

De bastante mejor aparentar es el *Obelisco del Dos de Mayo,* situado en el hemiciclo que contornean las calles *de Juan de Mena* y *Antonio Maura* y el *Paseo del Prado.* La erección de este Obelisco fue acordada —1812— por las Cortes de Cádiz, «para que recordara a las generaciones futuras» la epopeya gloriosa del alzamiento de Madrid contra los invasores soldados de Napoleón Bonaparte. Pero hasta 1840 no quedó terminado este Obelisco, cuyo proyecto trazó

FUENTE DE NEPTUNO

La figura del dios olímpico la esculpió —entre **1780** y **1784**— sobre un soberbio dibujo de Ventura Rodríguez, el escultor Juan Pascual de Mesa. Neptuno no goza, ni muchísimo menos, la popularidad de su parienta consanguínea Cibeles. Lo que a él le parece lógico. Pero si ha tenido la suerte de que su plaza sea, para la vox populi, la de Neptuno, quitándole así el tipo nada menos que a don Antonio Cánovas del Castillo, a quien un Concejo adulador quiso darle gloria en plaza permanente.
(Fotografía: María Arribas)

el arquitecto mayor de Palacio, don Isidro Velázquez. Todo él está rodeado de un nutrido y hermoso jardincillo cercado por una bella verja. El Obelisco está formado por un gran polígono de ocho lados que sirve de base a un gran sarcófago de planta cuadrada en el que se apoya un talón de piedra blanca de Colmenar y el cuerpo principal de granito rojo de las canteras de Hoyo del Manzanares. En el frente principal se halla la urna cineraria destinada a guardar las osamentas y cenizas de los mártires de aquella desigualísima lucha; en los muros laterales, dos antorchas invertidas, símbolo de la muerte. En la cara opuesta, un relieve con las armas nacionales sostenido por un genio; en las jambas, vasos lacrimatorios. Dos inscripciones en sendos frentes: *«A los mártires de la Independencia Española. La nación agradecida.»* Y *«Las cenizas de las víctimas del Dos de Mayo de 1808 descansan en este campo de la Lealtad, regado con su sangre. ¡Honor eterno al Patriotismo».* (A la primera de estas inscripciones sigue esta coletilla: *«Concluido por la M. H. Villa de Madrid en el año 1848».* Sobre el sarcófago, un medallón con los bustos de Daoíz y Velarde en relieve. Por la parte contraria, las armas de Madrid; y en los laterales, coronas de laurel con ramas de ciprés y de roble, todo ello ejecutado en piedra blanca. Sobre la tapa del sarcófago, un zócalo octogonal de piedra berroqueña sobre el que descansa el pedestal de orden dórico en planta cuadrada, cuyos frentes decoran las estatuas representativas del Patriotismo, el Valor, la Virtud y la Constancia. Sobre el plinto que corona el pedestal se eleva la pirámide de piedra tostada, a modo de obelisco egipcio. La altura total del Obelisco es de ciento cuatro y un cuarto de pie por el frente. De mi descripción de este monumento, aún siendo sucinta, no debe sacarse la conclusión de que resulte *abigarrado*, pues todos sus elementos están conjugados con mucho arte y mayor armonía.

Sinceramente debo afirmar que Madrid *anda* mucho

mejor de fuentes que de grupos escultóricos y estatuas; mejor desde el punto de juicio de su belleza y de su artística sencillez.

Hay tres que, con la mayor justicia, merecen el sobresaliente con la matrícula de honor: las de Neptuno, Apolo y Cibeles. La *de Neptuno* queda centrada en la denominada en el callejero *Plaza de Cánovas del Castillo*, pero a la que todos llamamos *de Neptuno* (Nada de particular tiene que prefiramos un dios, por muy pagano que sea, a un político, por muy conservador que fuera). La dibujó, durante el reinado de don Carlos III, el gran arquitecto *casi madrileño* (Cienpozuelos es ya, como quien dice, barriada del gran Madrid) don Ventura Rodríguez. La parte escultórica la realizó don Juan Pascual de Mesa. Se compone de un gran pilón circular (suave evocación marina), cuyo centro ocupa un carro en forma de concha, tirado por dos caballos marinos. Sobre el carro el dios de las aguas con tridente en una mano y una culebra enroscada a la otra. El maravilloso mármol de Montesclaros realza esta fuente, considerada como una de las más bellas del mundo.

La fuente *de Apolo* está situada en el centro del llamado, «en la bella época», *Salón del Prado*. La trazó don Ventura Rodríguez. La esculpió don Manuel Alvarez, y la terminó, por muerte de este, don Alfonso Bergaz. Comprende un cuerpo central con escalinata y tarjetones en los cuatro frentes. En los costados, dos mascarones vierten sus aguas sobre tres conchas —de tamaño desigual y colocadas una debajo de otra— que a su vez se derraman sobre dos pilones circulares laterales. Sobre su cornisa, salientes, hay cuatro estatuas representativas de las cuatro estaciones del año... El conjunto es de una armonía difícilmente superable.

La fuente *de Cibeles* centra la plaza que lleva su nombre, y que es ombligo de los Paseos *del Prado* y *Recoletos* y de las dos partes más anchas de la *calle de Alcalá*. A esta plaza se la denominó *de Madrid, de Castelar,* pero comprendiendo el

Municipio que a los madrileños y provincianos les tenía sin
cuidado los nombres con que la fueran confirmando, se
resignó a llamarla en definitiva *Plaza de Cibeles*, que es la
mujer más hermosa, más castiza y más retrechera de Madrid. Ya que su mármol nos parece carne rubicunda y
palpitante y, su expresión risueña una sonrisa mucho más
significativa y seductora que la tan cacareada de la *Gioconda*
del Tiziano. Trazó esta fuente don Ventura Rodríguez, y la
esculpieron don Francisco Gutiérrez (la figura de la diosa) y
don Roberto Michel (la pareja de leones que tiran de la
carroza donde se repantinga la hembra más seductora de la
Villa). El carro acarrozado está sobre una peana rocosa; y a
esta peana la rodean un estanquillo, una sencilla escalinata y
una sencilla verja. Los escultores don Miguel Angel Trilles y
don Antonio Parera, en 1895, agregaron la fuente, por detrás
de la carroza, dos amorcillos que arrojan agua desde una
ánfora.

Las tres fuentes madrileñas a las que he concedido, con
toda justicia, sobresaliente con matrícula de honor, en nada
desmerecen de las más famosas de Roma y París.

Luego, hay varias fuentes, menos preciosas, pero que
merecen sobresaliente sin matrícula de honor. Recordémos-
las.

La fuente *de la Fama,* primero estuvo situada en la
plazuela *de Antón Martín* hasta principios de este siglo, en
que fue trasladada al *Parque del Oeste;* desde aquí pasó a los
Jardines —hoy— *de Pedro de Ribera,* detrás del resto del
que fue Hospicio, que es la parte noble, con la capilla
incluida, obra del mismo Pedro de Ribera autor de la fuente.
Fuente acaso en exceso barroca, pero los excesos nunca se
indigestan cuando se han acrecentado merced al arte. Está
formada por un amplio pilón dividido en cuatro sectores
lobulares, que siguen el basamento, en cada uno de los
cuatro es surtidor un bello delfín de piedra blanca. Sobre el
basamento el voluminoso cuerpo de la fuente decorado con

generosidad de ángeles, volutas, flores, jarrones, plantas, los cuales adornos sirven de peana soberana a la estatua de la Fama, tallada en piedra blanca y ya impregnada en la gracia madrileña, y por ello, como Cibeles, una diosa más ganada para el mejor tipismo de la Villa.

En El Retiro hay dos fuentes sumamente atractivas: la *de la Alcachofa* y la *de los Galápagos y Ranas*. La *de la Alcachofa* fue proyectada por don Ventura Rodríguez. Está formada por un pilón circular, en cuyo centro se levanta una columna a la que se abrazan una sirena y un tritón de tamaño más que natural que sostienen el escudo de Madrid.

FUENTE DE CIBELES

En el centro de la gran plaza que lleva su nombre olímpico. Sobre un bellísimo dibujo de Ventura Rodríguez, Francisco Gutiérrez esculpió la estatua y su carro y Roberto Michel esculpió los leones que tiran del carro. Años después, los escultores Trilles y Parera esculpieron los amorcillos que juegan con el agua detrás del carro. Desde que conoció Madrid, Cibeles renunció, de muy buena gana, a su jerarquía olímpica y se empadronó en la Villa como manola y maja y chispera y chula de máximo postín. Posiblemente ninguna hembra del mundo ha recibido más y más gozosos piropos que ella.

(Fotografía: María Arribas)

Sobre la columna, una amplia taza soporta un gracioso grupo de cuatro niños que mantienen casi en vilo una alcachofa. El escultor don Alfonso Bergaz esculpió la sirena y el tritón en piedra de Redueña; y el escultor don Antonio Primo, el grupo de niños y la alcachofa. Esta fuente se construyó entre los años 1781 y 1782 y fue colocada en la *Glorieta de Atocha,* entre la que fue Puerta de este mismo nombre y el *Jardín Botánico.* En 1880 fue trasladada al Retiro y se centra en la plazoleta denominada *de Honduras.*

La fuente *de los Galápagos y de las Ranas* fue proyectada por el arquitecto y fontanero mayor de la Villa don Francisco Javier de Mariátegui para conmemorar el nacimiento de la futura reina doña Isabel II y fue inaugurada el 10 de octubre de 1832 en la llamada *Red de San Luis*, confluencia de las calles *de Fuencarral, Hortaleza* y *La Montera*, desde donde fue trasladada primero —1868— a la *Plaza de Santa Ana*, y en 1879 a la glorieta del Retiro que lleva el nombre de Nicaragua, en la terminación del *Paseo Ancho* y el inicio del Estanque Grande. La parte escultórica de la fuente es obra de don José Tomás, y está labrada en piedra granito, menos los delfines y niños que lo están en piedra caliza. Está formada por tres gradas sobre un zócalo que semeja una cascada cubierta de ovas y cortada su continuidad por cuatro pilastras sobre las cuales están colocados, alternadamente, dos galápagos y dos ranas de bronce cuyas bocas son surtidores. Del centro de la base se eleva una columna adornada de plantas acuáticas que sostienen un tazón de cuyo centro surge una caracola marina. En la parte baja de la columna, cuatro niños jinetes en sendos delfines. El agua toda de los distintos surtidores se desliza por las gradas y desde estas cae al pilón circular que circunda la fuente.

En el Campo del Moro hay otras dos fuentes bellísimas: *la de las Conchas* y *la de los Tritones*. La primera, obra de Francisco Gutiérrez y Miguel Alvarez, sobre dibujo de Ventura Rodríguez, estuvo destinada al Palacio de Bobadilla del

Monte (Madrid). Estuvo después —1838— en los Jardines de Vista Alegre, y la reina regente, doña María Cristina, ordenó —1890— trasladarla al Campo del Moro.

La *de los Tritones* es de tiempo de Felipe IV y estuvo primero en los Jardines de Aranjuez. Velázquez la copió en uno de sus cuadros.

Las cuatro fuentecillas del *paseo del Prado*, dos a cada lado de la calzada y guardando distancia armónica entre sí, frente a la estatua de Bartolomé Esteban Murillo, fueron diseñadas por don Ventura Rodríguez, y las esculpieron dos, don Roberto Michel y otras dos fueron empezadas por don Francisco Gutiérrez y, a la muerte de este, terminadas por don Antonio Bergaz. Las cuatro tienen idénticos motivos ornamentales: en el centro de un pilón, un tritoncillo, un delfín y cabezas de osos (alusivas estas cabezas, quizá, al oso pardo que se empinó al madroño para dar tema al escudo de la Villa).

Otras fuentes madrileñas nada desdeñables son: la *de la Cruz Verde,* en la calle *de Segovia,* adosada a la tapia del jardín de las religiosas bernardas del Sacramento. Está decorada con una estatua de Diana y dos delfines. La estatua estuvo antes en una fuente que existió en *Puerta Cerrada.* Los restantes adornos de la fuente, aún cuando dan sensación de vejez, datan de 1850. *La Fuentecilla*, estuvo en la plaza de la Cebada, siendo trasladada a su lugar de hoy, en la confluencia de las calles *de Toledo* y *de la Arganzuela.* La traza de esta fuente se atribuye a Alonso Cano. Comprende un recio basamento de granito, en cuya parte anterior descansan las reproducciones, en piedra blanca, de un oso y un grifo; sobre el basamento, un segundo cuerpo cuadrangular, decorado con escudos a ambos lados, y en el frente una lápida con una descripción dedicatoria del Ayuntamiento de Madrid a don Fernando VII. Sobre este segundo cuerpo, un dado, también de piedra granito, sobre el que hay un león que aprisiona con sus garras dos esferas, símbolos de ambos mundos. La fuente *de Pontejos*, en la plazuela de este nombre, dedicada al que fue magnífico alcalde de Madrid don Joaquín Vizcaíno, marqués viudo de Pontejos. Primero estuvo emplazada en la *Puerta del Sol,* ante el Hospital del Buen Consejo. Derribado éste, fue trasladada a la plazuela *del Celenque,* donde estuvo hasta 1849 en que quedó emplazada donde hoy está. Está formada por tres cuerpos: el primero, un basamento de granito que tiene a uno y otro lado sendos pilones semicirculares a los que cae el agua desde dos artísticos mascarones de bronce situados en el segundo cuerpo cuadrangular, y que es el que sirve de base al tercer cuerpo coronado por una sencilla cúpula, cuya cornisa está adornada con coronas de laurel en bronce. La fuente *de los delfines*, adosada al Colegio Escolapio de la calle *de Horta-leza,* con vuelta a la *de Santa Brígida;* la trazó Ventura Rodríguez, y es de una sencillez admirable: dos delfines, cabeza abajo, cruzados, cuyas bocas son fuentes.

INDICE

II. DE LOS PROTAGONISTAS
       POR ORDEN DE SU APARICION
       SOBRE LA ESCENA

IV.   *ARGUMENTOS DE LAS*
      PRINCIPALES OBRAS
      -DRAMATICAS Y JOCOSAS-
      REPRESENTADAS SOBRE LOS
      ESCENARIOS MADRILEÑOS
      ENTRE LOS SIGLOS XI Y XX

V.   DE ALGUNOS PRIMORES, GRACIAS Y ADORNOS DE MADRID

BOLSILLO

emiliano escolar editor

Juan de Mena, 19 y 21

Madrid 14

colección chicolibro

LEYES